suhrkamp taschenbuch 23

Studs Terkel, Jahrgang 1912, gelernter Jurist, hat sich als Rundfunk-Journalist in Amerika einen Namen gemacht. Dem Medium Radio dient Terkel seit vielen Jahren auf vielerlei Weise: als Sportreporter und Jazz-Kritiker, als Schauspieler und Interviewer, als Conférencier wie als politischer Publizist. Eine Sammlung von Interviews über seine Heimatstadt Chicago ist auch auf deutsch erschienen (Chicago).

»Der Große Krach« ist der Form nach eine Folge von Interviews, dem Inhalt nach ein Psychogramm des heutigen Amerika. Studs Terkel hat eine große Zahl von Leuten nach ihrer Erinnerung an die Weltwirtschaftskrise, die Jahre der Depression und den Schwarzen Freitag befragt: den Börsenjobber wie den Bettler, den Gewerkschaftler wie den Manager, den Tramp und die Diseuse, den Kommunistenjäger wie den engagierten Linken. Das historische Datum erwies sich dabei als ein aktueller Vorgang: die Krise am Ende der zwanziger, zu Beginn der dreißiger Jahre hat das Selbstbewußtsein der Vereinigten Staaten in einem Maße erschüttert, daß die gesellschaftlichen Verwerfungen, Verwerflichkeiten und Vorwürfe bis heute andauern. Das Land der unbegrenzten Möglichkeiten erwies sich als das der unmöglichen Begrenztheiten. Die Fensterstürze der Spekulanten, die Hungerfahrten der Ärmsten durch das Land und die Hindernisse bei der Verabschiedung einer sozialeren Gesetzgebung kennzeichnen mehr als den Bankrott einer Wirtschaftsform: sie summieren sich zum Offenbarungseid eines Gesellschaftssystems.

Studs Terkel
Der Große Krach

Die Geschichte der
amerikanischen Depression

Ausgewählt,
übersetzt und eingeleitet
von Dieter Hildebrandt

Suhrkamp

Titel der amerikanischen Originalausgabe:
Hard Times / An Oral History of the Great Depression
Copyright © 1970 by Studs Terkel
First published 1970 in the United States of America
by Pantheon Book, a Division of Random House, Inc.,
New York and simultaniously in Canada by Random House
of Canada Ltd. Toronto.

suhrkamp taschenbuch 23
Erste Auflage 1972
Deutsche Übersetzung © Suhrkamp Verlag Frankfurt am Main 1972
Suhrkamp Taschenbuch Verlag
Alle Rechte vorbehalten, insbesondere das des öffentlichen
Vortrags, der Übertragung durch Rundfunk oder Fernsehen
und der Übersetzung, auch einzelner Teile.
Satz: Nomos Verlagsgesellschaft, Baden-Baden
Druck: Ebner, Ulm · Printed in Germany
Umschlag nach Entwürfen
von Willy Fleckhaus und Rolf Staudt

Inhalt

Nur den großen Journalisten geht es so: sie wittern eine Tat, und sie kommen einer ganzen Gesellschaft auf die Spur. Sie wollen ein paar spektakuläre Tage beschreiben, und sie porträtieren eine Epoche. Sie erkunden ein vergangenes Datum, und die Gegenwart legt ein Geständnis ab. Karl Kraus in Wien, Egon Erwin Kisch in Prag, Carl von Ossietzky im Berlin der späten Weimarer Republik sind Beispiele für diese Art der Autorschaft, die, indem sie Tagesereignisse skizziert, ein Bild der Zeit liefert.

Das gilt auch für Studs Terkel, den renommierten amerikanischen Rundfunk-Publizisten, das gilt zumal für das Projekt, das zu diesem Buch geführt hat: Terkel hat sich, mit Mikrophon und Tonbandgerät, auf die Reise durch die Vereinigten Staaten gemacht, um Leute nach ihren Erinnerungen an den Tag des großen Börsenkrachs in New York, den 24. Oktober 1929, den sogenannten Schwarzen Freitag[1], und an die Jahre der Depression danach zu befragen. Was dabei herauskam, ist alles andere als ein Souvenir: es ist ein Psychogramm des heutigen Amerika. Die Erkundung des wirtschaftlichen Bankrotts erweitert sich zum Bericht über den Offenbarungseid eines Systems. Zu welcher Aktualität sich die Reminiszenzen summieren, erweist sich besonders in den Tagen, da die deutsche Ausgabe (die um einige eher feuilletonistische und sehr spezifisch amerikanische Aussagen gekürzt worden ist) erscheint: erweist sich angesichts der Zeitungsnotizen von Dollarsturz, Inflation und Stagflation, und dem politischen wie ökonomischen Zwist der Währungsexperten. Wieder einmal, so wie zu Beginn der dreißiger Jahre, scheinen die Vereinigten Staaten von Amerika im Begriff, eine Weltwirtschaftskrise zu exportieren. Wieder einmal ist das Vertrauen in den Währungsgötzen Dollar erschüttert. Einer der Jüngeren, die in diesem Buch zu Wort kommen, sagte dem Interviewer Studs Terkel ange-

widert: »*Als eine Gruppe junger Leute Geld an der Börse verbrannte und die Scheine vom Balkon runterwarf, war die Hölle los. Auf dem Fußboden der Börse gab es ein Geriß um die Scheine. Und dann versuchten sie, ihnen mit irgendeinem Sermon über den Wert des Dollars zu kommen. Ein Vietnamese kann mit Napalm versengt werden. Tiere werden geschlachtet. Aber ein Dollar ist heilig. Ein Dollar ist nicht fürs Feuer. Diese Ehrfurcht vor dem Dollar ist eine völlig abwegige Idee. Die Leute, die sich 1929 umgebracht haben, waren die Opfer dieser Idee.*«*

Die da aus den Fenstern sprangen (und es wirkt wie eine makabre architektonische Pointe, daß die Hochhäuser und ersten Wolkenkratzer für den Sturz gerade rechtzeitig gebaut worden waren), wußten kaum, was sie taten. Die am Leben blieben unter den Börsenjobbern und Bankiers, unter den Spekulanten und Großunternehmern wußten noch weniger, wie ihnen geschah. Der Journalist Carey McWilliams berichtet in seinem Gespräch mit dem Autor: »Nach dem Börsenkrach schlugen einige New Yorker Redakteure vor, daß Hearings veranstaltet werden sollten zum Thema: was hat die Depression wirklich verursacht? Sie wurden in Washington abgehalten. Wenn man zurückblickt, ergeben sie die komischste Lektüre. Die führenden Unternehmer und Bankiers sagten aus. Sie hatten nicht einen blassen Schimmer, was passiert war. »Wenn Sie heute eine Kopie des Protokolls von damals lesen, sind Sie einfach verblüfft, daß sie so ahnungslos sein konnten. Es war zwar ihr Geschäft, aber sie verstanden die wirtschaftlichen Zusammenhänge nicht.«*

1928 hatte Präsident Hoover noch verkündet: »Wir haben gezeigt, daß unser System empfindlich genug reagiert, um jeder neuen und schwierigen Entwicklung in unserem wirtschaftlichen und geschäftlichen Leben zu begegnen ... Wir sind heute dem Ideal der Verbannung von Armut und Furcht aus dem Leben von Männern und Frauen näher gekommen als jemals zuvor in irgendeinem Land.« Der Be-

richt von Studs Terkel, der im Original unter dem von Charles Dickens geprägten Titel »Hard Times« (Schwere Zeiten) erschienen ist, handelt fast von nichts anderem als von Männern und Frauen, über die Armut und Furcht hereinbrachen, nachdem sie sie nicht bloß von der Regierung verbannt glaubten, sondern auch selbst durch Arbeit gebannt zu haben meinten. Er handelt von der nicht bloß wirtschaftlichen, sondern auch seelischen Depression der Einwohner eines Landes, das man beschwichtigt hatte. Erich Angermann schreibt: »Fast noch schlimmer als das Elend selbst war daher der seelische Schock für das amerikanische Volk. Es sah sich zutiefst enttäuscht in seinem Vertrauen auf ein soziales und wirtschaftliches System, das es stets für die beste aller denkbaren Gesellschaftsordnungen gehalten hatte. Dieser Schock, der manchen Amerikanern noch heute in den Gliedern sitzt, ist in seiner Tiefenwirkung vielleicht am ehesten der Desorientierung des deutschen Volks nach 1918 zu vergleichen.«[2]

Von der Fortwirkung des Schocks zeugen die Berichte derer, mit denen Terkel gesprochen hat, aber auch davon, wie der New Deal Roosevelts gesellschaftliche Konflikte eher verwischt als gelöst hat, wie der Zweite Weltkrieg zugleich eine weiter verschleiernde Rettung aus sozialer Spannung bedeutete, und nicht zuletzt davon, wie in einer durch solche Krisenjahre geprägten Generation Sicherheits- und Ordnungsbedürfnisse erzeugt worden sind, die wiederum von einer jüngeren Generation verworfen und verachtet werden.

Dieses Buch erfährt seinen Impetus aus der Sachlichkeit, mit der Bericht erstattet wird. Die Leute selbst kommen zu Wort, Arme und Reiche, Schwarze und Weiße, Bauern und Städter, Rechte und Linke, Künstler und Bettler. Der Autor tritt fast nur als Fragender in Erscheinung. Und dennoch entsteht so etwas wie ein Plädoyer für ein wenn auch nicht sozialistisches, so doch soziales Amerika. In der Schilderung der allgemeinen und von der Mehrzahl der Menschen un-

verschuldeten, von einem profitblöden Kapitalismus herbei-
geführten Not entsteht ein Negativbild der konkreten Utopie,
deren Amerika bedarf. Hier wird mit vielen Äußerungen
belegt, wie dringlich die Forderung Chomskys ist: »Es sagt
sich leicht, daß wir neuer Denkweisen und sozialer Expe-
rimente bedürfen, um uns von der Lähmung und den Äng-
sten zu befreien, die unsere Vorstellungskraft einengen und
die nationalen Energien auf Zerstörung lenken, daß es not-
wendig ist, durch die Teilnahme an den Entscheidungspro-
zessen und ihre Kontrolle durch das Volk soziales und poli-
tisches Bewußtsein zu wecken. Es sagt sich leicht, aber es ist
so. Heute eröffnen sich Chancen für Veränderungen, die
wahrscheinlich nicht wiederkommen.«

D. H.

1 Der 24. Okt. 1929 ging als »black thursday« (in Europa der folgende Tag als »Schwarzer Freitag«) in die Geschichte ein.
2 Erich Angermann, Die Geschichte der Vereinigten Staaten von Amerika, Band 7 der dtv Weltgeschichte des 20. Jahrhunderts, Seite 110.

Der Schwarze Freitag

Sidney J. Weinberg

Senior-Kompagnon der Goldman-Sachs-Company, eines führenden Investment-Hauses. Während der ersten zwei Roosevelt-Amtszeiten war er Wirtschaftsberater des Weißen Hauses.

24. Oktober 1929 – an den Tag erinnere ich mich genau. Ich blieb eine ganze Woche lang im Büro, ich kam nicht nach Hause. Der Ticker lief, ich weiß nicht wie lange in der Nacht. Es muß zehn, elf Uhr gewesen sein, ehe wir die Schlußberichte hatten. Es war wie ein Donnerschlag. Jeder war perplex. Keiner wußte, was das bedeuten sollte. In der Wallstreet herrschte allgemeine Verwirrung. Die verstanden es genausowenig wie irgend jemand sonst. Sie dachten, es würde irgendeine Erklärung folgen.

Ein paar Prominente gaben Stellungnahmen ab. John D. Rockefeller jr. gab auf den Stufen von J. P. Morgan, glaub' ich, bekannt, daß er und seine Söhne Stammaktien kauften. Sofort gab der Markt wieder nach. Es bildeten sich Pools, um den Markt zu stützen, ohne Erfolg. Die Öffentlichkeit war verschreckt und verkaufte. Das war eine prekäre Zeit für mich. Unsere Investmentgesellschaft ging um zwei-, dreihundert Punkte aufwärts, und dann sackte sie praktisch runter bis auf Null. Das war bei allen einschlägigen Firmen so.

Der Grund war Überspekulation und rücksichtslose Nichtbeachtung ökonomischer Regeln. Da gab es eine Gruppe, die skrupellos Ausverkauf betrieb. Man konnte alles verkaufen und den Markt fast zum Erliegen bringen. Je mehr man ihn runterbrachte, um so größer wurde die Panik. Heute haben wir Schutzbestimmungen dagegen. Barkredite stiegen stark – zwanzig Prozent.

Und keiner war so gescheit, es kommen zu sehen. Eine Menge Leute haben hinterher gesagt: »Ich hab's kommen sehen, ich hab' alle meine Wertpapiere verkauft.« Aber mit der Glaubwürdigkeit ist's nicht weit her dabei. Es gibt natürlich immer ein paar Leute, die konservativ sind und in der Tat verkauft haben. Aber ich hab' keine gekannt. Ich kenne auch niemanden, der aus dem Fenster gesprungen ist. Ich kenne viele, die es vorhatten. Die endeten dann in Pflegeheimen und Irrenhäusern und ähnlichen Geschichten. Es handelte sich um Leute, die an der Börse oder über Banken spekulierten. Sie brachen physisch wie finanziell zusammen. Roosevelt rettete das System. Es ist Quatsch zu sagen, das System wäre sonst zum Fenster hinausgeflogen. Aber sicher hätten sich eine ganze Menge Institutionen verändert. Es war, wie wenn jederzeit etwas hätte passieren können. Vielleicht ein Aufstand, vielleicht ein Bürgerkrieg.

Die Street war gegen Roosevelt. Nur ich und Joe Kennedy, jedenfalls unter meinen Bekannten, waren 1932 für Roosevelt. Ich war stellvertretender Schatzmeister des Nationalkomitees der Demokraten. Nach den ersten zwei Amtszeiten hab' ich ihn nicht mehr unterstützt. Ich hatte eine große Auseinandersetzung mit ihm. Ich war nicht der Ansicht, daß irgend jemand mehr als zwei Amtszeiten übernehmen sollte. Und außerdem war ich all die New-Deal-Angelegenheiten langsam leid. Als man mich 1940 bat, bei der Kriegsrüstungsbehörde mitzuarbeiten, ließ er sich Zeit, meine Anstellungspapiere einzureichen. Später kamen wir uns wieder näher und standen auf gutem Fuß.

Zuversicht machte 1934 der Depression ein Ende. 1937 gab es eine Rezession. Die Leute ließen es sich auf dem Weg nach oben ein bißchen zu gut gehen, und ein paar Dämpfer taten not. 1939 hat dann der Krieg sehr stimulierend gewirkt.

Eine Depression könnte nicht wieder passieren, jedenfalls nicht in dem Ausmaß wie '29. Wenn nicht gerade die Inflation außer Kontrolle geriete und die Papiere keinen Wert mehr hätten. Eine tiefe Erschütterung der Börse könnte eine Depression zeitigen, ja. Natürlich würde sich sofort die Regierung einschalten. Ein Moratorium. Aber wenn sie in Panik geraten, verkaufen die Leute, egal, was sie dafür kriegen. Heute gibt es zwanzig und noch mehr Millionen Leute, die Aktien besitzen. Damals waren es vielleicht anderthalb Millionen. Heute könnte es einen noch schärferen Kurssturz geben als 1929.

Der Großteil des Netto-Einkommens der Leute ist in Papieren angelegt. Sie haben es jedenfalls nicht in bar. Im Falle einer Panik sind solche Papiere, egal, was sie wert sind, besonders anfällig. Ein Haus für 30 000 Dollar ist bei einer Panik im Nu nichts mehr wert. Alle fühlen sich wohl, weil die Aktie, die sie für fünfzig gekauft haben, heute achtzig bringt. Das gibt natürlich ein gutes Gefühl. Aber es ist doch nur auf dem Papier.

Arthur A. Robertson

Sein Büro ist in einem der oberen Stockwerke eines New Yorker Wolkenkratzers. An den Wänden Bilder und Foto-grafien. Ein Porträt des (früheren) Präsidenten Johnson trägt die Widmung: »Meinem Freund, einem Patrioten, der seinem Land dient.« Ein anderes, von Hubert Humphrey: »Meinem Freund Arthur Robertson, mit allen guten Wünschen.« So auch eine Fotografie von Dwight D. Eisenhower: »Meinem Freund Arthur Robertson.« Solcher Wertschätzungs-Souvenirs von hochgestellten Amerikanern gibt es noch mehr.

Er berichtet von seinen Anfängen als Kriegsberichterstatter, Werbemann und Ingenieur. »Wir haben eine Teilstrecke der U-Bahn auf der Sixth Avenue gebaut. Ich habe eine sonder-bare Karriere hinter mir. Ich bin Industrieller. Ich war in Deutschland gewesen, wo ich eine Reihe von Fabriken für Emaillegeschirr aufkaufte. Dann hatte ich eine Konzession für Schweineborsten von der russischen Regierung. Die ver-kaufte ich für Pinsel an Betriebe für Außenwerbung. Mit mehreren Gesellschaftern habe ich vor neunzehn Jahren eine Firma für 1,6 Millionen Dollar gekauft. Wir werden zur Zeit an der Börse gehandelt und haben gerade einen Kaufpreis

von 200 Millionen abgelehnt. Ich bin Vorstandsvorsitzender,
ich kontrolliere die Firma, ich habe sie aufgebaut.
Ich habe ernsthaft daran gedacht, mich 1928 zur Ruhe zu
setzen, da war ich dreißig. Ich hatte schon eine siebenstelliges
Vermögen, als ich 24 war.«

1929 kam man sich vor wie in einem Spielkasino mit
getrickten Würfeln. Ein paar Hechte, die sich über die
vielen Karpfen hermachten... Schon 1921 hatte es eine
Rezession gegeben. So um 1924 hatten wir sie hinter uns.
Dann kam der Aufstieg, der Spurt, scheinbar schrankenlos.
Eine aufgeputschte Finanzwelt ließ Ponzi[1] wie einen
Amateur erscheinen. Ich habe erlebt, wie Schuhputzer Aktien
im Wert von 50 000 Dollar mit nur 500 Dollar in bar
kauften. Alles wurde auf gut Glück gekauft.

Wenn man heute für 100 Dollar Aktien kaufen will, muß
man 80 Dollar hinlegen, und der Makler tut 20 Dollar
dazu. Damals genügten schon 8 Dollar oder 10. Das war
eigentlich, was zum Zusammenbruch führte. Die leiseste
Erschütterung bedeutete eine Kalamität, weil die Leute
nicht das Geld hatten für die übrigen 90 Dollar. Es gab
noch nicht die Kontrollen, wie sie heute bestehen. Damals
wurde man einfach verkauft: Verkäufer und Käufer beide
lustlos.

Eine Zigarrenaktie kostete damals 115 Dollar pro Stück.
Der Markt brach zusammen. Ich bekam einen Anruf vom
Präsidenten der Gesellschaft. Ob ich ihm 200 Millionen
Dollar leihen könne. Ich lehnte ab, denn ich mußte meine
eigenen Interessen wahrnehmen, und die meiner engsten
Freunde. Seine 115-Dollar-Aktie fiel auf zwei Dollar, und
er sprang aus dem Fenster seines Wallstreet-Büros.

Da gab's einen Mann, der einer Gesellschaft vorstand, die
17 Millionen Dollar in bar auf der Hand hatte. Er war
einer der Spitzenreiter seines Industriezweiges und Herr
über ein paar Artikel, die heute für jeden ein Begriff sind.
Als seine Aktien zu fallen begannen, fing er an, sie zu
stützen. Als er den zweiten Sturz hinter sich hatte, war

er völlig am Ende. Er schuldete drei Banken je eine Million Dollar.

Die Banken waren in derselben Lage wie er, nur daß die Regierung ihnen half und sie salvierte. Plötzlich wurden sie dann päpstlicher als der Papst und übernahmen die Geschäfte von den Gesellschaften, die ihnen Geld schuldeten. Sie entließen die Experten, die den Betrieb aufgebaut hatten, und setzten ihre eigenen Leute ein. Ich habe eine dieser Gesellschaften von den Banken gekauft. Sie verkauften sie mir, um ihren Verlusten ein Ende zu machen.

Die schlechtesten Manager für die täglichen Geschäfte in einem Betrieb sind Bankiers. Sie sind großartig, wenn es um die Prüfung einer Bilanz geht. Von Berufs wegen sind sie konservativ, weil sie einem das Geld anderer Leute leihen. Infolgedessen lassen sie sich auf das kalkulierte Risiko nicht ein, das mit einer normalen Geschäftsführung verbunden ist. Sie verloren soviel Geld, daß es sie juckte, den Laden wieder loszuwerden. Ich habe ihn vor kurzem für 2 Millionen verkauft. Ich hatte ihn 1933 für 33 000 Dollar bekommen.

Anfang der Dreißiger war ich als Lumpensammler bekannt. Ich kaufte meist pleite gegangene Betriebe auf, die die Banken übernommen hatten. Das war eins meiner besten Geschäfte. Die ganze Epoche wurde geprägt von Männern, die Legenden waren. Von einer Million Dollar sprechen hieß von Kleingeld sprechen. Drei oder vier dieser Leute taten sich etwa zusammen, brachten eine Aktie runter bis auf einen lächerlichen Preis, um sie auf das ahnungslose Publikum abzuladen. Im Moment, da man hörte, daß Männer wie Durant oder Jesse Livermore Papiere kauften, machte es ihnen jeder nach. Man wußte, daß sie hochgingen. Die einzige Schwierigkeit war, wieder rauszukommen, ehe sie beim Dumping waren.

Durant war zweimal Besitzer von General Motors, und verlor es zweimal ... war weit über eine Milliarde Dollar in Papieren wert, nach heutigem Kurs vier oder fünf Milliarden. Er baute eine eigene Automobilfabrik auf, und sie ging pleite. Als der Krach kam, war er aufgeschmissen, wie die andern auch. Das letzte, was ich von ihm habe erzählen hören, ist, daß er irgendwo eine Bowling-Bahn betreibt. Es war alles nur auf dem Papier. Aber in jenen Tagen dachten alle, die Sonne würde immer scheinen.

24. Oktober 1929, ach ja. Ein Irrsinn. Ich muß Anrufe bekommen haben von einem guten Dutzend Freunden, die verzweifelt waren. Bei keinem von ihnen hätte es einen Sinn gehabt, ihnen Geld zu leihen, das sie dem Broker weitergegeben hätten. Morgen wären sie dann noch schlimmer dran als gestern. Selbstmorde, rechts und links, haben einen schrecklichen Eindruck auf mich gemacht. Leute, die ich kannte. Es brach mir das Herz. Einen Tag waren die Kurse bei hundert, am nächsten Tag bei 20, bei 15 Dollar.

In Wallstreet liefen die Leute herum wie Gespenster. Es war wie in »Tod auf Urlaub«. Es war sehr düster. Leute, die gestern noch in Cadillacs rumgefahren waren, waren jetzt schon glücklich, wenn sie das Fahrgeld für den Omnibus hatten. Einer meiner Freunde sagte zu mir: »Wenn das so weitergeht, müssen wir alle betteln gehen.« Ich fragte: »Bei wem?«

Viele Broker verloren kein Geld. Sie machten ein Vermögen durch Kommissionen, während ihre Kunden bankrott gingen. Die einzigen Broker, die es schlimm erwischte, waren die, die auf eigene Faust spekulierten – oder es verpaßten, rechtzeitig die unter Wasser geratenen Anlagen ihrer Kunden abzustoßen. Natürlich ging das ganze Brokergeschäft stark zurück, alle mußten den Riemen enger schnallen, Büros schließen und Leute entlassen.

Ich hatte einen guten Freund, John Hertz. Seinerzeit hielt er neunzig Prozent der Yellow-Cab-Aktien.[2] Dazu besaß er die Cheker-Cab-Gesellschaft. Und die Straßen-Busse von Chicago auch. Es hieß, er sei für 400 bis 500 Millionen Dollar gut. Eines Tages bat er mich auf seine Jacht. Dort traf ich zwei Männer von solchem Format, daß ich ganz andächtig wurde: Durant und Jesse Livermore.

Wir sprachen über alle ihre Papiere. Livermore sagte: »Mir gehört, wenn ich das recht überblicke, die Kontrollmajorität bei IBM und Philipp Morris.« Also fragte ich ihn: »Warum geben Sie sich dann noch mit irgendwas anderem ab?« Er antwortete: »Ich versteh' nur was von Aktien. Ich kann mich nicht ums Geschäft kümmern.« Also fragte ich ihn: »Legen Männer Ihres Schlages eigentlich mal 10 Millionen Dollar auf die hohe Kante, wo niemand dran kann?« Er sah mich an und sagte: »Junger Mann, was nützen einem 10 Millionen, wenn man nicht das wirklich große Geld kriegt?«

1934 – nachdem er zwei Bankrotte hintereinander erlebt hatte – fragte mich mein Buchhalter, ob ich Livermore unterstützen würde. Er war pleite und wollte ein Comeback an der Börse erreichen. Immer machte er ein Comeback und zahlte dann alle noch mit Zinsen aus. Ich war also einverstanden. Stellte 400 000 Dollar zur Verfügung. Um 1939 hatten wir so viel Geld verdient, daß jeder von uns, nach Abzug der Steuern, 1,3 Millionen Dollar Gewinn hatte. Jesse war damals Ende Sechzig, hatte, wie gesagt, zwei Bankrotte hinter sich. »Wär's nicht besser, sich jetzt zur Ruhe zu setzen?« fragte ich ihn. Damals konnte man mit 55 000 Dollar im Jahr wie ein König leben. Er sagte, er könne einfach nicht von Almosen leben.

Also realisierte ich meine Papiere, steckte meinen Gewinn ein und ließ Jesse für sich allein. Er sagte immerzu, daß er im Begriff sei, den Coup des Jahrhunderts zu landen. Ben Smith, bekannt als »Sell'Em Short Ben«, war in Europa und sagte ihm, es werde nicht zum Krieg kommen. Da er Smith glaubte, ließ sich Livermore auf Leerverkauf[3] von Getreide-Werten ein. Für jeden Dollar, den er besaß, dazu alles, was er auftreiben konnte. Als ich in Argentinien ankam, erfuhr ich, daß Deutschland Polen angegriffen hatte. Der arme Jesse war am Telefon. »Art, du mußt mich retten.« Ich weigerte mich, aus der Entfernung irgend etwas zu unternehmen. Ich wußte, das hätte bedeutet, gutes Geld schlechtem hinterherzuwerfen.

Ein paar Monate später war ich wieder in New York, und Jesse wartete schon in meinem Büro. Der arme Kerl hatte alles verloren, was er nur je unter die Finger gekriegt hatte. Er bat mich um ein Darlehen von 5000 Dollar, das ich ihm natürlich gegeben habe. Drei Tage später war Jesse zum Frühstück im Sherry-Netherlands, ging auf die Toilette und erschoß sich. Sie fanden einen Schuldschein über 5000 Dollar, auf meinen Namen. Das war der Mann, der gesagt hatte: »Was nützen einem 10 Millionen, wenn man nicht das wirklich große Geld kriegt?« . . .

Haben Sie 1929 den Krach kommen sehen?

Ich habe es im Mai gemerkt und mir dadurch eine Menge Geld gespart. Ich habe ein Großteil meiner Papiere im Mai verkauft. Es war einfach so, daß ich Angst bekam. Aber natürlich habe ich nicht alle Papiere realisiert und stand am Ende auch mit einem ganz kräftigen Verlust da.

Als ich 1927 las, daß Lindbergh seinen denkwürdigen Flug plante, kaufte ich Wright-Aeronautik-Aktien. Er sollte nämlich mit einer Maschine fliegen, die von Wright stammte. Ich lebte damals in Milwaukee. Mein Büro war eine Meile von meiner Wohnung entfernt. Als ich von zu Hause wegging, rief ich noch einmal meinen Broker an. Als ich im Büro ankam, hatte ich schon 65 Punkte gewonnen. Der Gedanke, daß sich alles so schnell bewegte, war erschreckend. Alles, was man kaufte, schien irgendwie ohne Grenzen.

Die Leute sagen, daß wir auf eine Wiederholung von 1929 zusteuern. Ich wüßte nicht, wie das möglich sein sollte. Heutzutage, mit SEC[4]-Kontrollen und Bank-Versicherungen, wissen die Leute, daß ihre Spareinlagen sicher sind. Wenn jedermann dran glaubt, ist es, wie wenn man an

Falschgeld glaubt. Bis man draufkommt, tut es seinen
Dienst.

William Benton

*Einige Stationen seines Lebens: Senator des US-Staates Con-
necticut; stellvertretender Außenminister; Vizepräsident der
Universität von Chicago; Verleger der Encyclopaedia Britannica.*
*Sein Ehrgeiz war, sich im Alter von 35 Jahren als Millionär
vom Geschäft zurückzuziehen. Er tat es auch, mit 36. 1929
war er Stellvertreter von Albert Lasker, dem Generaldirektor
von Lord und Thomas, »der erfolgreichsten Werbeagentur, die
es je gab«.*

Ich verließ Chicago im Juni 1929, nur ein paar Monate
vor dem Krach. Chester Bowles und ich stiegen ins Geschäft
ein mit gut zweihundert Quadratmeter Büroraum, bloß
wir zwei und ein paar Mädchen. 15. Juli – das war der
Tag des absoluten Gipfels an der Börse.
Ich kümmerte mich um Aufträge, und meine Tafel zeigte
eine Art Kreuz. Eine Linie fing links oben an und endete
unten in der rechten Ecke. Das war der Börsen-Index.
Die andere Linie war Benton & Bowles. Sie begann links
unten und endete rechts oben in der Ecke. Ein Kreuz.
Als die Börse in der Versenkung verschwand, war Benton
& Bowles bei den Sternen. Als ich die Agentur 1935 ver-
kaufte, war sie die größte Einzelunternehmung in der Welt.
Und die mit dem meisten Profit.
Mein Freund Beardsley Ruml vertrat immer die Theorie:
Fortschritt durch Katastrophe. In allen Katastrophen steckt
auch ein Potential an Nutzen. Ich zog Nutzen aus der
Depression. Andere auch. Nutzen, denk' ich mir, hatten
vor allem die Leute, die rote Tinte, rote Bleistifte und rote
Kreide verkauften.
Ich war 29 und Benton erst 28. Wenn alles floriert, dann
haben die großen Kunden nicht viel Lust, auf neue Männer

19

oder neue Ideen zu hören. 1929 sprachen die meisten der Wallstreet-Drahtzieher von der Neuen Ära. Sie hatten das Gefühl, daß wir am Anfang eines unaufhörlichen Booms standen, der uns zu immer neuen Höhen führen würde.

In dem Jahr ging der Absatz bei Pepsodent um fünfzig Prozent zurück. Die Zahnärzte sprachen von Pepsodent-Zähnen. Es greife die Zähne zu sehr an, nehme ihnen den Schmelz, behaupteten sie. Mit der alten Art Werbung konnte man dagegen nichts machen. Ich war noch in Chicago, bei Lord und Thomas. Pepsodent war unser Auftraggeber. Im Mai 1929 ging ich aus dem Büro im neuen Palmolive-Gebäude, wo wir die ersten Mieter waren, nach Haus in meine Wohnung. Es war eine heiße, schwüle Nacht. Alle Fenster standen offen, und ich hörte diese schmelzenden Stimmen hinaustönen auf die Straße, aus allen Häusern. Ich kehrte um und ging den Weg zurück. Neunzehn Radios waren angestellt, und siebzehn spielten »Amos und Andy«. Dies ist wahrscheinlich der erste Hörer-Test in der Geschichte des Rundfunks. Am nächsten Morgen ging ich zu Mr. Lasker ins Zimmer und sagte, wir sollten »Amos und Andy« sofort für Pepsodent einkaufen. Wir kauften es auf der Stelle, und ich zog ostwärts, zu Benton & Bowles.

Pepsodent kam also ins Radio, und in ein paar Wochen war es die größte Sensation in der Geschichte des amerikanischen Showbusineß. Das einzige, was noch mehr Furore machte als »Amos und Andy« war Lindberghs Flug über den Ozean. Der Pepsodent-Absatz schnellte in die Höhe. Der Krach hat Pepsodent nie betroffen. Der Absatz stieg aufs Doppelte, aufs Vierfache. Es wurde dann an Lever-Brothers zu einem gewaltigen Preis verkauft, von daher stammt ein Teil von Laskers Vermögen. Benton & Bowles stiegen für ihre Kunden ganz groß in die Rundfunkwerbung ein.

Wir wußten nicht, daß die Depression im Gang war. Nur, daß die Produkte unserer Kunden absackten und daß sie bereit waren, mit uns über neue Ideen zu reden. Die hätten uns nicht mal zur Tür reingelassen in besseren Zeiten. So hat mir die Depression genützt. Mein Einkommen verdoppelte sich jedes Jahr. Als ich Benton & Bowles verließ, muß es fast eine halbe Million gewesen sein. Soviel Geld haben nicht mal die großen Kino-Stars verdient. Das war 1935. Die Depression hat mich schlicht übergangen. Für Gespräche über die Depression bin ich einfach nicht der richtige Mann.

. . . Die Depression zog ernsthaft die Universität in Mitleidenschaft . . . Es entstanden große Defizite durch die teure Medizinische Fakultät und ihre Kliniken. Und die Zuschüsse wurden geringer.

Als Mr. Walgreen seine Nichte von der Universität nahm, mit der Begründung, man bringe ihr dort Kommunismus bei, griff fast jede Zeitung in dieser großen Stadt die Universität an und machte ihr das Leben schwer. Die Depression verstärkte das Ressentiment gegenüber dem Kommunismus.

Ich stattete Walgreen einen Besuch ab, um mit ihm darüber zu reden. Niemand von der Universität hatte das getan. Die Kuratoren waren von den Anschuldigungen Walgreens aufgebracht – und beleidigt. Ich ging zu einem früheren Kunden, der mich mit Walgreen bekannt machte. Ich sagte: »Mr. Walgreen, diese großen Institutionen leben von den Zuwendungen von Leuten wie Sie. Warum helfen sie der Universität nicht, Kurse über amerikanische Institutionen abzuhalten, wie Sie sie für nötig finden?« Die Idee kam von Hutchins. Ich sagte zu ihm: »Was können wir tun, damit wir Walgreen festnageln?« Er sagte: »Ganz einfach. Bringen Sie ihn dazu, der Universität etwas Geld zu geben.« Am Tag nach meinem Gespräch ging Hutchins zu Walgreen und kassierte eine halbe Million Dollar von ihm. Damit war der Fall Walgreen ganz hübsch erledigt.

Haben Sie den Eindruck, daß die Depression den Leuten in Sachen Ratenzahlung einen Schrecken eingejagt hat?

Die Encyclopaedia Britannica lebt von Ratenzahlungen; das ist unser ganzes Geschäft. Wir halten Kredit für überhaupt kein Problem, schon gar nicht, wenn wir an die Depression denken. Wenn mehr Leute arbeitslos sind, haben wir es leichter, gute Verkäufer zu finden. Je mehr ohne Arbeit sind, um so mehr Bewerber haben wir. Indem wir die Zahl unserer Verkäufer vergrößern, machen wir den Umstand wett, daß es weniger Leute gibt, denen wir was verkaufen können. Fortschritt durch Katastrophe.

Dr. David J. Rossman

Ein Psychiater. Er hat bei Freud studiert. Seine Patienten sind gehobener Mittelstand. Er praktiziert seit den zwanziger Jahren.

Millionäre kamen meist zu mir, um sich wegen Angstattacken behandeln zu lassen. 1933 sagte einer zu mir: »Ich komme zur Behandlung zu Ihnen, weil ich mein gesamtes Geld verloren habe. Alles, was mir noch geblieben ist, ist ein Haus auf Long Island, das 750 000 Dollar wert ist. Ich weiß nicht, was ich dafür bekäme, wenn ich es zu verkaufen versuchte.« Der Mann sah sehr aristokratisch aus. »Ich habe immer Schuldgefühle gehabt wegen des Geldes, das ich verdiente.«

Ich fragte ihn: »Warum fühlen sie sich deswegen schuldig?« Er erzählte, daß er ein Floor-Trader war und daß, wenn er sah, daß der Markt abbröckelte, er ihm noch einen Schubs gab durch Leergeschäfte. Am Ende eines solchen Tages hatte er 50 000 bis 75 000 Dollar verdient. Und das lief über eine lange Zeit. Er sagte: »Ich hatte immer das Gefühl, als wenn ich das Geld aus dem Mund von Waisen und Witwen genommen hätte.«

Er fühlte sich schuldig, nachdem er selbst in die Enge getrieben war. Er begann zu spüren, wie es ist, wenn man kein Geld hat. Um Ihnen einen Begriff zu geben von der Wichtigkeit dieses Mannes: er hat an einer Geheimsitzung in der J. P. Morgan Bank teilgenommen, als man versuchte, den Niedergang aufzuhalten. Er hatte einen Termin um 5 Uhr, und er sagte: »Ich kann heute nicht kommen. Aber wenn wir uns später treffen, habe ich eine wichtige Nachricht für Sie.«

Dieser Mann riet mir, zur Bank zu gehen, mein ganzes Geld herauszunehmen und mir Goldnoten dafür zu besorgen. Die hatten auf der Rückseite den Aufdruck: Einlösbar auf Wunsch bei der Staatskasse gegen Gold in Barren. Ich bekam 10 000 Dollar in Gold. Ich sagte: »Was, zum Teufel, soll ich damit machen?« Es war schwer wie sonst was ... Ich tat es in einen Safe. Zwei Tage später mußte ich es wieder herausrücken, weil der Präsident den Besitz von Gold für illegal erklärte.

Ich gab es der Bank zurück, und sie schrieben mir 10 000 Dollar gut.

Ich erfuhr von der Misere in unserer Wirtschaft lange vor dem Börsenkrach von '29. Ich hatte einen Patienten, der der größte Hersteller für Küchengeräte in Amerika war. Er hatte eine riesige Fabrik. Er sagte: mit einem Schlag, ohne irgendein Vorzeichen, sei es mit Aufträgen aus gewesen. Im Mai und Juni 1929.

Wir alle glaubten, daß eine neue Finanzära aufkäme. Wie lange war ich schon an der Börse? Von '26 bis '29. Ich hatte mein Geld verdoppelt. Ich erinnere mich an einige der Werte, die ich kaufte. Ich kaufte Electric Bond and Share, zum Beispiel. Ich kaufte sie für 100 pro Stück und verkaufte sie für 465 Dollar. Das war die einzige Art, wie man wirklich zu Geld kommen konnte. Das Einkommen war nicht der Rede wert. Wir Ärzte waren die größten Amateur-Finanziers in der Welt. Die Doktoren, darunter einige meiner Freunde, hatten Patienten aus der Hochfinanz: so wurde ihr Interesse geweckt. Die sagten einem, was für Papiere man kaufen solle.

Und was geschah mit den Leuten . . . ?

Nicht viel. Man merkte kaum, daß da eine Depression im Gange war. Höchstens, daß die Leute sich beschwerten, sie hätten keine Stellung. Man konnte die herrlichste Hilfe für 'n Appel und 'n Ei bekommen. Die Menschen arbeiteten fast umsonst. Damals gingen die Leute mit Äpfeln hausieren, und überall in der Stadt standen sie nach Brot an. Aber im großen ganzen – vergessen Sie nicht, daß die Arbeitslosigkeit nie mehr als zwanzig Prozent betrug.

Also waren Ihre Patienten nicht wirklich betroffen?

Nicht sehr. Sie bezahlten ziemlich ordentliche Honorare. Ich bin gerade auf ein Konto-Buch aus den Jahren zwischen 1931 und 1934 gestoßen, und, bei Gott, da hab' ich doch damals 2000 Dollar im Monat gemacht, was verdammt viel Geld war. Dann, in den Jahren 1934, 1935, 1936, ging's los, da kamen sie in Scharen, da wurde nämlich alles besser. Die Leute suchten nach Hilfe. Der ganze Mittelstand. Das Geld war nicht mehr so knapp. Bei Ausbruch des Krieges waren sämtliche Psychiater in New York geradezu mit Arbeit überschwemmt. Ich empfing meinen ersten Patienten morgens um sieben, und ich arbeitete bis neun Uhr abends . . .

Hatten Sie Kontakt mit den unteren . . .?

Mit den unteren Schichten? Nein. Nehmen wir mal den unteren Mittelstand, einen Bauunternehmer. Er baute mir ein Zehn-Zimmer-Haus für 8 500 Dollar. Ich zahlte ihm fünf Cent für den Kubikfuß Holz, der heute 1.50 Dollar kostet. Anderes Beispiel: Keiner der Leute, die an meinem Haus arbeiteten, kriegte mehr als 5 Dollar pro Tag. Ich fragte den Bauunternehmer, was er denn daran verdiene. Er sagte: »Ich hatte sechs Monate zu essen.« Es war Catch-as-catch-can. Verkauf dich unter Preis, mache gute

Arbeit in der Hoffnung, daß du an jemand anderen weiterempfohlen wirst.

In jenen Tagen nahm jeder seine Rolle hin, die Verantwortung für sein eigenes Schicksal. Jeder gab sich mehr oder minder selbst die Schuld für sein Versagen oder den Mangel an Talent oder sein Pech. Es herrschte die Auffassung, daß es dein eigener Fehler, deine eigene Trägheit, deine eigene Untüchtigkeit war. Man nahm es hin und hielt den Mund. Eine Art Schamgefühl über dein eigenes persönliches Versagen. Ich fragte mich, was das alles soll. Ich konnte nicht klagen.

Eine bemerkenswerte Sache bei der Depression war, daß es kaum irgendwelche Zwischenfälle gab. Paar öffentliche Aufmärsche, ja. Die Leute marschierten durch Washington, und Hoover versprach, daß alles in Ordnung käme. Die Leute hofften, und sie waren verwirrt.

Das Big Busineß kam 1930 und 1932 mit dem Hut in der Hand, um Roosevelt um Hilfe zu bitten. Die haben diese Demütigung nie verwunden, und sie haben ihm nie vergeben, daß er den Verstand hatte, was zu tun. Die Pumpe in Gang zu setzen.

Heute denken die Leute, es kommt einfach auf sie zu. Die ganze Gesinnung hat sich geändert. Es gibt viel mehr Haß und freischwebende Aggression überall im Land. Wir haben einen nie dagewesenen Wohlstand erreicht. Jedermann sagt: Warum nicht ich? Die Gesellschaft des Überflusses hat sich den Leuten vorgestellt – wie die bessere Hälfte lebt. Das kommt übers Fernsehen, man kann zugucken. Und jedermann sagt: »Wer zum Teufel sind die? Was ist mit mir los? Meine Haut ist schwarz, na und?« Man übernimmt nicht mehr die Verantwortung für sein eigenes Schicksal. Es ist schrecklich. Es könnte unser Land auseinanderreißen.

Glauben Sie, daß es eine Revolution geben könnte, wenn wir noch einmal von einer Depression betroffen würden?

25

Das käme über Anfänge nicht hinaus. Das wäre nicht organisiert. Heute läßt man niemanden mehr verhungern. Heute
denken sie, es kommt einfach auf sie zu. Und übrigens
war es die Regierung, die diese Auffassung den Leuten
beigebracht hat, in den dreißigern. Die Leute hatten die
Regierung nicht gefragt. Sie fragen die Frage, die sie selbst
nicht beantworten können: Warum bin *ich* der Sündenbock?
Warum gerade ich? Die wollen »Butter bei die Fische«.

John Hersch

*Er ist Senior-Compagnon in einem großen Maklerbüro in
Chicago. Aus seinen Räumen in der LaSalle Street kann man
an diesem Spätnachmittag Scharen von Leuten beobachten, die
den Bushaltestellen und Parkplätzen zuhasten.*
*»Es war ein faszinierendes Geschäft für mich, von 1924 bis
1968. Ich habe es lange Zeit betrieben, und ich bin sehr stolz
darauf. Es ist jetzt ganz verschieden von den zwanziger Jahren.
Der ethische Kanon ist sehr viel strikter. Ein paar miese
Sachen kommen gelegentlich noch mal vor, aber es herrscht
doch eine große Gemeinschaft.«*
Er hat ein Air von weltläufiger Bekümmertheit.

Der Krach – das passierte nicht an einem Tag. Es gab
eine ganze Menge Vorwarnungen. Das Land war aus dem
Häuschen. Jeder spekulierte an der Börse, ob er es sich
leisten konnte oder nicht. Schuhputzer, Kellner und Kapitalisten ... Die Papiere einer ganzen Anzahl von Dach-
gesellschaften waren ungesund, rein fiktive Werte. Mr. Insull
war so ein Beispiel. Es war ein irrer Traum vom Blitzschnell-
Reichwerden. Es waren nicht nur die Broker, sondern auch
Banken, die sich mit dem Differenzgeschäft abgaben. Sie
hatten eine Menge anrüchiger Kredite. Die Banken arbeiteten genauso sorglos wie die Broker. Und als sie dann
zusammenbrachen ...
Ich hatte einen Freund in Cincinnati, jung und gut aus-
sehend. Er hatte Frau und Kinder und eine Lebensver-

sicherung über 100 000 Dollar. Er hatte, persönlich, mit dem Leben abgeschlossen. Er sprang aus dem Fenster, um Frau und Kinder versorgt zu wissen. Das waren mehrere, die auch sprangen, um eine Versicherungssumme zu kassieren. Das wäre undenkbar heute, wo man weiß, wie viele Leute sich wieder hochgerappelt haben.

Dann gab's noch andere, die mir Eindruck gemacht haben. Überall in der Stadt konnte man hören, daß ihre Geschäfte schlecht standen. Aber sie haben ihren Lebensstandard nicht um ein Iota runtergesetzt. Sie lebten wie die Könige, die ganze Depression über. Ich hab mir das nie erklären können. Ich kannte ein paar Leute, die ihre Apartments am Lake Shore Drive beibehielten, und ihre Autos auch, obwohl jeder wußte, daß sie in Schwierigkeiten waren. Ich weiß nicht, wie sie das machten, und ich war auch nicht besonders neugierig. Meine Freunde und ich waren alle pleite, und wir haben das auch nicht kaschiert . . .

Ich finde, daß die Leute sich so gut wie gar nicht an die Depression erinnern oder darüber nachdenken. Nie taucht sie mal in Gesprächen auf. Ich hab' auch entdeckt, daß Leute, sogar Professoren, die während der Depression vielleicht 300 Dollar monatlich hatten –, daß einige von denen heute hundert- bis hundertfünfzigtausend Dollar wert sind. Soviel Geld wie heute hat es noch nie in unserer Geschichte gegeben.

Niemals. Das ist in den letzten dreiundzwanzig Jahren passiert . . . dank der Entwicklung der Industrie und der Schaffung von Dividendenpapieren.

Und noch etwas ist merkwürdig an der Depression – sie lief niemals auf eine Revolution hinaus. Ich erinnere mich, daß es draußen irgendwo in Iowa einen Burschen gab namens Reno[5], der eine kleine Gruppe anführte. Sie kippten ein paar Lastwagen um, und die Sheriffs trauten sich nicht, die Pfändungsbefehle auszuführen. Aber wenn man bedenkt, was im Land los war – das ganze Land hielt Ordnung: man saß einfach da und nahm es hin. Wenn man zurückdenkt: unfaßlich, einfach unfaßlich. Entweder man war so geschockt, oder man dachte, daß irgendwas geschehen würde, was eine Wende bringt... Meine Frau hat das oft mit mir diskutiert. Sie findet das erstaunlich, dieses Ausbleiben eines gewaltsamen Protestes, besonders 1932 und 33.

Julia Walther

Die Bücher auf den Regalen und die Bilder an den Wänden verraten weitgespannte Interessen. Die Wohnung hat etwas vom Ambiente der Alten Welt an sich. Die Ausstattung, obwohl teuer, ist unaufdringlich.
Durch das Fenster sehen wir über den Outer Drive, den die Autos schneller als erlaubt entlangfahren, hinaus auf den See, heiter an diesem Frühlingsnachmittag. ...

Mein erster Gedanke – wenn Sie Depression sagen – ist Samuel Insull. Er war so etwas wie ein Symbol. Jemand, der aus dem Erfolg einen Fetisch machte. Er stellte alles das dar, was an der Periode vor dem großen Börsenkrach von 1929 am abstoßendsten war. Er benutzte seine Macht auf abstoßende Weise: er baute beispielsweise das Opernhaus und setzte es durch, daß das Auditorium-Theater aufgegeben wurde, das doch soviel besser ist ...
Die Leute wurden gezwungen, Geldbeträge für das Opernhaus zu zeichnen.[6] Wie eine Keule schwang er es über ihren Köpfen ... Geschäftsleute in Chicago, die Insull und seinen Interessen auf irgendwelche Weise verpflichtet waren. Sie mußten eine bestimmte Summe hineinstecken, sonst wollte Samuel Insull seine Unterstützung zurückziehen.
Das Opernhaus wurde im Depressionsjahr fertig. Ich erinnere mich, daß ich zur Eröffnungsvorstellung von Rigoletto gehen mußte. Alle saßen da mit grimmigen Gesichtern, weil die Depression zugeschlagen hatte. Jeder wußte, daß die Börse abrutschte. Da saßen wir in diesen rosa-samtenen

Logen und sahen uns grimmig an, während auf der Bühne die Blitze zuckten.

In der Gewitterszene des letzten Akts konnte sich Insull austoben, er war ja Präsident der Commonwealth Edison. So etwas von Regen, Blitzen oder Donner haben Sie auf der Bühne noch nie gesehen.

Die armen Fletchers hatten sich gerade von Insull verleiten lassen, eine dieser teuren Logen zu kaufen. Wir saßen mit den Fletchers zusammen in ihrer Loge. Die waren bestimmt nicht erbaut von dem, was an diesem Tag an der Börse geschah. Die waren bestimmt nicht über ihr Leben erbaut. Und außerdem waren sie bestimmt nicht über die Musik auf der Bühne erbaut. Es war so schrecklich. Die ganze Aufführung war so furchtbar. Die Inszenierung war grauenhaft. Die Bühnenausstattung war von A bis Z Insulls Geschmack. Und dieser Vorhang! Dieses übertriebene, überladene, vergoldete Etwas. Ich habe ihn als den reinsten Alptraum in Erinnerung.[7]

Sie haßten Insull einfach, all die Leute in den Logen. In dem Augenblick haßten sie ihn mehr als je. Und dann stellten sie fest, daß es mit ihnen bergab ging. Mit dem Insull-Krach, als sein Imperium zusammenbrach.

Die Verluste meines Mannes waren wirklich ziemlich vernichtend. Wir spürten, daß es gefahrvolle Tage waren. Bis 1926 hatte Fred den Konzern aufgebaut.[8] Den Anfang machte eine Holzfirma, die seinem Vater gehört hatte. Die ehemaligen Präsidenten der fusionierten Firmen waren ältere und erfahrenere Männer als er. Sie konnten es kaum erwarten, ihn loszuwerden, sobald der Konzern gebildet war. Aus Furcht davor lieh er sich Geld, um die Kontrolle mit einundfünfzig Prozent zu erlangen.

Als der Börsenkrach kam, zogen die Banken ihre Unterstützung zurück, Aktien, die er auf Einschußzahlung gekauft hatte, mußte er hergeben. Da es Fred bei den fallenden Kursen nicht gelang, diesen Verpflichtungen nachzukommen, verlor er alles, was er hatte. Er wurde völlig ausgelöscht. Fred sagte immer lachend: »Die einzige Million Dollar, die ich überhaupt in meinem Leben gesehen habe, war die, die mir verlorenging.«

Die Fieberperiode hatte für mich etwas Unwirkliches. Und die Depression war so wirklich, daß sie geradezu unwirklich wurde. Sie hatte etwas Grauenerregendes an sich, die Leute stürzten sich aus dem Fenster.

Ich weiß noch, wie ich das erstemal unter der Michigan Avenue Bridge entlangfuhr, unter den Straßen, wo die Tribune ist, und nicht Hunderte, sondern Tausende von Männern sah, die, in ihre Mäntel gewickelt, einfach so auf dem Straßenpflaster lagen.

Ich weiß noch, wie entsetzt, wie niedergeschmettert ich war. Die einzige andere Sache, die mich ebensosehr erschütterte, hatte sich zu Anfang des Ersten Weltkriegs ereignet. Es war im Jahr 1914, am Tag der Schlacht von Metz. Mein Bruder und ich waren noch Kinder und saßen im Abteil eines Zugs, mit dem wir aus Deutschland hinausfuhren. Wir konnten die Kanonen und Geschütze hören. Sie begannen, die Verwundeten auf unseren Zug zu laden. Sie zogen einen Oberst herein. Damals gingen sie leuchtend bunt gekleidet in den Krieg. Dieser Mann hatte nun eine Uniform vom herrlichsten Gelbgrün an, mit scharlachroten Streifen an den Hosen. Er hatte eine Wunde in der Brust, und das Blut hörte nicht auf zu tropfen, es rann langsam tropf, tropf, tropf auf den Boden.

Die Männer, die unter der Brücke lagen, bedeuteten ebenso eine erste Erfahrung für mich, das Begreifen, daß das Leben nicht so war, wie man geglaubt hatte. Bis man nicht wirklich jemanden sterben sieht, kann man nicht wissen, was Krieg heißt. Jetzt habe ich eine Ahnung, was die Depression für einige Menschen bedeutete, obwohl ich nie selbst unter der Brücke geschlafen habe.

Glauben Sie, daß Amerika jemals wieder eine Depression erleben wird?

Ich weiß nicht. Ich habe gehört, daß es nie wieder geschehen kann. Es gibt aber etwas, das mir wirklich Sorgen macht. 1934 und '38 fuhr ich nach Deutschland. Ich erlebte, was der Nazismus tat. Ich war beunruhigt, wenn Amerikaner sagten: »Aber so etwas könnte sich bei uns nie ereignen. Die Deutschen sind ein seltsames Volk, mit dem wir nichts gemein haben – Bestien.« Ich wußte, daß das nicht stimmte. Etwas Derartiges kann überall geschehen, unter bestimmten Umständen...

In Deutschland gab es eine schreckliche Depression. Und da erscheint ein Mann, der ihnen sagt, daß sie eine große Nation sind, sie brauchten nur an sich selbst zu glauben und ihm zu folgen. Er versprach ihnen Sonne, Mond und Sterne. Die deutschen Intellektuellen und Schauspieler machten sich in ihren Nachtklubs über ihn und die Nazis lustig. Ich hörte einen im Platzl in München. Das Publikum fand es hinreißend und schwärmte davon. Aber damit wurde der Nazismus nicht aufgehalten. Sie gewannen das Kleinbürgertum für sich....

Die Depression überwältigte uns, das stimmt schon. Es war furchtbar. Aber wir hatten Hoffnung: Das bringt uns nicht um. Ich glaube nicht, daß man das heute sagen kann. Wenn jetzt eine Depression käme, würde ich Angst haben, schreckliche Angst...

---

1 Ein Finanzmann aus Boston in den zwanzigern. Sein »Empire« brach zusammen, viele Leute wurden dadurch ruiniert. Ponzi kam ins Gefängnis.
2 Ein Taxi-Unternehmen.
3 »Leerverkauf (Short-sale)«. »Leerverkauf (so erklärt es Robertson) heißt etwas verkaufen, das man nicht hat und das man ankauft, um es auch anbieten zu können.«
4 SEC = Security and Exchange Commission (Sicherheits- und Börsen-Ausschuß).
5 Milo Reno, Führer der Farm Holiday Association.
6 In den zwanziger Jahren war Insull der führende Mäzen

der Chicagoer Oper. Das von Dankmar Adler und Louis Sullivan erbaute Auditorium-Theater, das als eines der schönsten Opernhäuser der Welt gilt, hatte ihr als Heimstatt gedient. 1967 wurde es renoviert und wiedereröffnet.

7 Win Stracke war ein junges Chormitglied in Max Reinhardts Inszenierung von *Das Mirakel*. Es wurde in Chicago in der Spielzeit 1926–27 im Auditorium aufgeführt. Bei einer Probe »spazierte Morris Guest, der Impresario, auf die Bühne, Arm in Arm mit Samuel Insull. Guest machte ihn auf die gewaltigen Säulen aufmerksam und sagte: ›Das hier sind Nachbildungen der gewaltigen Säulen von Notre-Dame, und das Fenster dort ist eine genaue Kopie der Rosette des Kölner Domes.‹ Und Insull fragte: ›Die Originale?‹ Ich kann mich noch daran erinnern, daß ich dachte, wie dumm sind doch die Finanziers auf kulturellem Gebiet. Das spiegelte sich später im Opernhaus wider.«

8 Ein Konzern, der, abgesehen von seinen Industrieprodukten, wegen seiner Schirmherrschaft über kulturelle Unternehmungen bekannt wurde.

High Life

Sally Rand

Eine Tänzerin.
*»1930 war ich sechsundzwanzig. Das richtige Alter, um an
den Dingen Geschmack zu finden. Ich wurde im letzten naiven
Moment geboren, den Amerika je erleben sollte ... zwischen
dem spanisch-amerikanischen Krieg und dem Ersten Weltkrieg.
Alles war süß, einfach und hübsch.«*
*Ihre Kindheit verbrachte sie auf dem Land in Missouri und
ihre Jugend in Kansas City. Als sie in das übermütige Alter
kam, sagte ihr Vater, ein Absolvent der Militärakademie West
Point: »Übermut tut selten gut.« Sie wurde nach den alten
Moralsprüchen erzogen: Tugend ist der beste Adel. Ehrlich
währt am längsten ... »Für uns, die wir so unschuldig aufwuchsen, war das eine schlechte Vorbereitung auf die dreißiger
Jahre.«*
*»Plötzlich wurden all die abgedroschenen Lebensweisheiten auf
den Kopf gestellt. Wie konnte es geschehen, daß ein Mann,
der dreißig Jahre seine Arbeit getan hatte, keine Arbeit mehr
bekam? Wie konnte es geschehen, daß eine Firma, die ein
Leben lang ihr Geschäft machte, auf einmal nicht mehr existierte? Freunde von mir, die in Harvard, Yale und Princeton
studiert hatten, sprangen aus dem Fenster. Zielbewußt. Die
Vorstellung, daß die Börse aufgab, war undenkbar. Nur unsere
Naivität ließ uns daran glauben, daß es ewig so weitergehen
könnte ...«*
*»Für die Leute, die von wenig Geld lebten, bedeutete es
keinen großen Unterschied. Ich hatte erst mit neun oder zehn
Jahren Geld gesehen. Mein Vater brachte uns mit 100 Dollar
im Monat durch. Wir hatten Kleider, Wohnung, gutes Essen.
Es fehlte an nichts – außer an Liebe.*
*Mit sechs Jahren sah ich die Pawlowa tanzen. Ich blieb lange
wach und weinte hemmungslos. In dem Augenblick entstand
in mir die unumstößliche Erkenntnis: ich würde Tänzerin wer-
den, eine Ballerina.« Sie reiste mit Adolph Bolms Ballett durch
den ganzen Mittelwesten und »brachte Kultur zu den Massen.«
(Sie lacht.)*
*In Hollywood arbeitete sie bei Mack Sennett und hatte einen
Vertrag mit Cecil B. De Mille. »Ich lief in jeder Minute am
Tag hinter ihm her. Ich war bei Exposé-Besprechungen. Ich*

sah jede Mustervorführung, ich war wie sein kleiner Schatten.
Wenn er auf die Toilette ging, wartete ich draußen.« Sie war
bis dahin unter dem Namen Billie Bett aufgetreten. »De Mille
kam auf Rand durch eine Rand-McNally-Karte.«
Mit Mary Pickford entwickelte sich eine enge Freundschaft.
»Als Doug Fairbanks später eine feinere Ehe mit Lady Ashley
schloß, wandte sich Mary religiösen Betrachtungen zu. Sie
schrieb ein Buch, Why Not Try God? Dann heiratete sie
Buddy Rogers.«
Sally Rand machte mit ihrer Truppe »Sally Rand and Her
Boys« eine Tournee und trat auf den Bühnen der Orpheum-
Theaterkette auf. Unter dem Druck der Depression wurden
schon gebuchte Vorstellungen abgesagt. Ihre wohlhabenden
Freunde gingen bankrott.

Diese herrlichen Jachten, die eine halbe Million Dollar kosteten, lagen im Hafen und setzten Muscheln an. Sie hatten
den Leuten gehört, die aus dem Fenster gesprungen waren.
Wer kaufte schon eine Jacht? Ein Mann kam zu mir und
fragte: »He, ist eine von den Jachten zu verkaufen?« Ich
sagte: »Das soll wohl ein Witz sein. Die können sie alle
kaufen.« Er war ein Alkoholschmuggler. Ich verkaufte also
500 000-Dollar-Jachten an Alkoholschmuggler. Für fünftausend oder zehntausend Dollar. Und kassierte meine sechs
Prozent Provision. Herrlich.
Sie hatten gewöhnlich ihre eigenen schnellen Boote, um
über die Dreimeilenzone oder Achtmeilenzone oder was
weiß ich hinauszufahren und ihren Schnaps zu holen. Inzwischen kannten alle Bundesbeamten ihre Boote. Sie
nahmen also diese Jachten, dekorierten sie mit hübschen
Mädchen in Badeanzügen, als ob sie auf eine kleine Spa-
zierfahrt gingen. Luden ein und kamen zurück.
Die Inneneinrichtung dieser Boote war aus Rosenholz, gol-
dene Griffe an den Toiletten und lauter so ein Firlefanz,
Ölschinken in den Salons. Jetzt wurden sie mit Unmengen
Alkohol vollgeladen, die Einrichtung ausgeräumt und alles
ruiniert.
Jedes Hotel auf dem Loop war bei Onkel Sam in Konkurs
gegangen – ganz legal. Ich konnte meine Rechnung nicht

bezahlen. Ich hatte nichts zu essen, keinen Whisky, gar nichts. Ich ging zur Direktion und sagte: »Ich habe mich noch nie um die Bezahlung meiner Hotelrechnung gedrückt. Ich habe keinen Job, aber ich besorge mir einen. Bis dahin kann ich meine Schulden bei ihnen nicht bezahlen.« Sie sagten: »Machen Sie sich keine Sorgen. Es ist sowieso keiner im Hotel.«

Einer der Jungs in der Show, Tony, sagte: »Mach dir keine Sorgen. Meine Onkels haben alle mit der Bühne zu tun, und die andern sind Alkoholschmuggler. Such dir einen Nachtklub aus, in dem du arbeiten willst, wir klemmen uns dahinter.« Ich sah mir diese Kaschemmen an mit ihren kleinen Bühnen in Briefmarkengröße . . .

Das Gewagteste, das ich bis dahin überhaupt getanzt hatte, war die Scheherazade in dem Ballett. Ein Mädchen, das ohne Strümpfe auf die Bühne ging, war in meinen Augen ein Flittchen. (Sie lacht.) Ich kriegte nur deshalb einen Job, weil Tonys Onkel den Besitzer, Frankie, mit Schnaps belieferte.

Jetzt mußte ich eine Nummer für mich ausfindig machen. Ich konnte da keinen Spitzentanz vorführen. Ich ging zu Maybelle Shearers Kostümgeschäft. Eine Menge alter Fächer lag bei ihr auf dem Ladentisch. Ich hatte mir schon immer gewünscht, »Weiße Vögel fliegen im Mondschein« zu tanzen. Ich hatte diese weißen Reiher beobachtet, wie sie auf der Farm meines Großvaters niedergingen. Ich bin wieder einmal bei der Pawlowa und ihrem Vogeltanz, dem »Schwan«. Als junges Mädchen band ich mir Flügel an die Schultern. Zum Glück hatte ich schon damals genug Geschmack, um zu wissen, daß das nicht das Wahre war. Dann sah ich Bilder von Isadora Duncan. Ich war vielleicht eine gute Tänzerin, aber noch nicht soweit, um mich schöpferisch zu betätigen. Und weil nun mal die Not erfinderisch macht . . .

Ich griff mir also ein Paar jener Federfächer, mit denen die Primadonnen den hohen Ton zu treffen pflegten. Immer wenn eine Frau einen Fächer in die Hand nimmt, wird sie sofort zur Femme fatale. Zur Kokotte. Ich habe das in den Ozarks erlebt, bei den Erweckungsversammlungen von Baptisten. Die Dame mit Schute und Kattunkleid nimmt einen Palmblattfächer auf und wird sofort zur Königin von Saba. Ich griff mir also den Fächer und schaute in den Spiegel. Ich probierte gleich mein rätselhaftes Lächeln und alles übrige aus. Und ich merkte plötzlich, daß die Fächer genau das fertigbrachten, was ich wollte.

Ich bestellte mir ein herrliches Paar aus New York. Die Fächer kamen als Nachnahmesendung, und ich konnte sie nicht einlösen, weil ich überhaupt kein Geld mehr hatte. Ollie, ein Mädchen, das ich kannte und das fliegende Glücksspiele veranstaltete, sagte: »Du brauchst dir keine Sorgen zu machen. Petey bringt 'ne Ladung aus Kanada. Dann hat er Geld wie Heu.« Als Petey zurückkam, sah das Heck seines Buick aus wie ein Sieb. Er war überfallen worden und hatte kein Geld, um mir die Fächer einzulösen. Aber er versetzte seine Ringe, und damit kriegte ich die Fächer heraus.

Ich ging in den Klub zu meiner Eröffnungsvorstellung, aber Frankie erinnerte sich nicht an mich: »Wer zum Teufel sind Sie denn?« Ich rief also Tony an: »Er will mich nicht auftreten lassen.« Dann erschienen Petey, Tony und noch wer bei Frankie: »Es wäre doch schrecklich, wenn es hier in dem Laden Stunk gäbe.« Frankie war entsetzt: »Wa-wa-was?« Ich übte also mit dem miesen Klavierspieler, und Tony ging los und klaute zwei der besten blauen Scheinwerfer vom Chez Paree.[1] Da stand ich nun ... Eigentlich wollte ich aus meinem Chiffonnachthemd eine klassische kleine griechische Tunika machen, à la Isadora Duncan. Ich hatte mir das Nachthemd für eine Gelegenheit aufgehoben, die aber noch nicht gekommen war. Doch ich hatte keine Möglichkeit, noch mal ins Hotel zu gehen. ... Mein Auftritt wurde angekündigt!

Da stand ich also an der Schwelle der Entscheidung, mit zwei Schuhen und zwei Fächern, Punkt. Entweder machte ich weiter, oder Frankie hätte jeden Grund gehabt, mich rauszuwerfen.

Ich überlegte also sehr vernünftig und sagte mir: »Nun schön, wer wird denn überhaupt merken, was hinter diesen Fächern ist?« Und sie merkten es auch nicht. An dem Abend lieferte ich den Beweis, daß die Rand schneller als das Auge ist.

Niemand war auch nur im geringsten interessiert. Sie warteten auf die Tischsänger. Das waren die Leute, die mit einem kleinen fahrbaren Klavier herumgingen und traurige Lieder sangen, während die Gäste in ihr Bier weinten. Es dauerte Wochen, bis jemand entdeckte, daß ich nichts anhatte. Ökonomisch betrachtet, war das vernünftig, weil ich kein Geld besaß, um mir irgendwas zu kaufen.

Dann Frühjahr '33. Ich hatte Charlie Weber kennengelernt, der seit vierzig Jahren Beamter der Bezirksverwaltung war. Charlie hatte die Bierkonzession in *The Streets of Paris*.[2] Inzwischen wurde im Congress-Hotel der Beaux Arts-Ball veranstaltet. Die Leute standen in Schlangen nach Brot an und hungerten. Und doch hatten manche Frauen in Chicago die Geschmacklosigkeit, sich in den Kleidern, die sie zum Ball anziehen wollten, fotografieren zu lassen. Eins bestand aus Tausend-Dollar-Scheinen. Sie fuhren nach Paris wegen der Abendkleider, die Tausende von Dollar kosteten, und trugen Schmuck, während die Leute auf den Straßen verhungerten und in Washington marschierten und dabei beschossen wurden. Es war solch eine Geschmacklosigkeit.

Eine Freundin machte für mich Pressearbeit. Wir waren sozialbewußt. Sie sagte: »Weshalb läßt du dich nicht in dem Kostüm fotografieren, das *du* zum Beaux Arts-Ball anziehst?« Ich hatte kein Kostüm. Sie sagte: »Wie ist es denn mit Lady Godiva?« Sie schickte eine Mitteilung an alle Zeitungen.

Wir mußten ein Pferd mieten. Ich ließ mich dann als

Lady Godiva fotografieren. Es war so, als ob man sagen würde: Wie könnt ihr es wagen, ein Kleid aus Tausend-Dollar-Scheinen anzuziehen, wenn die Menschen hungern? Die Schirmherrin des Balls regte sich ziemlich auf, weil meine Bilder solch einen Wirbel machten. Ich ging also zum Congress-Hotel, und da wollten sie das Pferd nicht reinlassen, weil es keine Gummiüberzüge an den Hufeisen hatte. Sie beförderten mich und das Pferd auf einen Tisch, und die Männer trugen uns rein: Lady Godiva reitet auf einem weißen Tisch in den Ballsaal. Die Hearst-Zeitungen brachten am nächsten Tag eine ganze Doppelspalte auf der ersten Seite. Prima.

Jetzt quälte ich Charlie Weber wegen eines Jobs auf der Weltausstellung, aber er rührte sich nicht. Weil *The Streets of Paris* von den stinkfeinen Leuten, der besten Gesellschaft, besucht wurde. Es war ein ganz und gar französisches Unterhaltungsprogramm. Mr. Webers Einfluß reichte eben nicht aus, um mir da einen Job zu besorgen. Er meinte, ich sollte in die Gesellschaft am Abend vor der Eröffnung reinplatzen. Mrs. Hearst gab eins ihrer berühmten Diners für den Milchfonds: »Damit kriegst du schon einen Fuß in die Tür. . . .«

Ich mietete mir wieder das Pferd, aber die Eingänge der Ausstellung waren zu. Fahrzeuge durften erst am nächsten Tag rein, wenn Mrs. Roosevelt erscheinen und das Band durchschneiden würde. Ich holte das Pferd aus dem Lastwagen: »O. K., kein Fahrzeug, es ist ein Pferd.« Aber Tiere waren auch nicht zugelassen. O. K. Zurück in den Anhänger, wir fuhren zu den Wrigley-Docks. *The Streets of Paris* hatte da eine Landestelle für Jachten. Die Kundschaft war ja so piekfein.

Ich bezahlte also acht Dollar für die Bootskarten. Der Mann fragte: »Wer ist denn noch dabei?« Ich sagte: »Bloß ein Freund.« Ich brachte das Pferd aufs Boot, und er machte Einwände. Ich sagte: »Das kann ihnen doch egal sein, ob es ein Pferd oder ein Mensch ist.« An der Landestelle vom *Streets of Paris* stand ein kleiner Franzose, der kein Englisch konnte. Er dachte sich, eine Frau, die mit einem Pferd im Boot ankommt, *gehört* da rein. Er öffnete also das Tor. Der Conférencier, der arme Kerl, dachte sich: Lieber Gott, eine Frau mit einem Pferd, und keiner hat mir was gesagt.

Die Gesellschaft war bis dahin ziemlich langweilig gewesen. Sie hatten zwei Kapellen. Es verschlägt den Leuten irgendwie den Appetit bei hundert Dollar für ein Gedeck. Tusch, und der Conférencier verkündete: Jetzt führt Lady Godiva ihren berühmten Ritt vor. Musik spielte. Alle Fotoreporter, vor allem die von Hearst, waren da. Die Blitzlichter gingen los, und die Musik spielte, und alle strahlten. Sie sagten: Noch mal. So machte ich es noch mal. Ich mußte zurück zur Show in den Klub.

Am nächsten Tag ging ich zum *Streets of Paris,* um irgendwen wegen eines Jobs zu bestürmen. Ich konnte nicht rein. Es gab Tumult. All die Leute warteten, um zu hören, wann Sally Rand auftreten würde. Die Ausstellung war nämlich eröffnet. Zum Teufel mit dem Bandzerschneiden. Jede Zeitung in Amerika brachte an diesem Morgen Lady Godiva bei der Eröffnung der Ausstellung. Es war brechend voll. Wann tritt sie wieder auf? Keiner wußte es. (Sie lacht.)

So ein armer Kerl lief auf und ab: »Hier kommt keiner rein, außer wenn Sally Rand hier ist.« Ich sagte: »Ich bin Sally Rand.« Waaas? Sie engagierten mich für neunzig Dollar die Woche. Ich mußte sofort nach Haus und meine Fächer holen. Sie hatten kein Klavier, nur ein Xylophon. Und so fingen wir an.

Die Weltausstellung sollte eigentlich für Chicago und den Loop ein gutes Geschäft bringen. Aber man hätte auf der State Street eine Kanone abfeuern können und niemanden getroffen, weil alle draußen auf der Ausstellung waren und in ihren Fords schliefen. Kein Geschäft auf dem Loop. Dort dachte man sich nun, daß man sich wohl besser eine Attraktion von der Ausstellung besorgen sollte. Es war nicht

so einfach, die Streets of Flags oder Hall of Science herbei-
zuschaffen. Ich war noch am beweglichsten. So wurde ich
vom Chicago-Theater engagiert.

Im Rathaus war gerade ein Riesenskandal im Gange. Ein
Reporter kriegte Wind von der Steuergeschichte und den
Diebstählen des Bürgermeisters Kelly. Anstelle von Steuern
hatte er Immobilien genommen und nicht mal Steuerbe-
scheide rausgeschickt. Das machte Schlagzeilen. So mußte
man im Rathaus irgendwas tun, um die Aufmerksamkeit
von den eigenen ruchlosen Geschäften abzulenken. Sie legten
sich einen famosen Slogan zu: Macht den Loop sauber
für Ausstellungsbesucher.

In ihrem ersten Netz fingen sie eine kleine Prostituierte,
die nicht die richtige Bordellwirtin bezahlte. Und einen
Burschen, der Gummiwaren in einer Seitenstraße verkaufte.
Die übrigen standen alle unter Schutz. Sie bezahlten. Na,
so kriegt man keine Schlagzeilen. Da muß man jemand
Großes schnappen.

Also erschien abends bei meiner Eröffnungsvorstellung diese
gewaltige Polizistin, ein Riesenweib, und brach durch den
dünnen Vorhang herein. Ich dachte schon, sie wäre eine
Sexomanin. Sie kam laut kreischend an ... Und da saß
ich nun, eingeschlossen in meiner Garderobe mit einem
kleinen Reporter, der Stoff für einen Artikel zu kriegen
versuchte. Die Polizeisirenen heulten, und die ganze Kripo
war da draußen. Es war die tollste Sache, die man sich
vorstellen kann. Schließlich mußte John Balaban seine Anwälte zusammentrommeln, um mich aus meiner Garderobe
rauszuholen. Na, klar ... ich war verhaftet!

Inzwischen wurde schon im Radio darüber berichtet, und
die Leute standen in Schlangen. Ich fuhr zum Polizeirevier,
unterschrieb die notwendigen Papiere, kam zurück, gab
meine Show. Ich wurde wieder verhaftet. Viermal an diesem
Tag. Schließlich sagte so eine kleine Polizistin: »Regen Sie
sich bloß nicht auf, Herzchen. Auch wenn Sie sich in den
Vorhang einwickeln würden, wär's nicht anders. Die wür-

den Sie trotzdem verhaften.« Ich versuchte die ganze Zeit, genau das zu tun, was sie verlangten, aber niemand wollte mir sagen, was zum Teufel los war.

Das war der springende Punkt. Sie mußten Schlagzeilen kriegen, um von der Steuergeschichte abzulenken. Das war die ganze Erklärung. Geschlagene elf Wochen standen die Leute in Viererreihen Schlange. Ich trat pro Tag siebenmal im Chicago-Theater und siebenmal in *The Streets of Paris* auf. Ich bekam meine ersten tausend Dollar pro Woche in dieser Woche, und das erste, was ich damit kaufte, war ein Traktor für meinen Stiefvater.

Im Juni '33 waren tausend Dollar die Woche eine Menge Geld. 1934 arbeitete ich wieder auf der Ausstellung. Am elften November 1934 kam es zu einer Massenhysterie. Die Ausstellung wurde völlig verwüstet. Sie rissen die Fahnen runter, kippten die Straßenlaternen um, stürzten die Mauern ein. Es fing mit Andenkenjägern an, aber es wurde zum Massenvandalismus. Jeder, der das erlebte, hatte so ein schreckliches, furchteinjagendes Gefühl. . .

Wenn wir sagen »unsere Gesellschaft«, dann hat das so einen selbstgefälligen Beigeschmack. Wir sind anscheinend ein Volk, das nicht aus seinen Kinderschuhen herauswachsen kann. Wir glauben nicht, was wir sehen, was wir hören. . .

Die Reichen essen immer noch wie die Reichen und tragen Nerzmäntel, während Menschen in Chicago buchstäblich auf der Straße erfrieren. Als ich zum erstenmal nach Indien fuhr und Tote auf der Straße liegen sah, konnte ich nichts essen. Wenn ich daran denke, was wir für Abfälle in unsere Mülleimer werfen, und da gibt es Menschen, die auf der Straße sterben. Und das passiert auch in unserem Land. Und ich trage einen Nerzmantel. Jawohl.

Ich bin wahrhaftig überzeugt, daß wir wieder eine Depression bekommen werden. Ich glaube, dann gehen die Leute einfach los und nehmen sich, was sie brauchen. Ich glaube nicht, daß es dann noch Leute geben wird, die sich nach Brot anstellen und darauf warten, daß sie von der Wohlfahrt zu essen kriegen, verdammt noch mal. Ich entschuldige das nicht, aber wir haben es geschehen lassen. Nehmen wir beispielsweise das Fernsehen. Heute ist es nicht das Essen, auf das sie Hunger haben, es ist eine andere Art Nahrung. Nicht nur die Neger. Alle Armen. Die Mittelschicht sieht selbstgefällig auf die Notleidenden herab: Arme wird's immer bei uns geben. Ach, wirklich?

Tony Soma

Restaurantbesitzer in New York. In seinen ersten Jahren als junger Einwanderer aus Italien litt er unter Entbehrungen. Zur Zeit der Nominierung von William Howard Taft, 1908, war er Kellner in einem Hotel in Cincinnati und »bekam ein blaues Auge von einem großen roten Amerikaner verpaßt. Er sagte, ich hätte in Amerika nichts zu suchen, weil ich ein Itaker wäre.« Später in New York wurde er Enrico Carusos Kellner . . . »Er gab miese Trinkgelder.«
Ende der zwanziger und Anfang der dreißiger Jahre war er als »Broadway Tony« bekannt. Sein Speakeasy war in Literatur- und Theaterkreisen als Treffpunkt beliebt.

Die Depression bedeutete eine ruhmreiche Zeit für »Tony's«. Ich hatte drei Häuser drei Straßen östlich von der Sixth Avenue gepachtet. Ich verkaufte die Pachtrechte für 104 000 Dollar. 1929. Damit war '29 das großartigste Jahr in meinem amerikanischen Leben. Eine ruhmreiche Zeit, geldlich gesehen und auch in bezug auf Freunde. Ich hatte die besten Freunde, von beiden Kontinenten, Europa und Hollywood.

Gingen nicht einige von ihnen bankrott?

Sie gingen nicht bankrott – sie wurden verrückt. Sie waren immer noch reich. Amerikaner machten nie pleite. Es war eine Frage der Zahlen. O ja, ich hatte Aktien. Papier wurde wieder zu Papier. Aktien der City Bank, als ich sie kaufte, 518 Dollar. Fielen auf 35 Dollar. Dieselben Aktien, dieselben Leute. Es waren die Zahlen, die sich änderten. Für mich war Geld Papier. Mein Ego existiert, das hieß alles Geld auf der Welt. Ich bin ein Egoist.

Ich selber bin ein Kapitalist, aber ich glaube, das Geld regiert zu viele Menschen. Nein, ich bin nicht aufgeklärt, ich bin bloß ein Kapitalist. Schließlich ist das hier ein kapitalistisches Land, und ich habe das Recht, wie ein Kapitalist zu leben. Aber ich weiß, daß die besitzenden Klassen, die konservativen Elemente, für die Fortdauer der Depression sorgten. Roosevelt verwandelte das Land wieder in die Vereinigten Staaten von heute. Wir sind auch heute noch abenteuerlustig. Ich würde es nicht F. D. R., sondern Mrs. Roosevelt als Verdienst anrechnen. Sie war das Genie in der Familie. Er war ein eingebildeter Mensch.

Ich hielt mich für gut beschützt, doch damals hatte ich einen Rechtsanwalt – von den Geschäftsvorgängen verstand er nichts. Es war am Abend der Aufhebung der Prohibition, im Eingang vom Seventy-Seven stapelten sich die Schnapskisten, die wir nicht haben durften. Marke Seventy-Seven. Ein Wiederverkäufer durfte keine Großhändlerlizenz haben. Nur eine einzige Lizenz. Deshalb hatte ich eine Lizenz für Wiederverkäufer, das war genug. Aber die Seventy-Seven Corporation konnte vieles sein. Ich glaubte immer, daß ich verantwortungsbewußt handelte. Ich hätte meine eigene Gesellschaft haben sollen. Das ist heute der Grund, weshalb sie Millionäre sind. Doppelte Maßstäbe bei den Gesetzen zum Schutz des Geldes und nicht zum Schutz der Menschen. Auch heute noch.

In der Depression gingen meine Geschäfte besser als jemals. Meine Lebensweise habe ich nie geändert. Ich bin sehr bescheiden. Viele, viele meiner Gäste standen in der Zeitung. Sie waren meine Freunde: Wolfe, Fitzgerald, alle großen Namen. Wirtschaftlich habe ich nie gelitten, weil ich mich nie um die Wirtschaft kümmerte. Vertrauen zu einem Mann wie Robert Benchley und Vertrauen zu einer Bank haben – Benchley war besser als eine Bank.

Ich erzähle Ihnen ein Beispiel. Ich traf ihn im Seventy-Seven, um ein paar Dinge zu regeln. Damals war das der Ort, wo man bestimmte Leute, die fürs Geschäft wichtig waren, treffen mußte. Wir machten einen kleinen Vertrag, vierstellig. Er gab ihn mir und sagte: »Tony, wenn ich heute sterbe, kannst du kassieren.« Bloß ein Stück Papier. Das war der typische Kunde. Es war so was wie gegenseitige Sympathie.

Gab es bei Ihnen je eine Razzia?

Razzia? Nein, nie. Ein Gast war hier. Sie wollten wissen, wie wir dazu kämen, öffentlich Schnaps zu verkaufen. Nun, ich tat hier nichts weiter, ich trank hier bloß. Die Behörden fanden nichts Schlimmes dabei, wenn es hier nicht schlechten Schnaps, Rauschgift oder Prostitution gab. Mein Lokal war eins, wo man reingehen konnte, sich hinsetzen und Schnaps trinken, mit der Flasche auf dem Tisch. Ich hab's nie nachgemessen. Es waren meine Gäste, und die hatten ihre Freunde. Verbrechen gab es nicht, nie.

Mir ging es nie schlecht. Das Leben ist nicht dazu da, daß es einem schlecht geht. Für manche Leute ist immer noch Depression. Die Depression ist eine Krankheit, eine Geisteskrankheit. Es gibt auch heute welche, die nach Brot anstehen, aber sie kriegen Geld. Das wird von den Leuten bezahlt, die arbeiten.

Früher waren die Armen unwissender. Sie hatten kein Fernsehen. Sie mußten sechzehn Stunden am Tag arbeiten, und sie hatten keine Zeit. Im Plaza-Hotel, wo ich sechzehn Stunden arbeitete, kriegte ich einen Dollar am Tag. Im Knickerbocker wurde ich gefilzt, wenn ich rausging, ob ich was in den Taschen hätte. Einmal fanden sie eine Schachtel Bonbons bei mir und schmissen mich daraufhin raus.

Heute haben die Armen keine Schuld, sie sind nur krank, geisteskrank. Armut ist immer ein Zeichen von Faulheit.

Haben Sie damals je Obdachlose gesehen?

Nein, ich habe immer zwischen Forty-third Street und Fifty-ninth Street gewohnt. Im Slums bin ich nie gekommen.

Haben Sie Apfelverkäufer gesehen?

Ich hatte zu tun. Ich habe gearbeitet.

Nachschrift: Gleich nach unserer Unterhaltung machte er, ein ergebener Anhänger der Joga-Philosophie, einen Kopfstand und sang »La donna è mobile«.

Alec Wilder

Komponist. Zu den mehr als fünfhundert Liedern, die er komponiert hat, gehören: »It's So Peaceful in the Country«, »While We're Young«, »I'll be Around«, »Trouble Is A Man«, »The Winter of My Discontent«, »Good-bye, John«. Zu seinen Instrumentalkompositionen: Oktette für Holzbläser, Konzerte und Orchestermusik. Seit der Zeit vor der Depression wohnt er ab und zu im Algonquin-Hotel in New York.

Ich wußte, daß irgend etwas Schreckliches vor sich ging, weil ich die Hotelboys, überhaupt alle, über die Börse reden hörte. Im Algonquin nahmen sie soviel wie möglich mit – Pferdewetten, alles – und beeilten sich, dieses Geld als Einschußzahlung für Aktien anzulegen. Das kam mir irrsinnig vor. Ungefähr sechs Wochen vor dem Krach überredete ich meine Mutter in Rochester, mich mit unserem Familienanwalt sprechen zu lassen. Ich wollte Aktien verkaufen, die mir mein Vater, der Präsident einer Bank in Rochester war, vererbt hatte. Vielleicht ist das der Grund, weshalb ich Musiker wurde. Ich wollte auf keinen Fall Bankier werden. Alles andere, bloß nicht Bankier.

Ich unterhielt mich mit diesem reizenden Herrn und erzählte ihm, daß ich die Aktien abstoßen wollte. Einfach weil ich so ein Gefühl der Katastrophe hatte. Er wurde sehr sentimental: »Ach, Ihr Vater hätte das nicht gewünscht.« Er wirkte so überzeugend, daß ich nachgab. Ich hätte sie für 160 000 Dollar verkaufen können. Sechs Wochen später der Krach. Vier Jahre später verkaufte ich sie für 4000 Dollar. Er hieß John Balcom, ich habe nie ein so rotes Gesicht wie seins gesehen. Es stellte sich heraus, daß er Alkoholiker war. Seine ganzen Ratschläge gelangten also durch den Dunst von Gin zu mir. Er brachte sich schließlich selbst um. Mein lieber John Balcom! Solider Bürger und so weiter. Er kostete mich rund 155 000 Dollar. Ich hätte sie gut gebrauchen können. Der weise alte Herr. Ich wußte also, daß etwas nicht stimmte.

Seltsamerweise war ich nicht wütend auf ihn. Aber ich wollte nichts mit Geld zu tun haben. Der Schlag war gekommen, und es war vorbei. Ich wurde sehr skeptisch und legte nie Geld an. Ich hatte die Leute satt, die mir erzählten: »Da passiert gerade eine prachtvolle Sache – und wenn Sie zufällig etwas Geld übrig haben . . .« Ich sagte dann gewöhnlich: »Hören sie bloß mit der Börse auf.« Ich wollte nichts damit zu tun haben.

Ich brachte mein Geld nicht mal auf die Bank. Ich behielt alles in meiner Tasche. Ich hatte jahrelang kein Bankkonto. Das Geld kam herein. Mit den Steuern war es damals nicht so schlimm, man brauchte sich seine Ausgaben also nicht zu merken. So hob ich das Geld einfach in meinen Taschen auf. Es war verrückt. Mit drei- oder viertausend Dollar herumzulaufen und Rechnungen nicht mit einem Scheck bezahlen zu können. Einfach verrückt.

Ich trug Tausend-Dollar-Obligationen mit mir herum, und wenn mir das Geld ausging, löste ich eine ein. Geld gab mir wiederum Kraft. Es war ein Gegenmittel gegen das Gefühl der Depression.

Genau vor einem Speakeasy, auf dem Bürgersteig, lernte ich ein wunderschönes Mädchen kennen. Sie las gerade das Witzblatt, um Mitternacht. Es war alles sehr romantisch. Sie wollte in einem Stück auftreten, das ein Freund von ihr geschrieben hatte. Ich verkaufte also meine New-York-Central-Aktien für 12 000 Dollar. Es kostete, glaube ich, nicht mehr als zehn- oder zwölftausend Dollar, das Stück herauszubringen. Wenn ich fünf Jahre gewartet hätte, könnte ich – ach, 100 000 Dollar bekommen haben. Das Stück ging natürlich völlig daneben. Das war so um 1930 oder '31. Daher wußte ich tatsächlich ein bißchen was über die Depression. (Er lacht.)

Ich liebte die Speakeasies. Wenn man die richtigen kannte, brauchte man sich nie Sorgen zu machen, daß man sich mit schlechtem Whisky vergiftete. Ich hörte dauernd von dem Freund eines Freundes, der durch schlechten Gin blind wurde. Ich hatte wohl Glück, glaube ich. Die Speakeasies waren so romantisch. Ein hübsches Mädchen in einem Speakeasy war das schönste Mädchen auf der Welt. Sowie man zur Tür hereinkam, war man etwas Besonderes, gehörte man zu einer besonderen Gesellschaft. Wenn ich jemanden mitbrachte, war es wie eine Geste der Großzügigkeit. Ich war ein großer Mann. Man mußte jemanden kennen, der seinerseits jemanden kannte. Sie hatten so eine wunderbare filmähnliche Eigenschaft – Unwirklichkeit. Und das Essen war ausgezeichnet. Obwohl da schon ein paar ziemlich scheußliche Dinge passierten. Ich sah, wie ein Mann an der Tür einen Herrn mit Tausenddollarscheinen bezahlte, um sich gegen eine Razzia abzusichern.

Ich kann mich genau an den Tag erinnern, an dem die Prohibition zu Ende war. Ich ging in ein Restaurant, das mit dem Alkoholausschank anfing. Es war so ein seltsames Gefühl, weil ich in Speakeasies zu trinken begann. Legal Alkohol zu trinken, war etwas Unbekanntes für mich, einfach von der Straße aus hineinzugehen und etwas zu trinken zu bestellen, ohne daß man eine Hand auf der Schulter spürte. Ich hatte mich an die Anrüchigkeit dieser Vorstellung gewöhnt. Einer meiner Freunde hatte mich in Rochester zu einer Kneipe mitgenommen und mir mein erstes Glas Bier spendiert. Ich hätte es, glaube ich, nicht getrunken, wenn es legal gewesen wäre.

In einer sehr reichen Familie oben in Connecticut wurden die Kinder ermahnt, ehe die Eltern nach Europa abreisten: Kein Schnaps in unserm Haus. Also: unter dem Rhododendronbusch der Gin, unter dem Weißdornbusch der Bourbon. Es war alles außerhalb des Hauses verteilt. Kein Schnaps *im* Haus. Und trinken mußte man auf der Veranda.

Roosevelt kam ans Ruder, und das war ein froher Augenblick. Jeder schien es zu wissen. Sogar politisch nicht informierte Kinder. Es widert mich an, von seiner politischen Verschlagenheit zu hören. Du lieber Himmel, Abraham Lincoln war auch nicht anders. Um sich in einem Land wie diesem als Politiker zu betätigen, muß man verschlagen sein.

Sein erstaunliches Wesen schien jeden zu beeindrucken. Seine Kaminplaudereien. Ich fand es sehr merkwürdig. Obwohl sein Witz und seine Reden herrlich waren, konnte ich nie begreifen, warum sich die Öffentlichkeit für seine Stimme begeisterte. Es war keine Stimme, wie man sie auf der Straße hört. Aber sie wurden alle von ihr gepackt. Man verspottete ihn, und die Komiker brachten dauernd Imitationen von »Meine Freunde«. Und doch, sowie er es sagte – päng! – fühlte man sich zu Haus. Es war wirklich ein außerordentliches Erlebnis.

Mein Verstand bewegt sich nicht in politischen Bahnen, weil ich der Musik verhaftet bin. Und von der Schattenseite abgewandt. Vielleicht ist es Feigheit. Das könnte es zum Teil gewesen sein. Ich war beispielsweise nicht bereit, nach Hooverville zu fahren und mir die Elendshütten anzusehen. Ich wollte nicht zuviel darüber wissen, weil es mich zu sehr bedrückte und ich nicht komponieren konnte. Das ist keine Entschuldigung, aber . . .

Judy

Sie ist 25 Jahre alt und arbeitet in einer Public-Relations-Firma.

Man hat den Eindruck, da war dieser Krach, diese große Explosion, und alles versinkt. Und plötzlich geht eines Tages die Sonne auf, und es ist Krieg. Es gibt alle möglichen Leute, die Flugzeuge und Napalm und so etwas herstellen. Überfluß wird mit Krieg gleichgesetzt. Ich hasse es, ich hasse alles daran.
Wenn noch eine Depression käme, wären Leute wie ich als erste arbeitslos. Es gibt eine ganze Subgesellschaft von Menschen, wie ich es bin. Wir sind es, die die Tür aufmachen und die Dinge ein bißchen aufpolieren. Wir sind Luxus. Wir haben keine wirkliche Funktion. Und es gibt viele von uns. Außer Lehrerinnen und Krankenschwestern gehören die meisten College-Absolventinnen zu dieser entbehrlichen Kategorie. Es sind Frauen in Mengen vorhanden, die solch eine Büroarbeit verrichten – in Werbeagenturen, Sozialbehörden, sie sind irgend jemandes Sekretärin und arbeiten nicht besonders schwer. So etwas wie wir könnte bestimmt nicht existieren, wenn es keine Überflußgesellschaft gäbe.

1 Viele Jahre hindurch einer der führenden Nachtklubs in Chicago.
2 Eine der Attraktionen auf der Chicagoer Weltausstellung 1933–34, »A Century of Progress«.

Der Marsch

Jim Sheridan

Ein großes Hotel, eine Zwischenstation für die Hunderte von Gästen, die hier, nach Nervenzusammenbrüchen, ihre Rekonvaleszenzzeit verbringen. Die Bänke beim Eingang und das Foyer sind vollbesetzt mit älteren und jungen Leuten, die sich angeregt unterhalten. An diesem Sommerabend war dies zweifellos der lebhafteste Punkt in der ganzen Gegend.
Er ist dreiundsechzig Jahre alt.

Die Soldaten gingen auf die Straße, die Jungs, die in Deutschland für Demokratie gekämpft hatten. Sie waren der Ansicht, daß sie sofort und an Ort und Stelle den Bonus kriegen müßten, denn sie brauchten das Geld. Ein Bursche, ich glaube er hieß Waters, kam auf die Idee, die Veteranen sollten nach Washington gehen, sich auf den Weg machen wie damals die Landstreicher mit Coxey[1], und dann würden sie die Regierung schon rumkriegen.
D. C. Webb brachte eine Gruppe vom Bughouse Square für diesen Bonus-Marsch zusammen. Da ich nie Soldat war – ich war für den Ersten Weltkrieg zu jung, für den Zweiten zu alt (lacht) –, fragte ich mich, ob ich da überhaupt mitmarschieren dürfte. Aber die zehn oder fünfzehn anderen waren alle Soldaten, und die meinten, es ginge schon in Ordnung. Webb sagte: »Komm ruhig mit, du machst dich prima als Landstreicher.« (Lacht.)
Wir gingen runter zum Güterbahnhof und schnappten uns einen Zug. Unser erster Halt war in Peru, Indiana. Wir kampierten da eine kurze Zeit, dann schnorrten wir uns durch die Stadt, sozusagen. Gingen in verschiedene Läden und ließen die große Elendsarie los. Die Ladenbesitzer gaben uns Wurst oder Brot oder Fleisch oder irgendwelche Büchsen.
Dann zurück zu den Bahnanlagen, in unser Camp,

da machten wir Feuer und kochten uns was in diesen Büchsen. Saßen ums Feuer rum und aßen . . .

Peru war der erste Abzweigungspunkt außerhalb Chicagos auf der Chesapeake und Ohio Railway. Wir also runter vom Zug und ausgeruht und was zu essen aufgetrieben. Meist war es so, daß die Zugführer uns sagten, wenn ein Zug soweit war, daß es losging. Einige von diesen Jungs hatten immerhin ihre Familien dabei. Können Sie sich das vorstellen: Frauen und Kinder in geschlossenen Güterwagen?

Der Zugführer fragte dann in der Regel, wieviel wir wären, so daß er wußte, wie viele leere Waggons er noch anhängen mußte. Natürlich wußten die Eisenbahngesellschaften nichts davon, aber diese Zugführer schoben aus Mitleid einfach zwei oder drei Waggons ein, so daß die Bonus-Marschierer reinklettern und komfortabel nach Washington reisen konnten. Sogar die Eisenbahndetektive drückten ein Auge zu.

Manchmal waren fünfzig, sechzig Leute in einem Waggon. Wir hauten uns einfach auf den Boden hin. Die Toilette . . . also man mußte einfach anhalten bis zum nächsten Abzweig. (Lacht.) Das ist meist so hundert Meilen. Und nichts zu essen dabei. Man mußte die Stadt abgrasen. Bettelei in ganz großem Stil. In einer Stadt hielt D. C. Webb von einem Podium aus eine Rede. Da ließen wir unter den Einwohnern, die ihm zuhörten, einfach den Hut rumgehen und sammelten. Für das Geld haben wir dann den Jungs Zigaretten gekauft. Die Leute aus diesen kleinen Städten waren sehr hilfsbereit.

Damals gab's noch nicht diesen Haß, den man heute antrifft, wenn Fremde in so eine Stadt kommen, oder in eine Wohngegend. Da setzt eine Abwehr ein, ich weiß nicht warum. Das zum Beispiel ist eine der Erfahrungen der Depression: es gab mehr Kameradschaft als heute. Das war eine der Gesinnungen, die Amerika verloren hat. Die Leute hatten verschiedene Ansichten, und sie stritten mit-

51

einander. Aber sie waren verbunden durch eine ganz prima Gesinnung. Du warst in Not – klar doch, wenn sie helfen konnten, halfen sie dir.

Ein Vorfall ist mir im Gedächtnis geblieben. Wir hatten irgendeinen Punkt in Virginia erreicht. Es war ein sehr heißer Tag. In unserm Lager war ein Mann, ein sehr großer Mann. Er hatte seine Frau mit sich und 'ne Menge kleiner Kinder. Wir fragten sie, ob sie nicht rüberkommen wollten und mit uns essen. Sie lehnten ab. Dann brachte ich ihnen irgendwas in einer alten Pfanne rüber. Sie lehnten immer noch ab. Der Mann sagte mir, er brauche nichts zu essen. Aber am Ende schrie das Baby vor Hunger. Schließlich gingen ich und ein paar andere auf Anschaffe in die Stadt. Ich erinnere mich, wie ich in einen Drugstore ging und eine Babyflasche mit Nuckel schnorrte. Na, können Sie sich das vorstellen, Babyflasche mit Nuckel, geschnorrt? Das brauchte schon ein bißchen Mumm, das fertigzukriegen. Ich sagte einfach, was los war. Dann ging ich und schnorrte auch noch die Milch.

Als ich in unser Lager zurückkam, war es schon ziemlich dunkel. Erst erstattete ich bei Captain Webb Bericht, und dann nahm er mich hoch wegen der Babyflasche. »Herrje«, sagte ich, »das Baby muß doch was essen.« Und er sagte: »Heute nachmittag hast du ja eine ziemliche Abfuhr bekommen.« »Schön«, sag' ich, »ich versuch's noch mal.« Also ich rüber, und die Frau angesprochen. Etwa so: hier wäre die Babyflasche, wir hätten sogar die Milch warm gemacht. Aber sie sah ihren Mann an, und ihr Mann sagte, er wolle es nicht.

Was konnte ich machen, außer deprimiert sein? Ich hab' das doch nicht als Barmherzigkeit angesehen. Es schien mir, als ließe sich da jemand von seinem Stolz auffressen.

Die Tragödie kam, als der Zug durch Virginia fuhr.

Wir kamen da durch diese Gebirgsgegenden. Der Qualm aus dem Schornstein der Lokomotive und der Ruß wehten durch die Tunnel und drangen in die Waggons ein. Also, um nicht zu ersticken, schlossen wir die Türen und hielten uns Taschentücher über die Nase. Die Sache hat uns ziemlich erregt. Und was würde mit dem kleinen Kind passieren? Wir hatten Angst, es würde ersticken. Die Mutter hielt das Baby, aber das Baby schien sehr still. Die Mutter schrie. Wir wußten nicht, was der Schrei sollte. Als wir in Washington ankamen, merkten wir, daß das Baby bei der Fahrt durch die Tunnel gestorben war . . .

Als wir nach Washington kamen, fanden wir schon eine ganze Menge Veteranen dort vor. Die meisten dieser Männer, wenn sie Frauen und Kinder bei sich hatten, wohnten in Hooverville. Das war auf der andern Seite des Potomac – was man damals als die Anacostia-Siedlung bezeichnete. Sie hatten da irgendeine Art Häuser hingestellt, aus Pappe und allem möglichen Zeugs. Ich weiß nicht, wie sie's schafften, was zu essen aufzutreiben. Die meisten andern Gruppen kampierten entlang der Pennsylvania Avenue.

Die rissen damals eine ganze Reihe von Gebäuden in dieser Straße ein, da sollte später was Neues hin, ein paar Regierungsbauten. Viele Veteranen gingen dran, in dieser Abrißgegend sich einzunisten, sich's gemütlich zu machen. Sie quartierten sich in leerstehenden Garagen ein. Kein Respekt vor Privatbesitz. Sie fragten nicht mal die Eigentümer um Erlaubnis. Die wußten ja nicht mal, wo, zum Teufel, die Eigentümer waren.

Sie waren zusammengekommen, um Hoover zu bitten, ihnen den Bonus zu geben, noch ehe er fällig war. Und Hoover lehnte das ab. Er sagte ihnen, sie könnten ihn nicht bekommen, weil sonst das Land pleite ginge. Sie hielten Nachtwachen rund ums Weiße Haus und marschierten, schichtweise, ums Weiße Haus herum.

Die Frage war nun: Wie wollten sie die wieder aus Washington rauskriegen? Sie wurden vier oder fünfmal angewiesen, die Stadt zu verlassen, aber sie weigerten sich. Der Polizeichef wurde beauftragt, sie wegzuschicken, aber er

lehnte das ab. Ich hab' auch gehört, daß der Marine-
kommandeur, der die Marinesoldaten einsetzen sollte, das
abgelehnt hat. Der, den sie schließlich dazu kriegten, diese
armseligen Veteranen aus Washington rauszutreiben, war
niemand anders als der große MacArthur.

Das Bild werd' ich nie vergessen . . . hier kommt MacArthur
die Pennsylvania Avenue runter. Und glauben sie mir, meine
Damen und Herren, er kam an auf einem Schimmel. Er
ritt auf einem Schimmel. Hinter ihm Panzer, Truppen der
regulären Armee.

Dies war wirklich ein Aufstand, der kein Aufstand war,
in gewisser Weise. Wenn diese Veteranen sich nicht weg-
bewegen wollten, dann stach man sie mit Bajonetten oder
haute ihnen mit dem Gewehrkolben eins über den Kopf.
Zuerst hatten sie erst mal verdammte Mühe, die überhaupt
aus den Häusern zu kriegen, in denen sie hockten. Wie
bei einem Sit-in.

Aber die schafften es. Ein großer farbiger Soldat, über
einsachtzig, hatte eine große amerikanische Fahne, die er
mit sich trug. Er gehörte auch zu den Bonus-Marschierern.
Er wandte sich an einen der Soldaten, der ihn vor sich
herschubste und immerzu sagte: »Mach, daß du weiter-
kommst, schwarzer Riesenbastard.« Das war es. Er drehte
sich um und sagte: »Hör auf, mich zu schubsen. Ich hab'
für diese Fahne gekämpft. Ich hab' für diese Fahne in
Frankreich gekämpft, und ich werde für sie auch hier auf
der Pennsylvania Avenue kämpfen.« Der Soldat schlug ihm
mit dem Bajonett seitlich gegen die Beine. Ich glaube, er
war verletzt. Aber ich weiß nicht, ob man ihn ins Krankenhaus brachte.

Das war dann gewissermaßen der Anfang eines Zusammen-
stoßes. Die Soldaten drängten die Leute immer weiter. Die
wollten nicht weiter, aber die drängten immerzu weiter.

Als die Nacht kam, fingen sie am andern Ufer an. Sie
hatten Befehl, die Anacostia-Siedlung zu räumen, aber die
Leute weigerten sich. Die Soldaten steckten die Hütten in

Brand. Sie wurden praktisch ausgeräuchert. Ich sah es von weitem. Ich sah ein Inferno. Der Brand war so wie manchmal die Brände jetzt, die in den Ghettos gelegt werden. Aber damals eben nicht von den Leuten, die da wohnen.

Die Soldaten setzten Tränengas und ähnliches gegen die Leute ein. Das war eine Aufgabe, die sie nur widerwillig ausführten. Sie waren jünger als die Marschierer. Es war, wie wenn Söhne über ihre Väter herfallen. Am nächsten Tag beklagten die Zeitungen den Vorfall und so weiter, aber sie sahen die Notwendigkeit ein, diese Leute loszuwerden. Weil sie ja ein Gesundheitsrisiko für die Stadt darstellten.

Und MacArthur war der Held des Tages.[2]

Die Bonus-Marschierer krebsten wieder zurück dorthin, wo sie hergekommen waren. Und ohne ihren Bonus.

Nachschrift: »Nach dem Bonus-Marsch trampte ich nach New York. Ich kriegte da keine Unterstützung, weil ich keinen festen Wohnsitz hatte. Also hielt ich mich an einen der ältesten Berufe – das heißt, ich bettelte. Ich wurde ein professioneller Schnorrer. Ich hatte sogar etliche feste Kunden. Einer von ihnen war Heywood Brown. Jedesmal, wenn ich ihn anhaute, sagte er: »Himmelherrgott, kennst du denn überhaupt niemand sonst in dieser Stadt?« (Lacht.)

A. Everette McIntyre

Federal Trade Commissioner (Regierungsbeauftragter für den amerikanischen Handel)

An einem bestimmten Morgen – ich glaube es war am 26. oder 27. Juni 1932 – blockierte die Polizei die Avenue und drängte die Marschierer zurück. Die Bonus-Leute hatten es sich geleistet, um das Weiße Haus herumzumarschieren. Das mochte der Präsident nicht. Auch eine ganze Menge anderer Leute mochte das nicht, weil die

Marschierer die Pennsylvania Avenue verstopften, noch dazu mitten zur Geschäftszeit.

Ungefähr fünftausend der Marschierer und ihre Familien kampierten in einigen der abgerissenen Gebäude. Die Polizei kreiste sie ein. Ein paar Ziegelsteine wurden geworfen. Ein paar Polizisten antworteten mit Schüssen. Einer der Bonus-Männer wurde getötet, ein anderer schwer verletzt.

Zur Mittagszeit am nächsten Tag hörte ich einige Armeebefehle. Rechts von mir, unten beim Oval in Richtung zum Denkmal, formierten sich militärische Einheiten. Es sah nach Krawall aus. Wir brauchten nicht lange zu warten.

Eine Schwadron Reiter ging dieser Heerestruppe voran. Dann folgten ein paar Stabsfahrzeuge und vier Lastwagen mit Schützenpanzern obendrauf, die hielten dann in der Nähe dieses Lagers. Die Laderampen wurden runtergelassen, und die Panzerwagen rollten auf die Straße. Als die Armee aufkreuzte, fingen die Bonus-Leute, die in den alten Gebäuden hockten, an auf Zinnpfannen zu trommeln und zu rufen: »Hier kommen unsere Kumpel.« Die dachten, die Armee würde ihnen beistehen.

Aus einem dieser Stabswagen stiegen die Insassen aus – nicht sehr weit von meinem Standort entfernt –, und MacArthur, Chef des Stabes, war darunter. Er hatte einen jüngeren Major als Adjutanten. Sein Name war Dwight Eisenhower. Die Hände in die Hüften gestützt, beobachteten sie die Situation. Das 12. Infanterie-Regiment war in voller Kampfuniform. Jeder hatte eine Gasmaske, und der Gürtel war voll mit Tränengasbomben. Beim Kommando »Augen rechts« wurden sie gezwungen, direkt auf das Lager zu sehen. Sie steckten die Bajonette auf und zogen sich die Gasmasken über. Auf Kommando brachten sie die Bajonette in Stellung und gingen vor. Die Bajonette wurden benutzt, um die Leute zu stoßen, damit sie sich in Bewegung setzten.

Bald verschwanden fast alle aus dem Blickfeld, weil die Tränengasbomben explodierten. Der gesamte Block war voller Tränengas. Flammen schossen auf, wo die Soldaten Häuser in Brand gesteckt hatten, um die Leute rauszutreiben. Die Infanterie hatte offenbar Befehl, diese Gruppe in Richtung auf die Brücken, über den Potomac hinweg zu treiben. Den ganzen Nachmittag lang räumten sie ein Lager nach dem andern.

Meine Kollegen und ich kamen zu dem Ergebnis, daß die Armee das Lager in der Anacostia-Siedlung, jenseits des Flusses, angreifen würde. Dort hielten sich ungefähr zwischen zwanzig- und vierzigtausend Bonus-Leute auf. Wir stiegen aufs Dach eines Gebäudes und sahen zu, was dort an dem Abend passierte. Es geschah nach Einbruch der Dunkelheit.

Das 12. Infanterie-Regiment marschierte tatsächlich über die Brücke, in voller Kampfmontur wie vorher. Das war vielleicht ein Anblick. Wir konnten die Brände sehen. Bald waren alle Bewohner des Lagers in die Maryland Woods getrieben, in die Nacht hinein.

Am nächsten Tag las ich Berichte von einigen der Leute, die Bajonettstiche abbekommen hatten. Einige waren ernsthaft verletzt worden. Leute, die ihre Arme erhoben hatten, hatten Schnittverletzungen durch Säbel. Andere waren mit der Flachseite der Scheide geschlagen worden. In einigen Fällen waren Ohren abgeschnitten worden . . .

E. Y. (Yip) Harburg

Song-Texter und Verfasser heiterer Verse. Unter den Werken, für die er Lieder geschrieben hat, sind: Finians Rainbow, The Bloomer Girl, Jamaica, The Wizard of Oz und Earl Carralls Vanities.

Also, die Idee mit der Dachkammer irgendwo am linken Ufer und dann von der Hand in den Mund leben, das hat mir nie eingeleuchtet. Ich schreib' gern mit ein bißchen Komfort. Also stieg ich ins Geschäftsleben ein, ein Klassenkamerad und ich. Dachte, in ein, zwei Jahren könnte ich mich zur Ruhe setzen. Und dann kam eine Geschichte namens Kollaps, und boing! war alles aus. Alles, was mir blieb, war ein Bleistift.

Glücklicherweise hatte ich einen Bekannten, Ira Gershwin mit Namen, und er sagte zu mir: »Du hast doch deinen Bleistift. Hol dir dein Reimlexikon, und mach dich an die Arbeit.« Ich tat es. Was anderes blieb mir gar nicht übrig. Damals schrieb ich heitere Verse, hier mal ein Gedicht, da mal ein Gedicht, für zehn Dollar pro Geistesblitz. Das war eine Zeit, als die jungen Leute im College sich für solche Verse und Balladen und Sonette interessierten. Also die frühen Dreißiger.

Ich war eigentlich erleichtert, als der Krach kam. Ich war befreit. Das Geschäftsleben war etwas, das ich verabscheute. Als ich merkte, daß ich einen Song oder ein Gedicht verkaufen konnte, wurde ich erst ich selbst, wurde ich überhaupt lebendig. Andere Leute sahen es mit anderen Augen an. Sie stürzten sich aus den Fenstern. Mancher, der sein Geld verloren hatte, fand, es wäre nun auch Schluß mit seinem Leben. Als ich meinen Kram verloren hatte, fand ich meine Begabung. Ich fühlte mich wie neu zur Welt gekommen. Und so wurde alles um mich rum wunderschön.

Durch den Krach kam ich drauf, daß die größte Phantastik überhaupt das Geschäftsleben war. Die einzige realistische Form des Lebensunterhalts war Verseschmieden. Also, daß man von der Phantasie lebte.

Wir dachten ja alle, die amerikanische Wirtschaft wäre der Felsen von Gibraltar. Wir waren eine wohlhabende Nation, und nichts konnte uns mehr aufhalten. Ein Haus aus Stein war für die Ewigkeit. Man vermachte es den Kindern, und die verkleideten die Front mit Marmor. Es gab ein Gefühl der Kontinuität. Wenn man's mal geschafft hatte, hatte man's für immer geschafft. Plötzlich explodierte der große Traum. Die Erschütterung war unglaublich.

Ich ging damals durch die Straßen, und dann sah man die Brot-Schlangen. Die größte in New York City hatte William Randolph Hearst[3]. Er hatte einen großen Lastwagen mit mehreren Leuten obendrauf und riesigen Kesseln heißer Suppe und Brot. Männer mit geflickten Schuhen standen Schlange um den ganzen Columbus Circle herum und schoben sich, wartend, Block für Block vorwärts.

In einer der ersten Shows, an der ich mitarbeitete, Americana, gab es einen Sketch. Das war 1930. Der Sketch handelte davon, daß Mrs. Ogden Reid von der Herald Tribune sehr eifersüchtig auf Hearsts wunderschöne Brot-Schlange war. Die war nämlich größer als ihre eigene. Es war eine satirische, übermütige Show. Wir brauchten einen Song dafür.

Auf der Bühne standen Männer in alten Soldatenuniformen, abgewrackt, und warteten rum. Und dann sollte der Song kommen. Wir brauchten auch einen Titel. Und wie sollte so ein Song aussehen, damit er nicht larmoyant war? Etwa die Masche: meine Frau ist krank, ich habe sechs Kinder, durch den Krach bin ich arbeitslos geworden, haben Sie nicht einen Zehner übrig? Die Art Songs hasse ich. Ich hasse Songs, die auf die Tränendrüsen drücken. Ich mach' mir gar nichts aus Songs, die einen historischen Moment im Ton der Rührseligkeit beschreiben.

Der Hauptgruß, den man damals, an jeder Straßenecke von irgendeinem armen Kerl hören konnte, war: »Hab'n Sie nicht 'n Zehner übrig?«[4] Oder: «Hab'n Sie bißchen was übrig für eine Tasse Kaffee? . . .« . . . »Mann, haben Sie nicht einen Zehner übrig?«, das war schließlich an jeder Ecke, auf jeder Straße die stehende Wendung. Ich dachte, das ist doch ein großartiger Titel. Wenn ich's bloß schaffte, daß ich den Leuten durch den Song zu verstehen gäbe, daß es eben nicht nur ein Mann ist, der um ein Zehncentstück bittet.

Daß es der Mann ist, der sagt: Ich habe die Eisenbahnen gebaut. Ich habe den Turm gebaut. Ich habe in euren

Kriegen gekämpft. Ich war der kleine Junge mit der Trommel. Warum, zum Teufel, sollte ich jetzt Schlange stehen? Was ist denn mit all dem Wohlstand passiert, den ich geschaffen habe?

Genau das, glaube ich, machte den Song zum Erfolg. Klar, abgesehen von Idee und Bedeutung, muß so ein Song auch Stimmung haben. Es muß was drin vorkommen, was die Leute wach macht. Die Kunst, einen Song zu schreiben, da gehört auch Handwerk dazu. Aber »Mann, haben Sie nicht einen Zehner übrig?« wirft eine politische Frage auf. Warum sollte so ein Mann ohne einen Pfennig dastehen, irgendwann in seinem Leben, nur weil es eine so phantastische Sache wie die Depression gibt, oder eine Krankheit oder irgendwas anderes, das ihm das Gefühl der Sicherheit nimmt?

Im Song sagt der Mann in Wahrheit: Ich habe in dieses Land investiert. Wo, zum Teufel, sind meine Dividenden? Ist das etwa eine Dividende, zu fragen: »Haben Sie einen Zehner übrig?« Was, zum Teufel, stimmt da nicht? Laßt uns mal untersuchen. Das ist mehr als bloß ein bißchen Pathos. Es macht ihn auch nicht etwa zum Bettler. Es macht ihn zu einem wahrhaften Menschen, der Fragen stellt – ein bißchen zornig allerdings, das steht ihm zu.

Alle übernahmen den Song, damals, '30 und '31. Bands spielten ihn, und es wurden auch Schallplatten gemacht. Als Roosevelt für die Präsidentschaft kandidierte, machte der Song den Republikanern ziemlich zu schaffen. Einigen der Rundfunkleute legte man nahe, da mal etwas zu bremsen. In einigen Fällen versuchten sie, den Song überhaupt nicht mehr zu senden. Aber es war zu spät. Der Schaden war nicht mehr gutzumachen.

1 1894 führte Jacob S. Coxey einen Marsch von Arbeitslosen nach Washington an. Das Unternehmen erreichte nicht seinen Zweck. Das kleine Häuflein der Marschierenden hat zu dem abfälligen Begriff »Coxey's Armee« geführt.
2 Er wurde von General George Patton und Dwight D. Eisenhower unterstützt. »Gott sei Dank«, sagte Präsident Hoover, »wir haben immer noch eine Regierung, die weiß, wie man mit einem Mob fertig wird.«
3 Amerikanischer Zeitungskönig
4 Im Original: »Can you spare a dime?«

Ein Herz fürs Volk

Kongreßabgeordneter C. Wright Patman

*Der Gentleman aus Texas amtiert gerade zum einundzwanzig-
sten Mal im Kongreß. Er ist Vorsitzender des House Banking
and Currency Committee[1].*

Ende der zwanziger Jahre waren die Farmer in Not, weil
alles Geld zur Street floß. Dort wurde es mit Manipula-
tionen verbraucht. Draußen im Land gaben sie kein Geld
aus. Das gleiche passiert heute – eine Wiederholungsvor-
stellung der Geschichte von 1929. Weniger als zweihundert
Männer kontrollieren alles – Festsetzung der Zinsen, Obli-
gationen, alles. Die Kongreßmitglieder hüten sich davor,
diesen Bankherren auf die Zehen zu treten.
Aus diesem Grund brachte ich im Mai 1929 die erste Gesetzesvorlage ein, die eine Barzahlung direkt aus der Staatskasse der Vereinigten Staaten an die dreieinhalb Millionen
Veteranen des Ersten Weltkriegs forderte. Es dauerte von
dem Zeitpunkt an bis 1936, ehe diese Veteranen – jeder
im Durchschnitt 1015 Dollar – Geld bekamen. Sie waren
in einer solchen Notlage, daß wir der Bezahlung mit Ob-
ligationen zustimmen mußten. Man wollte sie mit den
Zinssätzen ausnehmen. Wie diese Männer behandelt wurden... Man wollte ihnen nicht ihr Geld bezahlen. Eigentlich war es nur, was ihnen zustand. Wenn sie sich erinnern,
die Armee zahlte nur 21 Dollar pro Monat. Im Juni 1932
nahm das Abgeordnetenhaus den Bonus an, aber die Sena-
toren wehrten sich gegen den Druck und stimmten dagegen.
Diese armen Burschen, statt irgend etwas Tollkühnes zu tun,
da sangen sie wahrhaftig »America«. Sie ließen es über
sich ergehen.

Sie waren ein Held für die Bonus-Demonstranten ...

Ja, natürlich. Sie brachten einen Esel auf einem Güterzug von Texas bis hierher in mein Büro. Sie dressierten ihn, lehrten ihn Kunststücke und so was. Sie wollten, daß ich für die Präsidentschaft kandidierte. Ich sagte: »Nein, sehen wir nur zu, daß wir diese Zahlung bekommen.«

Einmal waren hier zwanzigtausend. Ich sprach zu ihnen da draußen auf den Stufen zum Kapitol.

Wer waren die sogenannten Bonus-Marschierer? Es waren Lobbyisten, die ihre Sache vertraten. Genau wie die Lobbyisten im Mayflower-Hotel. *Sie* versuchte man nicht zu vertreiben. Wenn die Armen in die Stadt kommen, dann sind es Unruhestifter. Ja, natürlich. Sie betreten den Rasen und werden ins Gefängnis geworfen, weil sie den Rasen betreten. Die Leute vom Mayflower, die haben überhaupt keine Probleme. Die finden Sie dauernd in jeder Etage von jedem Gebäude auf dem Capitol Hill.

Die Marschierer waren gute, gehorsame Bürger. Sie bauten hier unten diese Unterkünfte aus Kartons und Kisten und so weiter. Sie hatten viele Straßen und alles. Wie Resurrection City. Diese Unterkünfte wurden von der Armee, vom Militär unter Führung von Mr. MacArthur und Mr. Eisenhower verbrannt. Mr. MacArthur stolzierte die Straße herunter, als wenn es eine große Parade wäre.

Am nächsten Morgen, nachdem sie verjagt waren, mit Einsatz von Tränengas, konnte man kleine Kinder und Mütter am Straßenrand sitzen sehen... So was Entsetzliches war auf der ganzen Welt noch nicht geschehen. Einige der Veteranen wurden getötet. Sie hätten alle wegen Mordes angeklagt werden müssen. Diese Menschen hatten ebensoviel Recht, ihre Sache als Lobby hier zu vertreten, wie die Leute im Mayflower.

Andrew Mellon[2] widersetzte sich jeder Zahlung. Damit würde das Budget aus dem Gleichgewicht gebracht, sagte er. So redeten sie immer. Das war es, was mich veranlaßte, ihm auf den Fersen zu bleiben. Ich bin dagegen, daß ein paar Leute ihre Privilegien ausnutzen, sie für ihre selbstsüchtigen Zwecke verwenden und andere bestrafen.

Sowie ich am 6. Januar 1932 in den Kongreß zurückkehrte, stand ich auf, um Andrew W. Mellon wegen schwerer Verbrechen und Vergehen öffentlich anzuklagen. Die Republikaner waren so entsetzt und verwirrt, daß sie mich nicht unterbrachen. Ich erhielt das Wort für eine Stunde. Ich sprach über den Interessenkonflikt. Er besaß Banken, Aktien und alles andere und amtierte dabei als Finanzminister. Schon hundert Jahre vorher war es als Rechtsbruch erklärt worden, wenn dem Finanzminister auch nur eine Regierungsanleihe gehörte.

Sie stimmten dafür, den Antrag dem Rechtsausschuß zu übergeben. Ich saß allein an einer Seite des langen Tisches, und Mr. Mellon und seine zwölf Rechtsanwälte saßen an der anderen. Die teuersten Anwälte der Vereinigten Staaten, die besten, die man für Geld kaufen konnte. Zwei Wochen lang machte ich eine schwere Zeit durch. Aber es gelang mir immer wieder, wie eine Katze auf die Füße zu fallen, weil ich die Informationen hatte. Ich hatte sie dokumentiert vorliegen. Ich wußte, was es war. Sie nicht. Diese teuren Anwälte, sehen Sie, je teurer sie sind, um so weniger tun sie. (Er lacht.)

Nach zwei Wochen war Mr. Mellon an der Reihe, den Zeugenstand zu betreten. Der Ausschuß machte eine Pause bis halb zwei an diesem Nachmittag. Nun, gegen halb eins erschienen die Zeitungen mit riesigen Schlagzeilen: »Mellon tritt zurück, zum Botschafter am Hof von St. James ernannt.« Einige Mitglieder des Ausschusses wollten ihn trotzdem unter Anklage stellen. LaGuardia zum Beispiel. Aber dann wurde argumentiert: Warum die Zeitverschwendung? Er geht nicht nur aus seinem Amt heraus, sondern auch aus dem Land. So ließen sie die Sache einfach fallen. Sie vernichteten alle Papiere.

Welche Papiere? Ihre Dokumente . . .?

Ja, natürlich. Aus meinem Büro gestohlen. Sie raubten mein Büro immer wieder aus. Sie hatten Leute da oben in den Ecken stehen, wo sie jeden beobachten konnten, der in mein Büro hineinging und herauskam. Sie drangen sogar nachts ein. Morgens fand ich dann Papiere mitten auf dem Fußboden aufgehäuft. Ich versuchte, mit den Beamten hier zu reden, daß sie etwas dagegen unternähmen, konnte sie aber nicht dazu bringen.

Was für Beamte?

Die Sicherheitsbeamten in Washington. Das Finanzministerium hat welche. Auch die Männer vom Weißen Haus und FBI . . .

Und es ist alles weg?

Hören Sie, es existiert nichts im Finanzministerium. Es existiert nirgends etwas. Die Wahrheit ist, Mellon trat nicht zurück. Er wollte dieses Amt nicht niederlegen. Er war bereit, sich zur Wehr zu setzen. Er glaubte, daß er genug Geld hatte, um zu gewinnen. Aber das war der Anfang der Kampagne, in der Hoover schließlich Franklin D. Roosevelt gegenüberstand. Er wußte, daß er Mellon aus dem Amt entfernen mußte. Er nahm einen Rücktritt an, der nicht angeboten worden war. Es war das Mutigste, das Hoover je tat.
Während Mellon den Eid als Botschafter ablegte, erzählte er einem mit mir befreundeten Journalisten: »Das ist keine Heiratszeremonie, das ist eine Scheidung.« Sie entließen ihn. Praktisch genommen, stand er unter Anklage. Hoover begnadigte ihn mitten im Prozeß.

Wurde nicht in den dreißiger Jahren Druck ausgeübt, um Sie zu Fall zu bringen?

Ja, natürlich. Ungefähr alle drei oder vier Wahlen warfen sie mir Knüppel zwischen die Beine. Sie merkten, daß ich ihnen Schwierigkeiten bei ihren raffinierten Geschäften machte. Ich schilderte sie als Geldwechsler und war mit einer Geißel aus Stricken hinter ihnen her. (Er lacht.) Sie kamen ran und wischten mir eins aus. Ich hab' viele harte Kämpfe erlebt. Die Großindustriellen brauchten mich nicht. Die hatten hier ihre eigenen bezahlten Leute. Sie warfen mit dem Geld nur so um sich und wurden sehr populär.

Wir haben zwei Regierungen in Washington: eine, die von den gewählten Leuten geführt wird – das ist eine Nebenrolle –, und eine, die von der Großfinanz geführt wird, die alles kontrolliert.

Zum Beispiel der Farmer in Texas. Er hatte ein paar Ölquellen. Er fing an, das ganze Land um die Flüsse herum aufzukaufen. Die Leute regten sich fürchterlich darüber auf, daß er das ganze Land im Staat aufkaufte. Er ließ sie wissen, daß er nicht das ganze Land kaufte. Er wollte bloß das Land kaufen, das an seins angrenzte. (Er lacht.) Das war unsere Lage. Ein paar Kerle, die allen Besitz aufkauften, der an ihren grenzte.

Es waren die Großen, die die Kleinen einkreisten, um sie zur Strecke zu bringen. Einmal glaubten sie, sie bekämen hier eine Diktatur. Zu ihrem Führer wählten sie sich General Smedley Butler aus. Er sollte ihr Mann auf dem Schimmel werden. Sie wollten losschlagen und die Macht in diesem Land übernehmen. Und sie kamen verdammt nahe an ihr Ziel. Sie suchten sich bloß den falschen Mann aus.[3] Sie werden das Land wieder in diese Lage bringen, wenn sie können.

Machen Sie sich darüber Sorgen?

Ja, ich mache mir darüber Sorgen. Hier könnte eine Diktatur über Nacht entstehen, wenn es diesem Land derart schlechtginge. Wenn noch eine Depression käme, gäbe es eine Revolution. Die Menschen würden es nicht mehr hinnehmen. Sie wissen mehr. Die Großen würden sich nach jemandem umsehen, der die Macht hätte, die Leute einfach umzubringen, wenn sie nicht ja sagten. Wenn sich der Mann von der Straße zu erheben beginnt, würden sie einfach hingehen und ihn erschießen ...

Was für ein Verhältnis hatten Sie zu Roosevelt während der Depression?

Ich hatte ihn sehr gern. Es herrschte eine optimistische Atmosphäre. Als er ans Ruder kam – die Geldsäcke hinauswarf, die Geldwechsler hinauswarf. Aber bei der Zahlung für die Veteranen hatte er unrecht. Auch er war dagegen, Roosevelt. Ich behelligte ihn nicht damit, weil ich wußte, daß der Kongreß das Gesetz verabschieden mußte.
Es gab eine Führungskonferenz im Weißen Haus. Die *New York Times* brachte eine Schlagzeile: »Patman im Weißen Haus zum Programm«. Die Tagesordnung enthielt eine »Muß«-Liste. Die Ablehnung der sogenannten Bonus-Gesetzesvorlage stand auf der »Muß«-Liste. Roosevelt war, glaube ich, ehrlich überzeugt, daß sie eine Inflation verursachen würde. Er dachte auch an das Budget. Aber er mußte sich ändern. Er erkannte die Tatsachen des Lebens.

Haben Sie das Gefühl, daß Sie in diesen letzten dreißig Jahren aus der Öffentlichkeit so gut wie ausgeschlossen wurden ...?

Ja, natürlich. Ich hätte schon vor fünfundzwanzig Jahren Vorsitzender dieses Ausschusses sein sollen. Aber sie ließen mich nicht ran wegen dieses Kampfes für die Veteranen. Sie wußten, daß ich zuviel über das Geldgeschäft wußte. Solch einen Mann wollten sie nicht.
O ja, ich machte in der Öffentlichkeit von mir reden, als ich die Gesetzesvorlage zur Vollbeschäftigung verfaßte. Sie

bezeichneten mich als Kommunisten, Sozialisten und alles mögliche. Aber wir bekamen das Gesetz durch. Heute erkennen es alle als gutes Gesetz an.

Nachschrift: »*Ich wohne nahe beim Water Gate Inn, aber nicht in dieser Geldsackgegend. (Er lacht.) Dort zahlen sie eine halbe Million Dollar für Eigentumswohnungen. Natürlich müssen sie zehn- oder fünfzehntausend Dollar im Jahr nur für die Reinigung der Korridore bezahlen. Von meiner Wohnung aus kann ich sehen, wo das Kabinett lebt.*« *(Er lacht.)*

1 Etwa: Bank- und Währungsausschuß
2 Finanzminister von 1921 bis 1932.
3 Der Journalist John L. Spivak erzählt in seiner Autobiographie über seine Nachforschungen in dieser Angelegenheit. Während seines Besuchs bei Butler gab der General, ... »ein außergewöhnlicher Mann, eine Beschreibung dessen, ›was einer Verschwörung zur Übernahme der Regierung, wenn nötig mit Gewalt‹, gleichkam«. 1935 »brandmarkte Butler in einer Ringsendung der Rundfunkstationen des Landes den Kongreßausschuß, weil er Teile seiner Aussage, die Namen bedeutender Männer enthielten, unterdrückt hatte. Roger Baldwin, der die Kommunisten nicht mit freundlichen Augen betrachtete, weil sie Rede- und Pressefreiheit ablehnten, gab als Direktor der American Civil Liberties Union eine Erklärung heraus: ›Der Kongreßausschuß zur Untersuchung unamerikanischer Umtriebe hat gerade berichtet, daß das faschistische Komplott zur Übernahme der Regierung ... bewiesen wurde; doch ein Strafverfahren gemäß dem Gesetz über Verschwörungen, das dies in völlig eindeutiger Sprache zum Kapitalverbrechen erklärt, wird gegen keinen einzigen Beteiligten erhoben. Man stelle sich vor, was geschähe, wenn solch ein Komplott unter Kommunisten aufgedeckt würde!‹ Was natürlich nur das Wesen unserer Regierung als Interessenvertreterin der den Besitz kontrollierenden Kräfte betonen soll. Gewalt, selbst wenn sie auf Übernahme der Regierung abzielt, ist bei denen entschuldbar, die das edle Motiv haben, das Profitsystem zu bewahren ...«
Aus *A Man In His Time* von John L. Spivak (New York, Horizon Press, 1967) S. 329–330.

Kampf um Arbeit und Arbeitskampf

Buddy Blankenship

Ein Emigrant aus West Virginia, der in Chicago lebt. Wegen seiner Krankheiten ist er seit langem arbeitslos. Kinder sehr unterschiedlichen Alters, von beinahe Erwachsenen bis zu Säuglingen, Stiefkinder, Schwiegersohn, Enkel und eine erschöpfte Frau sitzen oder laufen in der Wohnung herum: sie suchen Kühlung an diesem heißen, schwülen Sommernachmittag. In jedem Zimmer fallen einem die billigen Möbel auf.

Für mich ist Depression, seit ich auf der Welt bin. Trotzdem, mal geht's besser und mal schlechter. 1931, '32, das war ungefähr das Schlimmste, was wir je durchgemacht haben.

Ich sagte zu meinem Vater, daß ich nicht mehr zur Schule gehen würde. Er meinte: Na schön, dann gehst du eben mit mir arbeiten. Ich ging ins Bergwerk, und ich ging arbeiten. Von 1931 bis ungefähr Ende '32. Die Depression verschlechterte sich dermaßen, daß wir uns auf Landwirtschaft verlegten und was wir zum Leben brauchten selber produzierten. Er arbeitete einundfünfzig Jahre im Bergwerk. Er war dreiundsechzig, als er getötet wurde. Ein Junge erschoß ihn.

Wir wohnten acht Meilen vom Bergwerk entfernt und mußten auf einem Pferd hin- und zurückreiten. Ich saß hinter meinem Vater. Oft mußte ich runter und seine Füße aus den Steigbügeln raushämmern. Sie froren an den Steigbügeln fest. Es war kalt, wissen Sie. Wenn man aus dem Bergwerk kam, hatte man nasse Füße vom Schweiß und von der Feuchtigkeit auf der Schachtsohle. Und bei einem Ritt von acht Meilen, mit den Füßen in diesen stählernen Steigbügeln, waren sie einem erfroren, und man konnte sie nicht mehr aus dem Steigbügel kriegen. Ich mußte sie ihm rausschlagen. Er hatte kein Gefühl mehr in den Füßen, und sie taten ihm auch nicht weh, bis sie warm wurden, und dann fingen sie an weh zu tun.

Fünf Uhr morgens standen wir auf, um sechs fingen wir an. Zehn Uhr abends kamen wir raus. Wir arbeiteten so sechzehn, siebzehn Stunden am Tag. Der Boß sagte, wir müßten aufräumen. Wir räumten nicht auf, am nächsten Morgen war ja ein anderer da zum Aufräumen. Der Mann an der Zugmaschine fragte immer: Wieviel Wagen habt ihr? Noch fünf. Dann beeilt euch, wir wollen weg.

Sie kriegten einen Dollar fünfundsiebzig am Tag. Wir schafften so sechzig bis fünfundsechzig Tonnen am Tag – das heißt, wir beide, ich und Vater. Dann steckten sie mich woanders hin und ließen mich anderthalb Dollar am Tag verdienen. Ich arbeitete an der Wettertür.

Was das ist? Die Wettertür war zu, damit die Luft im Bergwerk umlaufen konnte. Dann kam die Zugmaschine, und ich machte sie auf. Ich mußte dableiben, bis alle weg waren. Dann liefen wir ungefähr zweieinhalb Meilen, bis wir nach draußen kamen. Dann liefen wir ungefähr eine Meile, bis wir dahin kamen, wo wir unsere Pferde kriegen konnten. Wir stiegen zu den Pferden runter und ritten ungefähr acht Meilen, bis wir nach Haus kamen. Im Sommer war's nicht so schlimm. Aber im Winter, Mann, das war hart. Wir schneiten ein, und das war so, daß man weder rein noch raus konnte. Das Eis war schlimm ... und gefährlich. Wir mußten natürlich auf Arbeit gehen. Wir hätten sonst nichts zu essen gehabt.

Sie hatten Sicherheitsvorrichtungen, wie sie es nannten, aber es war in Wirklichkeit keine Sicherheit. Sie hatten Axt und Säge, und man schnitt sich selbst die Balken. Auf den Rücken geschnallt, brachten wir sie hin. Man ging mit seiner Einmannsäge auf den Berg, sägte einen kleinen Baum ab, je nach der Größe, die man für den Stützbalken brauchte, und lud ihn sich auf den Rücken. Sonntags schleppte ich Balken auf dem Rücken, ungefähr zwei Meilen bis dahin ... um sie am Montag einzusetzen. Die Ge-

sellschaft lieferte das Holz, aber man mußte es selber schneiden. Man mußte sich die Gleise selber legen . . .
Ich hab' verschiedene Unfälle erlebt. Ich mußte vier Mann tot aus dem Bergwerk rausholen. Über so was hab' ich mir aber nie Sorgen gemacht. Einen schleppte ich mal sieben Meilen, und er stand auf und konnte besser laufen als ich. Ich war kurz vorm Umfallen, und ihm fehlte überhaupt nichts. Ein Felsbrocken hatte auf ihm drauf gelegen, und ich holte eine Winde, hob ihn an und zog den Mann raus. Ihm war bloß die Luft weggeblieben. . .
Ungefähr '32 kam es so weit, daß sie uns nur zwei Tage in der Woche arbeiten lassen wollten. Wir hatten 20 Dollar im Büro stehen. Sie ließen uns zwei Wochen lang nicht arbeiten, bis wir diese 20 Dollar im Laden eintauschten. Wir mußten dafür im Laden kaufen, oder wir hätten nicht mehr arbeiten dürfen. Der Laden gehörte der Gesellschaft. Was wir verdienten, mußten wir am nächsten Abend eintauschen. Wenn wir das nicht machten, ließen sie uns nicht arbeiten. Wir kriegten überhaupt kein Geld raus. Es waren Gutscheine. Oben auf dem Berg hatten sie einen Mann, der unsere Tonnenzahl aufschrieb, wieviel Tonnen wir geladen hatten, und das wurde zum Büro geschickt. Wenn wir 20 Dollar mehr als unsere Ausgaben – für Haus, Miete, Licht und das alles – verdient hatten, na, dann ließen sie uns nicht arbeiten, bis die 20 Dollar ausgegeben waren.

Die Stadt, in der Sie lebten . . .

Es war eine Höhle, eine Kohlenhöhle. Zweiunddreißig Familien wohnten in den Höhlen. Es waren hübsche Häuser, innendrin aufgebaut, aber sie bestanden bloß aus rohem Holz. Die Gesellschaft war auch der Eigentümer. Ihr gehörte alles. Es gibt da immer noch Häuser, die im Besitz der Gesellschaft sind.
Ich arbeitete ungefähr zwei Jahre im Bergwerk, dann gingen wir von '32 bis '37 zurück auf die Farm. Auf der

Farm schien es sich viel besser zu leben als heute. Die Arbeit war hart, aber man brauchte nicht so einen hohen Preis für die Lebensmittel zu bezahlen. Wir zogen unsere eigenen Schweine auf, wir konnten unser eigenes Vieh haben. Und wir hatten unser Fleisch, Speck und Schmalz. Wir brauchten uns nichts zu kaufen, außer feinem und grobem Mehl. Wir bauten selber Kartoffeln an. Wir hatten nie Geld, weil wir's nicht soweit brachten. Es war eine ziemlich schlechte Zeit. Sie kam mir wie ein Traum vor, die Depression, meine ich. Ich war jung und achtete nicht weiter drauf. Ich kriegte keine Kleider oder Wäsche und solche Sachen, aber das Essen, das war gut. Ich möchte lieber wieder auf der Farm sein als alles andere, was ich überhaupt gemacht habe. Dann, '37, zogen wir ins Lager – Kohle fördern. Dieselben Bergwerke. Roosevelt brachte die Bergwerke wieder in Gang. Die Dinge kamen ins Rollen, und das Geld kam wieder in Umlauf. Ich arbeitete von '37 bis '57 im Bergwerk. Da war's dann ganz anders. Es gab eine Gewerkschaft, und wir arbeiteten genau sieben Stunden und fünfzehn Minuten. Wir arbeiteten nicht so schwer wie während der Depression. Sie ließen uns keine Überstunden machen, weil sie die Überstunden nicht bezahlen wollten. Glaub' ich jedenfalls. Wir verdienten ganz gut, ich und mein Vater, wir beide. Er arbeitete bis '41, dann warfen sie ihn raus. Alter. Er kriegte nie 'ne Rente. Er hatte nicht lange genug in der Gewerkschaft gearbeitet, um Rente zu kriegen.

Ich war bei vier Streiks dabei. Einmal mußten wir Strafe zahlen, weil wir streikten. Wilder Streik, hieß das. Ich half beim Organisieren von ungefähr sechs Bergwerken. Der Gesellschaft gefiel das gar nicht, und gleichzeitig behandelte sie uns wie den letzten Dreck. Die waren zu allem fähig, zu Mord und Totschlag. An einem Ort in West Virginia schossen sie uns in Fetzen. Sie hatten Waffen von jeder Sorte. Dreihundert Mann von der Staatspolizei waren da. Sie standen auf der Seite der Arbeiter und holten den Männern eine Menge Rauchbomben aus der Tasche, den Nichtorganisierten, meine ich. Sie sagten: »Ob ihr Jungs nun in die Gewerkschaft eintreten wollt oder nicht ... aber fangt nicht an mit Kanonen rumzulaufen. Ihr kriegt nicht dafür bezahlt, Waffen zu tragen, und ihr kriegt nicht dafür bezahlt, sie zu benutzen, wir werden dafür bezahlt. Wenn ihr eintreten wollt, los dann rein mit euch.« Und sie traten ein.

Jeder war überrascht, daß diese dreihundert Mann von der Staatspolizei auf unserer Seite standen. Der Captain sagte: »Wenn die sich nicht organisieren wollen, macht den Laden dicht.« Er ging in den Umkleideraum, und, Mann, da hatten sie überall Waffen hängen, die Nichtorganisierten. Sehen Sie, die Gesellschaft lieferte ihnen Waffen. Sie hatten Maschinengewehre und alles. Sie brachten die Polizisten rein, damit sie alle Waffen rausholten. Ich weiß noch den Namen des Gouverneurs, er fällt mir bloß nicht ein – er war auf der Seite der Arbeiter. Das war 1942.

Mary Owsley

Ihr Mann war Sprengmeister in den Bergwerken von Kentucky, bevor er 1929, dem Ölboom folgend, mit seiner Familie nach Oklahoma zog.

Eines Tages bemerkte er an der Seite des Kessels eine Stelle so groß wie eine Untertasse, eine, wie sie sagen, »heiße« oder schwache Stelle. Er erzählte dem Boß, daß der Kessel repariert werden müsse, weil er nicht sein Leben riskieren wollte. Montagmorgen sah ich ihn nach Haus kommen. Sie hatten nichts repariert, sie hatten sich überhaupt nicht drum gekümmert. Er sagte ihnen, daß der Kessel in weniger als drei Wochen explodieren würde. Und er explodierte tatsächlich. Drei Männer und zwei Maultiere starben dadurch. Er ging weg.

Wir wohnten in einem Haus, das der Gesellschaft gehörte. Wir mußten jeden Eimer Wasser bezahlen, den wir brauchten, weil die Gesellschaft so schlecht ausgeschachtet hatte, daß alle Brunnen zerstört wurden. Die Lebensmittel kaufte ich im Laden der Gesellschaft, die Möbel kauften wir auch da, und wir bezahlten den dreifachen Preis dafür. Ich hab' erlebt, wie mein Mann auf seinen nächsten Lohnscheck – wo sie Gutschein zu sagen – borgen mußte, bloß um Medizin und solche Sachen zu kaufen. Und wir haben auch nicht verschwenderisch gelebt. Wir bezahlten über 260 Dollar für Möbel von der Bergwerksgesellschaft. Wir zahlten alles zurück bis auf 20 Dollar. Und als er sich einen anderen Job besorgte, kaufte er dort einen Lastwagen für die Möbel. Und sie nahmen uns alles weg. Sie wollten uns die 20 Dollar nicht bezahlen lassen.

Weil er ein Unruhestifter war . . . ?

Nein, weil er dort, wo die heiße Stelle am Kessel war, mit der Arbeit aufgehört hatte. So ein Unruhestifter war er, da haben Sie ganz recht. Er wollte am Leben bleiben.
Wir wohnten dann in dieser Siedlung beim Kohlenbergwerk, dem nächsten, und da war eine Pumpe in der Mitte zwischen vier Hütten. Wir vier Familien teilten uns in die eine Pumpe. Im Winter bildete sich immer eine fußdicke Eisschicht darauf. Wir Frauen mußten einen Kübel mit Wasser auf unserem Kohleofen heiß halten. Die Männer mußten um drei Uhr morgens aufstehen, rauslaufen und das Eis von der Pumpe abschmelzen, bevor sie zur Arbeit gingen. Und das alles bloß, weil ein Schutzdach über der Pumpe fehlte. Dadurch wäre ja vielleicht das Bankkonto der Gesellschaft geschrumpft.

Aaron Barkham

»Ich bin zu jung, um mich zur Ruhe zu setzen, und zu alt, um in den Zechen zu arbeiten. Wenn ein Mann so fünfund-

dreißig, vierzig Jahre alt wird, zehn oder zwölf Jahre im Berg-
werk war, wollen sie einen Jüngeren haben. Wenn sich eine
Möglichkeit ergibt, wechseln sie ihn aus.«
Er stammt aus West Virginia. Sein Vater, sein ganzes Leben
lang Bergarbeiter, starb in einer Zechensiedlung. »Von Silikose
hatte man noch nicht mal was gehört. Er starb an Arterien-
verkalkung.[1] Vater gehörte zu den Oddfellows[2], und sie zahl-
ten meiner Mutter ungefähr elf Dollar im Monat. Wir hatten
eine Kuh und ein Schwein. Wenn es uns schlecht ging, ver-
kauften wir sie. Auf unserer Farm mußten wir uns abrackern,
ausgelaugter Boden, nicht viel wert. Seit ich vier Jahre alt
war, kannte ich nur das, schwere Zeiten.«

Die Männer arbeiteten fünfzehn Stunden am Tag, beluden
einen Wagen mit vier Tonnen, dafür kriegten sie einen Dollar. Wenn die Gesellschaft konnte, knöpfte sie ihnen auch
den noch ab.
(Er lacht.) Sie kamen, glaube ich, auf zwei Dollar pro
Tag, die meisten von ihnen. Wir hatten Kostgänger aus
der Siedlung, andere waren nicht so gut dran. Mein ältester
Bruder ging mit fünfzehn als Kohlenjunge auf die Halde
arbeiten.
Jahre davor kamen er und mein anderer Bruder, der zwölf
war, auf die Idee, schwarzgebrannten Schnaps zu verkaufen.
Wir bezahlten einen Dollar für beinah vier Liter und verkauften einen halben Liter für fünfundzwanzig Cents. Das
klappte also gut. Manchmal verkauften wir über elf Liter
am Tag. Während der Prohibition und nachher waren es
vor allem die Leute, die Fürsorgeunterstützung bekamen,
die den Whisky kauften. Wir kriegten ihn in Zweiliter-
krügen und füllten ihn in Halbliterflaschen um.
Und hier kommt ein munterer kleiner Junge ins Spiel.
Ein kleiner Junge – ich war ungefähr sechs oder sieben
– konnte etwas in der Hand tragen und damit direkt die
Landstraße entlanglaufen, wo ein Mann vielleicht verhaftet
wurde. Das fing 1931 an und dauerte bis ungefähr 1936. Andere Einkünfte hatte die Familie praktisch nicht. Das einzige Hindernis für mich war mein Vetter zweiten Grades.

Er war Hilfssheriff. Er war groß und dick, und ich konnte ihm entwischen. Er jagte mich meilenweit durch das Dickicht.

Neun Steuerbeamten waren in drei Gruppen aufgeteilt. Sie streiften durch die Wälder und suchten nach Schnapsbrennereien. Sie brachten dann eine Markierung an. Meine Aufgabe war es, die Markierungen zu vertauschen. Und damit kamen sie völlig durcheinander. Jeder brannte Schnaps oder verkaufte ihn heimlich. Es wurde so was wie ein legales Gewerbe. Man mußte ausgefuchster sein als die Füchse, das war alles.

Dieser Vetter zweiten Grades, er stand auf der Seite der Regierung. So kriegten wir, als die WPA[3] ihre Tätigkeit aufnahm, von den Lokalpolitikern nicht die geringste Unterstützung. Meine Mutter war Republikanerin. Ich glaube, es lag an ihrem Stolz, daß sich unsere politische Einstellung nicht änderte. Es hat nicht viel Zweck, sich über so was zu beklagen. Durch den Schnapsverkauf hatten wir genug zu essen. Rund vier von fünf Leuten in diesem Bezirk waren bis ungefähr 1938 arbeitslos.

Ich hatte nie ein ganzes Jahr lang Schule – vielleicht fünf oder sechs Monate. Ich fing mit dreizehn an zu arbeiten. In einer Sägemühle für zehn Cents die Stunde. Ich arbeitete für den Mann, der das ganze Holzmonopol für die Gesellschaft hatte. Ich arbeitete draußen bei den Bulldozern. Schließlich bekam ich fünfundzwanzig Cents die Stunde, aber er erhöhte das Kostgeld auf fünfundsiebzig Cents pro Tag. Wir standen um vier Uhr morgens auf, kletterten auf einen Lastwagen und wurden ungefähr fünfzehn Meilen weit gefahren. Gegen dreiviertel fünf fingen wir an und arbeiteten, bis wir nichts mehr sehen konnten. Dann hörten wir auf. Es waren eher sechzehn als acht Stunden. Ich weiß noch, wir legten uns schlafen, drehten uns einmal rum, und dann brüllten sie: Frühstück.

1929 wurde es schlimm. Beim Börsenkrach hatten wir ein 20-Dollar-Goldstück. Alle Bergwerke machten zu – Läden, alles. Den einen Tag arbeiteten sie noch, am nächsten machten sie zu. Drei oder vier Monate später machten die Zechen wieder auf. Waren zwei, drei Tage pro Woche in Betrieb, meistens nur eine. Sie durften nicht über sich selbst bestimmen. Die meisten Leute waren zu der Zeit so sehr bei der Gesellschaft verschuldet, daß sie nicht leben und nicht sterben konnten.

Manche von ihnen waren von '29 bis heute verschuldet und kamen niemals raus. Manche versuchten es nicht mal. Sooft sie wieder durch Arbeit was verdienten, schuldeten sie anscheinend genau das. Die Gesellschaft hat sie noch heute in der Hand.

Als der Krach kam, kriegten sie ungefähr zehn Cents die Stunde – das heißt, wenn sie den Aufseher um einen Job anbettelten. Einen Siebentonner mußten sie für fünfzig Cents volladen. Wenn drei handgroße Schieferstücke drin gefunden wurden, nahmen sie den Wagen, und man kriegte nichts bezahlt. Das hieß bei ihnen Lohnabzug. Keiner konnte voraussagen, was auf den Wagen rauffallen würde, wenn man durch einen vielleicht zwei Meilen langen Stollen fuhr und sowieso alles runterkam.

Einmal schleiften sie ein Maultier raus. Der Mann, dem das Maultier umgekommen war, wurde rausgeworfen. Sie sagten zu ihm, daß ein Maultier mehr wert ist als ein Mann. Für ein Maultier mußten sie fünfzig Dollar zahlen, aber ein Mann war umsonst zu haben. Seitdem hat er keinen Tag mehr gearbeitet. Abgeschoben, weil er sie soviel gekostet hatte.

Einmal, kann ich mich erinnern, brachte das Rote Kreuz ungefähr vier Tonnen Mehl in Säcken zu vierundzwanzig Pfund. Das wurde im Lagerhaus der Gesellschaft ausgeladen. Es war ein Geschenk vom Roten Kreuz. Aber die Gesellschaft sagte, man müßte einen Tag arbeiten, um einen Sack Mehl zu kriegen. Das brachte die Sache ins Rollen. Nicht viel anders als ein Marsch durchs Inferno.

Eine alte Frau, ungefähr sechzig, kam von Canyon Creek.

Einmal hielt sie eine Rede an einer Eisenbahnlinie. Sie stand auf einer Kiste. Die Streikbrecher schossen sie runter. So kam sie nach Logan County, wo wir waren, und hielt Reden und half die Arbeiter organisieren. Die haben aber was erlebt.

Der Sheriff des Bezirks hatte hundert Streikbrecher. Sie wurden als Hilfssheriffs bezeichnet. Die Gesellschaft zahlte ihm zehn Cents pro Tonne auf die ganze Kohle, die den Fluß runtergeschafft wurde, um das Eindringen der Gewerkschaft zu verhindern. Bei der Wahl schlug ihn T. Hatfield von den streitenden Hatfields.[4] Er war für die Gewerkschaft. Rund drei Jahre lang hatten sie da so was wie einen richtigen Krieg.

Sie holten die Armeee dazu. Der Bezirk stand unter Kriegsrecht bis ungefähr '31. Was mich besonders beeindruckte, waren die Soldaten entlang der Straße auf dem Zechengelände, die die Leute auseinandertrieben. Wenn sich die Männer versammelten, durften sie nicht reden. Zwei Männer ja, aber nicht drei.

Ungefähr zu dieser Zeit kam ein Haufen von Streikbrechern dazu, mit Gewehren und Axtstielen. Sie versuchten, die Gewerkschaftsversammlungen aufzulösen. Die UMW[5] kamen auf den Hund und hörten beinahe wieder auf zu existieren. Erst ungefähr 1949 erreichten sie ihre volle Stärke. Aber in West Virginia auch heute noch nicht. So rotteten sich die meisten Männer zusammen und bildeten den Ku-Klux-Klan.

Der Ku-Klux übte die wirkliche Kontrolle über die Gemeinde aus. Er war das Gesetz. Er war bis ungefähr 1932 an der Macht. Mein Vater und mein älterer Bruder gehörten dazu. Mein Vater war bis zu seinem Tod einer der Anführer. Die Gesellschaft holte die Armee, um den Ku-Klux rauszudrängen, aber das klappte nicht. Die Gewerkschaft und der Ku-Klux waren ungefähr dasselbe.

Der Direktor des Bergwerks kam auf die großartige Idee, den Kampf anzuheizen. Man schleppte ihn in einem

Fleischwaggon weg, und dazu noch zehn andere Angestellte der Gesellschaft. Die Zeche wurde geschlossen. Man brachte sie nicht um, aber sie kamen auch nicht zurück. Einer der Vormänner wurde verprügelt und aus dem Bezirk hinausgejagt. Er kriegte zwölf Stunden Zeit, zu verschwinden und seine Familie rauszubringen.

Die UMW hatten dort einen Vertreter, der Rechtsanwalt war. Er wurde geteert und gefedert, weil er versuchte, sich mit der Gesellschaft gut zu stellen. Er kam zu uns, spielte verrückt, versuchte uns zu erzählen, daß wir im Unrecht wären, wenn wir zu einem wilden Streik aufriefen. Er schlug sich auf die Seite der Gesellschaft. Ich half dabei, ihn zu teeren. Und es war nicht das erstemal.

Der Ku-Klux-Klan wurde im Namen der Leute gebildet, die ein anständiges Leben führen wollten, Schwarze wie auch Weiße. Die halbe Zechensiedlung war farbig. Sie war nicht gegen Farbige. Die Schwarzen hatten dieselbe Verantwortung wie die Weißen. Ihr Rasen war ebenso grün wie der Rasen der Weißen. Sie bekamen denselben Lohnsatz. Es gab zwei Farbige, die dazugehörten. Ich erinnere mich, wie diese beiden Nigger zu meinem Vater kamen und Fragen darüber stellten. Sie traten ein. Der Pastor unserer Gemeindekirche war ein Farbiger. Er gehörte zum Ku-Klux-Klan. Das war der einzige Schutz, den der Arbeiter hatte.

Klar, die Gesellschaft versuchte, den einen gegen den anderen auszuspielen. Aber das gelang nicht. Die Farbigen und die Weißen lebten Seite an Seite. Es war so wie auf dem Schachbrett. Da war eine weiße Familie und da eine farbige. Nein, es gab kein Rassenproblem. Ja, sie hatten schon so'n bestimmtes Gefühl gegenüber den Farbigen. Das war klar. Sie hatten auch so'n bestimmtes Gefühl gegenüber den Weißen. Wenn jemand in die Gemeinde kam und Anstoß erregte, ob farbig oder weiß, dann blieb der nicht lange.

Ich erinnere mich, daß eine Familie uns gegenüber einzog. Mehrere Frauen waren dabei. Ich erinnere mich, als ich aus dem Fenster guckte, sah das irgendwie komisch aus. Der Ku-Klux-Klan warnte sie einmal. Gab ihnen vierundzwanzig Stunden. Sie hörten nicht auf die Warnung. Am nächsten Abend peitschten sie Hughie aus (das war der Mann), seine Frau und seine Nichte, seinen Onkel und seine Tante und peitschten noch sechs andere aus, die sich drumherum drängten. Sie schlugen sie mit Ruten und jagten sie raus, alle. Es waren Weiße, keine Nigger.

Einmal schlug ein Neger einen weißen Jungen. Er kriegte keine Warnung. Sie peitschten ihn und jagten ihn aus der Stadt. Wenn ein weißer Mann einen farbigen Jungen geschlagen hätte, wär es ihm ebenso ergangen. Es machte ihnen keinen Spaß, Nigger zu verprügeln, weil es Nigger waren. Was sie taten, war, für 'ne Gemeinde sorgen, in der man anständig leben konnte. Wogegen sie protestierten, war unanständiges Benehmen und Trinken.

Und die Schwarzbrennerei?

Oh, sie hatten was dagegen, daß in der Stadt Krakeel gemacht wurde. Was jeder bei sich zu Haus tat, das war seine eigene Sache. Wir reden jetzt von den Leuten in den Bergen. Das ist nicht der tiefe Süden.

Die Leute verloren schnell ihre Geduld. Als wir die Gewerkschaft organisierten, wendeten wir uns nicht an den Labor Relations Board.[6] Wir machten das mit dem »Maultierzug«, wie wir sagten. Wir rechneten uns aus, wie viele Leute in dieser bestimmten Zeche arbeiteten, und wir sagten ihnen dann einfach, sie sollten das Bergwerk organisieren, oder wir würden es zumachen. Wir gaben ihnen drei Tage Zeit. Manchmal standen sie mit Knüppeln an der Schachtmündung. Es waren siebzehntausend im ganzen Bezirk. Ich hab' erlebt, daß alle von ihnen in Streik traten wegen eines Mannes, der zum Streik aufgefordert wurde. Und in die UMW gingen.

Bei den UMW-Versammlungen bügelten sie es selbst aus.

Einmal mußte ich eine 38er ziehen, um aus einer Gewerkschaftsversammlung rauszukommen. Der Vorsitzende unserer Ortsgruppe war dick mit dem Direktor des Bergwerks befreundet, und ich erwähnte das in der Versammlung. Ein paar Burschen gefiel das nicht: sie waren seine treuen Anhänger. Wir tagten in einem Schulgebäude. Ich stand an der Tafel, und die Tür war auf der anderen Seite des Raums. Sie blockierten also die Tür. Der Halbbruder meiner Frau saß weiter hinten. Er zog seine Pistole raus und warf sie mir zu. Ich sagte zu ihnen, ich geh jetzt raus, und wenn micht jemand aufhält, dann schieße ich. Sie folgten mir nach draußen, es waren ungefähr fünfzig. Sie blockierten das Tor. Da sagte ich zu ihnen, ich schieße auf die ersten sechs, die mir in den Weg kommen.

Am nächsten Tag ging ich wieder zur Arbeit. Ich nahm meine Pistole mit. Sie kamen zu sich. Es dauerte eine Woche, aber sie kamen zu sich.

Ich hab' in meinem Leben festgestellt, daß sich die Menschen nicht alles gefallen lassen. Wenn es uns wieder wirklich schlechtgeht, dann fürchte ich, kommen einige Millionäre an den Bettelstab, weil man ihnen ihr Geld wegnehmen wird. Man wird es ihnen ohne Rücksicht wegnehmen. Die Leute werden für ihre Familien sorgen, und wenn sie jemand anders erschießen müssen. Und das können Sie ihnen nicht verdenken. Glauben Sie etwa, ich würde Ihnen nicht wegnehmen, was Sie besitzen, wenn Sie 'ne Million Dollar hätten und ich meine Familie beschützen müßte? Das würde ich todsicher. So oder so würde ich ihnen Ihr Geld wegnehmen. Manche Leute haben nicht einmal genug Mut, für das zu kämpfen, was auf sie zukommt. Bis 1934 war mehr als die Hälfte der Männer im Logan County nicht organisiert. Das gibt Ihnen eine Vorstellung, wie ahnungslos sie sind...

Explosionen? Eine hab' ich erlebt, damals 1935, einige Männer kamen dabei um. Eine hatten sie in Bartley, 136 Tote. Im selben Jahr in Macbeth – wann war das? – starben einmal achtzehn und einmal zwanzig Männer durch ein Feuer und eine Explosion. 1947 gab es dann dort eine Explosion, bei der zwei Männer starben.

Sie schickten mich zu einer Stelle in Virginia. Der Schacht war über 450 Meter tief. Ich fuhr runter und sah mir alles an und fuhr rauf und lehnte die Arbeit ab, Gas und Staub. Das war 1965. Galt als sicherste Zeche auf der Welt. Ungefähr vier Wochen darauf hatten sie eine Explosion. Zwei Männer wurden getötet, neun weitere verletzt . . .

Nachschrift: Plötzlich ein Auflachen: »Ich weiß noch, wie das erste Radio nach Mingo County, ein Nachbarbezirk von Logan, kam. Wayne Starbuck, ein Vetter von mir, brachte es 1934 an. Das war eine feine Sache. Es war ein kleines Ding, gab mehr Quieken und Quietschen von sich als irgendwas anderes. Alle kamen von meilenweit her, um es sich anzusehen. Wir hatten keine Elektrizität. So schloß er zwei Autobatterien an. Wir kriegten ›Grand Old Opry‹ damit rein.«

Gordon Baxter

Anwalt. Hat die Yale University und die Harvard Law School (Juristische Fakultät) besucht und 1932 sein Studium abgeschlossen. »Kinder im achten Schuljahr haben heute mehr Kenntnis von dem, was in der Welt vorgeht, als ich in der ganzen College-Zeit. Ich saß da und hörte den Vorlesungen von William Lyon Phelps über Tennyson und Browning zu, der schrecklichste Stuß in der Welt, aber ich hatte damals einfach nicht Urteil genug, um zu erkennen, daß es eine Menge Stuß war.

In jenen Tagen ging man auf die Universität und war von allem außer der unmittelbaren Umgebung isoliert. Nur ganz wenige hatten Zweifel, ob sie's schaffen würden, ihren Lebensunterhalt zu verdienen. Erfolg wurde am Einkommen gemessen: rasch vorwärtskommen im Geschäftsleben. Wenn Studenten daran dachten, Lehrer zu werden, hielten sie den Mund. Die wurden als eine Art von Verrückten angesehen.

Es war erst in meinem letzten Studienjahr, daß ich merkte, da passiert was. Bei den Football-Spielen in New Haven traf

ich Absolventen von Yale, die noch vor ein paar Jahren be-
hauptet hatten, in Wallstreet wäre es leicht. Jetzt krachte der
Markt zusammen, und sie waren wieder auf der Uni, ohne
Jobs. Plötzlich stürzte die Welt auf uns ein ... «
1937, mit zweiunddreißig Jahren, wurde er Justitiar und Vize-
präsident einer großen Gesellschaft mit zehntausend Angestell-
ten. Es war eine Firma für Spritzgußgeräte und Autoteile.

Es gab eine Welle von Sitzstreiks. Die Zeitungen und anständige Leute sagten, es wäre schlimm genug mit den
Streiks, aber es sei eindeutig unmoralisch, sich am Eigen-
tum zu vergreifen. In jenen Tagen wurden Streiks durch
die Einstellung von Streikbrechern vereitelt. Aber durch
das Niedersetzen in der Fabrik wurden die Streikbrecher
gehindert hineinzukommen. Es war eine neue Technik. Als
plötzlich die Regeln des Spiels, das die Gewerkschaften
immer verloren hatten, durch die Sitzstreiks geändert
wurden, gab es einen Aufschrei.
Dasselbe hört man heute in den Gesprächen über die
Studenten-Demonstrationen. Es ist ja gut und schön, wenn
sie friedlich protestieren, aber sie müssen sich dabei an
die Spielregeln halten.
In einer unserer Fabriken gab es einen Sitzstreik. Wir
hatten einen Direktor, der sich mit diesen Arbeitskonflikten
zu befassen hatte. Auf seine Art war er ein netter Kerl,
aber seine Erscheinung war wie die eines Fabrikbosses auf
Karikaturen: Zigarre in der Ecke des Mundes, ein großes
quadratisches Gesicht und eine große quadratische Figur.
Er hatte Methoden, die Streikenden zu schlagen, die
nicht an die große Glocke gehängt wurden, aber den Unternehmern bekannt waren.
Es gab in Chicago eine Polizeieinheit, die unter dem
Namen Industrial Squad[7], auch als Red Squad bekannt
war und einem Leutnant namens Make Mills unterstand.
Wenn es zum Streik kam, arrangierte Mills die Verhaftung
der Anführer. Man schlug sie zusammen, steckte sie ins
Gefängnis und machte ihnen klar, daß sie, verdammt noch

mal, aus der Stadt verschwinden sollten. Mills bekam Trinkgelder, 1000 Dollar, oder wenn es was Ernstes war, 5000. Er hat damit ein Teufelsgeld verdient, durch die Jagd nach Agitatoren, wie man damals sagte.

Es waren Organisatoren, von denen einige nicht in der Fabrik arbeiteten. Mit seinen Leuten in Zivil lockte Mills sie in eine Kneipe. Man spendierte ihnen Drinks, und dann wurde ein Streit vom Zaun gebrochen. – Dann schritten die Uniformierten ein und verhafteten die Organisatoren, schlugen sie zusammen, steckten sie ins Gefängnis. So kriegten sie eine Menge Leute aus der Stadt. Es gab eine furchtbare Menge harter Geschichten.

Die Fabrik wurde geschlossen, und ich wurde in die Affäre hineingezogen. Die Gewerkschaft hatte eine Beschwerde bei der National Labor Relations Board eingereicht.[8] Es ging um die Zulassung der Gewerkschaft. Die Beschwerde: es gäbe schwarze Listen.

Das hatte denn auch viel zu tun mit ihrem Ton und ihrer Haltung. Wenn irgendwer glaubt, daß ein Mann, der sich auf die harte Tour hochgearbeitet hat, sich dann leichter tut im Umgang mit dem Arbeiter, dann ist er völlig im Irrtum. Seine Einstellung war vielmehr: Ich bin vorwärtsgekommen. Warum kannst du's nicht?

Dazu gibt es eine Parallele in dieser Rassengeschichte heutzutage. Sehen Sie, meine Familie kam aus der alten Heimat, und mein Großvater verkaufte Töpfe und Pfannen, die er auf seinem Rücken rumschleppte, und ich wohne hübsch draußen vor der Stadt, und wenn mein Großvater es geschafft hat, was, zum Teufel, ist dann mit diesen Niggern los?

Die Leute, die es geschafft hatten, waren sehr sauer auf die Agitatoren. Agitatoren waren Parasiten, die versuchten, die Strukturen kaputtzumachen. Es gab kein Gesetz anerkannter Prinzipien. Es war nichts als ein permanenter Machtkampf. Es war ein Dschungel.

Heute sehen die Leute eine Depression als das Werk von

Menschen an. Früher fielen Depressionen in dieselbe Kategorie wie Erdbeben und Unwetter. Ein Akt der Vorsehung oder Gottes Zorn. Ich glaube nicht, daß es die Friedfertigkeit der Dreißiger noch mal gäbe. Ich glaube, es gäbe einen Aufstand. Ich glaube sogar in diesen Wohnstädten hier draußen gäbe es eine Rebellion. Was dann genau sich abspielen würde, weiß ich nicht. Ich glaube, es gäbe eine kraftvolle und schließlich sogar gewalttätige Forderung: Wenn nicht mein Maß, dann irgendein anderes Maß. Irgendwas und bald.

Ein bißchen was davon hat es auch in den dreißigern gegeben, den linken Flügel. Einige wurden Kommunisten genannt, andere waren Kommunisten. Sie zeigten, wie sie es nannten, die Widersprüche auf: Leute verhungerten, und Farmer wurden angewiesen, ihre Schweine totzuschlagen. Es gab Ärger und Enttäuschung über die Unfähigkeit, die Produktionskapazität so auszunutzen, daß sie den Bedürfnissen der Leute entsprach. Aber viele solcher Äußerungen hat es in den Dreißigern nicht gegeben – das waren die Verrückten, Randfiguren. Heute stünden sie nicht mehr am Rand . . .

Die Gesellschaft verschickte Briefe in hochgestochener Sprache: Wir werden die besten Löhne zahlen, wir werden immer Beschwerden mit den Arbeitnehmern besprechen, aber wir lassen Interventionen von außen nicht zu. Die Zeitungskommentare drängten die Arbeiter, die Arbeit wiederaufzunehmen. Jeder Tag des Streiks kostete sie Geld, das sie nie wiederaufholen konnten.

Ich kriegte einen Stapel Karten in die Hand, den ich in die Stadt zu unseren Anwälten bringen sollte. Einige von denen, auf denen ich nachsah, hatten Notizen: »Gewerkschafts-Agitator, nicht wieder einstellen.« Andere waren mit kleinen runden Punkten markiert. Der Personalchef sagte mir, damit würden Gewerkschafts-Freunde bezeichnet. Viele von ihnen waren entlassen oder hätten entlassen werden sollen. Wenn irgendein zukünftiger Arbeitgeber nach ihnen fragen sollte, würde man ihm sagen: »Nicht einstellen – Störenfried, Agitator.« Das Wort Kommunist war damals nicht sehr im Gebrauch. »Rot«, allerdings, das war eine häufige Vokabel.

Ich brachte die Karten zu Twynan, Hill und Blair. Der Kanzleichef der Firma, Blair, war aus dem Nordwesten gekommen, ein erfolgreicher Eisenbahn-Anwalt. Er vertrat viele große Gesellschaften und war auch Mitglied unseres Aufsichtsrats. Ein ungeheurer Langweiler, komischer kleiner Kerl, etwa einssechzig, kleiner Schnurrbart. Alle seine Mandanten waren Heilige, wenn sie angegriffen wurden. Er war damals ungefähr siebzig.

Wenn er aufgeregt wurde, sträubte sich sein Schnurrbart, er sprang in seinem Ledersessel auf und nieder und trank Mineralwasser. Dann lief er auf den Flur hinaus, schrie nach seiner Sekretärin und beruhigte sich, indem er Briefe diktierte.

Er hatte eine besondere Vorliebe für die Wendung: »Das stellt eine unheilsschwangere Situation dar.« Natürlich ist so was eine herrliche Unterstützung für einen Anwalt. Wenn das Unheil schwanger geht, muß er zur Rettung kommen. Das Pauschalhonorar für die alljährliche Prozeßvollmacht reicht da nicht ganz zur Deckung. Er machte aus diesem Vorfall eine Unmenge Honorar.

Blair sagte mir, die Karten wären harmlos. Es dämmerte mir, daß er von der Existenz des Wagner Act nichts wußte. Als ich ihm davon erzählte, sagte er: »So ein Gesetz kann es nicht geben. Und wenn doch, dann würde ich nicht zögern, Sie in dem Sinne zu beraten, daß es verfassungswidrig ist, weil es einen Eingriff in die Vertragsfreiheit bedeutete.« Ich sagte: »Doch, so ein Gesetz gibt es. Man nennt es manchmal den Wagner Act.« Er sagte: »Nie davon gehört.« Und ich sagte: »Der Oberste Gerichtshof hatte sich damit zu befassen, und die Gültigkeit wurde bestätigt.« Er heulte auf: »Das ist unmöglich.« Er schnellte herum und griff nach seinem Mineralwasser.

Er rief einen seiner Anwaltskollegen herein. »Dieser junge Mann hier erzählt mir was von einem Gesetz namens Wagner Act.« »Der Wagner Act.« Der andere nickte. »Das gibt es? Dieser junge Mann geht noch weiter und behauptet, das oberste Bundesgericht habe es für verfassungskonform erklärt.« Der andere nickte. »Das ist aber völlig unmöglich.« Sein Kollege sagte, es wäre aber so. »Das ist ja eine schöne Geschichte.« Und damit knallte Blair den Stapel Karten auf seinen Schreibtisch. »Na, das ist wieder so eine von diesen linken New-Deal-Aktivitäten. Anständige Leute, die dieses Land aufgebaut haben, können reinkommen und Zeugenaussagen machen, und man glaubt ihrem Zeugnis nicht.« Der andere sagte: »So weit mußte es kommen.« Blair sagte: »Wenn wir den Präsidenten der Gesellschaft veranlaßten, diese Beschuldigungen abzustreiten, und dann würde man ihm nicht glauben?«

Ich sagte: »Mr. Blair, einer der Gründe, weshalb man ihm nicht glaubte, wäre, daß es eine Lüge ist.«

»Wie meinen Sie, eine Lüge?«

»Sehen Sie sich diese Karten an. Gewerkschaftler sind gekennzeichnet.«

»Ist daran was falsch?«

»Ja, es ist verboten.«

»Darüber muß ein Gerichtsentscheid her.«

»Den gibt es schon. Und dazu noch alle die Leute, die man entlassen hat. Da steht doch schwarz auf weiß: Nicht wieder einstellen.«

»Aber das sind *ehemalige* Angestellte.«

Und so ist es dann gelaufen: Er rief einen Detektiv herein, der von der Gesellschaft bezahlt wurde, und sagte: »Nehmen Sie diese Karten an sich. Ich möchte sie nie wiedersehen. Ich möchte nicht wissen, was mit ihnen passiert, und ich möchte, daß Sie nie überhaupt etwas davon gewußt haben.«

Die National Labor-Relations-Behörde fand doch heraus, daß die Gesellschaft sich unfairer Arbeitsmethoden bedient hatte. Die Gewerkschaft wurde anerkannt. Eine große

Summe Geld ging als Nachzahlungen an die Angestellten, die man entlassen hatte. Und außerdem gab es ungeheure Gerichtsgebühren.

Und es gab eine merkwürdige Nachwirkung. Die Leute gingen wieder an die Arbeit. Aber eine Atmosphäre von Bitterkeit und Ressentiment war vorherrschend. Eine permanente Feindseligkeit. Jede Seite wünschte der anderen das Schlimmste.

Dieses Gefühl hielt die ganzen zehn Jahre an, die ich dort noch blieb. Schließlich verkaufte die Gesellschaft ihre Spritzgußfabrik. Die brachte keinen Gewinn. Es ist ein schwieriges Geschäft, aber es gibt Gesellschaften, die kriegen was raus. Ich habe mich oft gefragt, ob das Scheitern hier nicht zurückzuführen war auf diese lange, ausdauernde Bitterkeit. Jede Verhandlung wurde ein Krieg, Bitterkeit erzeugte Bitterkeit, Gewalt erzeugte Gewalt.

Die meisten Leute werden Vizepräsidenten erst spät in ihren Fünfzigern. Ich war einer der wenigen Männer in der Firma, die auf der Universität waren. Es gab eine Menge Mißtrauen mir gegenüber: Man paßte auf mich auf. Aber sehr viele von den älteren Herren luden mich zum Essen ein und baten mich, Ihnen was zu erzählen.

Das war zu einer Zeit, als Leute, die in Yale oder Harvard studiert hatten, ins Börsengeschäft, nicht in die Industrie gingen. Im Gegensatz zu heute kamen damals die Industriellen alle von der Werkbank. Der harte Weg, wie sie es nannten.

1 »Mehrere hundert Autopsien bestätigten, daß viele Bergarbeiter an Herzversagen sterben, wenn der Kohlenstaub die kleinen Arterien in den Lungen in eine steife unnachgiebige Form preßt, wodurch es schließlich zu einer kritischen Belastung des Herzens kommt.« Robert G. Sherrill, *The Nation*, 28. 4. 1969, S. 533.
2 Eine freimaurerähnliche Wohltätigkeitsgesellschaft, seit 1806 in den USA verbreitet (Anm. d. Übers.).

3 Works Progress Administration: staatliche Einrichtung zur Untersuchung von Arbeitsbedingungen und zur Beschaffung von Arbeiten für Arbeitslose durch Zuschüsse. (Anm. d. Übers.).

4 Die Familien Hatfield und McCoy führten durch Generationen eine blutige Fehde (Anm. d. Übers.).

5 United Mine Workers – Gewerkschaft der Bergarbeiter

6 National Labor Relations Board – seit 1935 Bundesausschuß zur Regelung der Beziehungen zwischen Arbeitgebern und Arbeitnehmern (Anm. d. Übers.).

7 Etwa: Industrie-Patrouille.

8 Behörde für Nationale Arbeitsfragen.

Feine Leute

Edward A. Ryerson

Pensionierter Aufsichtsratsvorsitzender der Inland Steel Company. Im siebzehnten Stock eines modernen Gebäudes, dem Inland Building, liegt sein Büro. An der Wand uns gegenüber hängen Familienporträts, von seinem Großvater, Vater, Bruder, Sohn, von ihm selbst.
Während der Depression leitete er den Council of Social Agencies – später in Welfare Council[1] umbenannt – und die neugeschaffene Public Aid Commission[2]. Er war Vorstandsmitglied der Chicago Commons, einer Wohlfahrtseinrichtung...
»Schon sehr früh waren mir die Probleme der Notleidenden bekannt.«
Die ersten Ryersons hatten zu Anfang des siebzehnten Jahrhunderts Eisenschmelzöfen im Osten errichtet. Sie lieferten Kugeln und Kanonen für den Revolutionskrieg. Sein Großvater kam 1842 nach Chicago, um Kesselbaumaterial in der wachsenden Stadt zu verkaufen.

Bis zum Ende der zwanziger Jahre lief das Geschäft bei uns sehr gut. Die Depression war für uns wie für jeden anderen ein Schlag. Es wurde kein Stahl mehr gekauft. Von meinen Freunden wurden die meisten irgendwie in Mitleidenschaft gezogen. Es gab ein paar angebliche Schlauberger, die behaupteten, daß sie das Menetekel gesehen hätten und ihre Wertpapiere rechtzeitig gegen bar verkauften. Die meisten, die ich kannte, erlitten Rückschläge. Wir mußten unsere Lebensweise umstellen. Das ging uns allen so. Wir machten mehr selbst. Ich entließ meinen Chauffeur und so weiter. Ich fuhr meinen Wagen selbst, meine Frau auch, und lauter so Sachen.

Wir mußten uns einschränken, damit wir nicht zu sehr aus dem Rahmen fielen. Ich stand immerhin in sehr engen Beziehungen zu vielen Leuten, die nichts hatten. Ich war in der Wohlfahrt an leitender Stelle tätig.

Bevor Hoovers Amtszeit zu Ende ging – ich suchte ihn persönlich auf –, erhielt ich für den Staat Illinois die erste Arbeitslosenunterstützung, die je aus Bundesmitteln gewährt wurde. Das war für mich ein ungewöhnlicher Schritt. Damals war ich ein erbitterter Gegner von Bundesgeldern. Aber ich erkannte, daß das Problem die Möglichkeiten der Kommunalverwaltung überstieg.

Zuerst fuhr ich nach Springfield, um Geld aufzutreiben. Ich bekam 12 Millionen Dollar. Sie können sich vorstellen, wie lange das 1932 für die Unterstützungsprogramme reichte. Wir kamen nur drei Monate damit aus.

Das konnten die Abgeordneten nicht verstehen. Sie machten sich keinen Begriff von dem, was not tat. Wir mußten kämpfen. Sie glaubten, daß öffentliche Gelder nicht auf diese Weise verwendet werden dürften. Es sollte alles den privaten Wohlfahrtsorganisationen überlassen bleiben.

Meiner Meinung nach hätte der »Old Deal«, der »Hoover Deal«, viele der Reformen des »New Deal« zustande gebracht. Ich war mit Hoover eng verbunden und bewunderte ihn sehr. Er bat mich, einige Ämter in Washington zu übernehmen, aber ich lehnte wegen meiner anderen Verpflichtungen ab. Wenn er wiedergewählt worden wäre ... aber die Öffentlichkeit wollte einen Wechsel. Hoover war ein Menschenfreund, mehr als jeder andere unserer Präsidenten. Bestimmt mehr als die, die ich miterlebt habe.

Diana Morgan

Sie war eines jener schönen Mädchen der Südstaaten und lebte in einer Kleinstadt in North Carolina. »Mir wurde beigebracht, daß selbst ein Prinz königlichen Geblüts nicht zu gut für mich wäre.« (Sie lacht.) Ihr Vater war ein erfolgreicher Baumwollkaufmann und Besitzer eines Warenhauses. »Es ist eine Stadt jener Art, wie sie einem durch Thornton Wilders Unsere kleine Stadt vertraut wurde. Man kannte jeden. Wir hatten als einzige in der Stadt eine Bibliothek.«
Die ständig wiederkehrende Krankheit ihres Vaters und die immer schwerer werdenden Zeiten – die Farmer und die Leute

in der Stadt konnten ihre Rechnungen nicht mehr bezahlen
– waren zusammen die Ursache für den Verlust des Waren-
hauses. Dianas Vater ging bankrott.

Ungefähr zu der Zeit, als ich mich auf das College vor-
bereitete, gingen die Banken in Konkurs. Meine Familie
dachte daran, mich nach Wellesley, Vassar oder Smith zu
schicken – aber wir hatten so wenig Geld, daß wir uns
für ein College in North Carolina entschieden. Es war nicht
so teuer.

Es war in meinem vorletzten Collegejahr, und ich kam
Weihnachten nach Haus ... Ich merkte, daß das Telefon
abgeschaltet war. Und da wurde mir klar, daß die Welt
aus den Fugen ging. Man stelle sich vor, wir ohne Telefon!
Nach meinem Collegeabschluß konnte ich nicht umhin, der
Tatsache ins Auge zu sehen, daß wir keine Köchin mehr
hatten, daß wir keine Putzfrau mehr hatten. Ich entdeckte
Staub unter den Betten, was es vorher nie gegeben hätte.
Ich wußte, daß die Vorhänge nicht so sauber wie früher
waren. Die Sachen fingen an, ein bißchen schäbig auszu-
sehen ...

Das erste, was ich von der Depression merkte, war, daß
wir das Haus meines Urgroßvaters verloren, es wurde für
die Steuern verkauft. Unser eigenes Haus wurde verkauft.
Es galt als das schönste Haus der Stadt, ungefähr hundert-
fünfzig Jahre alt. Wir hatten sogar eine Musikbibliothek.
Stellen Sie sich meinen Schock vor, als es für fünftausend
Dollar Steuerschulden verkauft wurde. In diesem Haus war
ich geboren worden.

Nie in meinem Leben fühlte ich mich so alt wie in den
ersten beiden Jahren nach dem College. Weil ich für mich
noch kein neues Leben gefunden hatte und das andere
zu Ende war.

Ich erinnere mich daran, wie peinlich es mir war, wenn
Freunde von außerhalb zu Besuch kamen, weil sie manchmal
um ein Glas Wasser baten und wir kein Eis hatten. (Sie
lacht.) Wir hatten keinen elektrischen Kühlschrank und

konnten es uns nicht leisten, Eis zu kaufen. Wir machten in aller Hast aus, daß jemand zum Drugstore rannte und Coca Cola mit Eisstückchen holte, und dann entstand diese peinliche Verzögerung, und ich kann mich erinnern, wie mir das Gesicht brannte.

In der ganzen Zeit dachte ich nicht viel darüber nach, was in diesem Land vor sich ging ... Irgendwie führte ich immer noch ein Gesellschaftsleben. Obwohl einige von uns Bücher gelesen hatten und darüber diskutierten, waren wir uns der Lage kaum bewußt ... Es tat uns natürlich leid, daß so viele mit uns befreundete junge Männer keine passende Arbeit fanden...

Eines Tages hielt mich ein Freund meines Vaters auf der Straße an und sagte: »Möchten Sie einen Job haben? Eine Bekannte von mir leitet eines dieser New-Deal-Programme. Sie wird Ihnen davon erzählen.«

Ach, ich war so aufgeregt, daß ich nicht mehr aus noch ein wußte – der Gedanke, arbeiten zu können. Ich war sehr nervös, aber voller Hoffnungen. Miß Ward kam. Sie wirkte damenhaft, sehr abweisend und formell. Sie kann allenfalls fünfundvierzig gewesen sein, aber mir erschien sie wie ein uraltes und furchterregendes Wesen aus einer anderen Welt.

Sie sagte zu mir: »Das ist keine Arbeit für einen Schmetterling.« Sie brauchte mich nur anzusehen, um festzustellen, daß ich ganz und gar ungeeignet war. Ich sagte, ich wäre jung und gewissenhaft, und wenn man mir erklärte, was ich zu tun hätte, würde ich mich selbstverständlich nach besten Kräften bemühen... Sie ermutigte mich nicht im geringsten.

Als sie ging, weinte ich fast eine Stunde lang. Ich war wirklich wie vernichtet. Ich schluchzte und schluchzte und dachte: Wie ungerecht ist sie doch. So war ich sehr überrascht, als ich am nächsten Tag ein Telegramm bekam, das mich nach Raleigh bestellte – zu einer Versammlung der Leiterinnen für Frauenarbeit.

Dutzende von Frauen waren da, aus dem ganzen Staat und jedes Alters. Es kam mir sehr chaotisch vor. Alle quirlten durcheinander und redeten über Weben, Einmachen, Buchbinden ... Jede von ihnen schien eine Menge Kenntnisse zu haben. Ich hatte keine Ahnung, worüber sie sprachen. Und niemand sagte mir, was ich nun tun sollte. Es waren eben anscheinend alle beschäftigt, und irgendwie gewann ich den Eindruck, daß ich dazugehörte.

So fuhr ich wieder nach Haus. Ich ging zur Bezirksfürsorgestelle im Verwaltungsgebäude. Da saßen die Leute in einem langen Gang auf dem Fußboden, meistens Schwarze, und sahen sehr niedergedrückt, traurig aus. Einige hatten Kinder dabei, einige waren sehr alt. Sie saßen einfach da, in endlosen Reihen, und warteten. . . .

Mein erster Eindruck war: Ach, die armen Teufel, sitzen einfach da, und es sagt noch nicht mal jemand: »Wir kümmern uns um Sie, sobald wir können.« Obwohl ich nichts von Sozialarbeit verstand, und davon, was gut und was nicht gut war, kam mir als erstes der Impuls, man sollte diesen Menschen das Gefühl geben, daß sich jemand für sie interessierte. Ohne irgendwen zu fragen, ging ich einfach herum und sagte: »Warten Sie schon lange? Wir kümmern uns um Sie, sobald wir können.«

Ich hatte das Gefühl, daß die Mädchen im Büro sehr streng wirkten und eine strafende Haltung einnahmen: daß die Frauen eben zu warten hatten, solange sie dort waren, und daß man sich vergewissern mußte, ob sie, ehe sie irgend etwas bekamen, auch ein Anrecht darauf hatten.

Ich wußte nichts über Nähen, Buchbinden, Einmachen ... die gängigen Projekte. Ich hatte nie ein Ei gekocht oder einen Stich genäht. Aber ich kannte Schneiderinnen, die früher für uns Kleider genäht hatten, als wir Kinder waren. Ich ging zu ihnen und ließ mir von ihnen helfen. Ich bat jeden um Hilfe, der wußte, wie man dieses oder jenes macht.

Inzwischen arbeitete ich in der Fürsorgestelle und fing an,

Befragungen durchzuführen . . . und fand heraus, daß man erst ganz unten sein mußte, um für die Unterstützung in Betracht zu kommen. Man brauchte nicht viel Verstand, um zu erkennen: Wenn sie dieses Stadium erreicht hatten und man ihnen einen Essenzuschuß von einem Dollar pro Tag gab – wie konnten sie sich da je wieder herauswinden?

Unsere frühere Köchin, Caroline, kam ins Büro. Es war solch ein Schock für mich, sie in einem Zustand zu sehen, in dem sie zur Fürsorgestelle gehen und um Essen bitten mußte. Es war mir für sie peinlich, daß sie mir begegnete, als sie sich in dieser Lage befand. Sie war eine wunderbare, großherzige Frau. Da stand sie nun, schon gealtert, gesundheitlich in schlechter Verfassung. Und sie sagte: »Ach, der liebe Gott hat Sie mir vom Himmel geschickt, um mich zu erlösen. Es sind schwere Zeiten für mich. Wie schön Sie sind. Wie ein Engel kommen Sie mir vor.« Sie schmeichelte mir, wie es für die Neger der Südstaaten in ihrem Lebenskampf typisch war. Ich schämte mich, weil sie sich in diese Haltung begab und weil ich sie dabei erleben mußte.

Jahre hindurch kamen mir angesichts der Tatsache, daß Carolines Haus mit Zeitungen tapeziert war, nicht die leisesten Zweifel. Eine Zeitlang wusch sie für uns, und ich erinnere mich, daß ich sie mehrere Male in ihrem Haus besuchte. Caroline stand auf dem Hof, einem Stück ungepflasterten, harten Bodens. Mit einem großen eisernen Topf auf dem Feuer, in dem sie die Weißwäsche kochte und rührte. . .

Sie war immer liebenswürdig und bat mich, einzutreten. Sie entschuldigte sich nie dafür, wie es bei ihr aussah. Damals dachte ich bei mir selbst: Wie merkwürdig, daß Caroline Zeitungen nimmt, um die Wände zu tapezieren. Mit elf oder zwölf, oder wie alt immer ich war, hatte ich nicht genug Verstand, um zu überlegen: Was ist das für ein Land, das es zuläßt, daß Menschen in solchen Häusern leben und die Sonntagszeitung als Tapete verwenden müssen? Es ist mir schrecklich, daß ich nicht zu Ihnen sagen kann: »Mit zwölf Jahren war ich entsetzt, als ich zum erstenmal dieses Haus betrat.« Ich war erstaunt, aber nicht entsetzt.

Wenn die Kunden alle gegangen waren – es ist komisch, man behandelt sie auf diese Art und nennt sie immer noch Kunden –, wenn sie alle gegangen waren, verhielten sich die Mädchen im Büro sehr freundschaftlich mir gegenüber. Sie fragten, ob ich etwas wissen wollte, und zeigten mir die Akten. Ihre Tüchtigkeit machte großen Eindruck auf mich. Aber wenn sie sich mit Kunden befaßten, gaben sie sich überhaupt keine Mühe. Vielleicht hatten sie Angst, die Leute in der Stadt würden denken, daß sie mit den Fürsorgeempfängern zu nachsichtig umgingen.

Denn sogar zu der Zeit hieß es, daß diese Menschen nichts taugten, daß sie eigentlich gar nicht arbeiten wollten. Oft wurde angerufen, dieser soundso Joe Jones hätte eine Tüte Lebensmittel von der Wohlfahrt bekommen, er hätte ein Auto, oder seine Frau arbeitete, oder etwas Ähnliches. Ich verbrachte meine Freizeit damit, mich mit meinen alten Freunden zu unterhalten, das Programm zu verteidigen, und erklärte ihnen: Ihr wißt nicht, was los ist. Sie pflegten mir zu antworten, daß ich fürchterlich sentimental wäre und meinen Abstand zu den Dingen verloren hätte. Damals hörte ich zum erstenmal den alten Satz: Wenn man ihnen Kohlen gibt, schütten sie sie doch nur in die Badewanne. Sie hatten nicht einmal die Badewanne, um die Kohlen hineinzuschütten. Wie konnte also jemand wissen, daß sie genau das mit den Kohlen machen würden, wenn sie welche hätten?

Wir waren die ganze Zeit über bedroht, weil unsere Mittel ständig von den Abgeordneten in Frage gestellt wurden. Nachdem ich drei Monate dort war, brach man das Programm tatsächlich ab. Da hatte es mich aber schon restlos gepackt. Ich könnte beinahe weinen bei dem Gedanken daran. Ich erzählte Miß Ward, die inzwischen meine treue

Freundin geworden war, daß ich mit mir selbst folgendes vorhatte: ich wollte etwas tun, um die Dinge zu ändern.

Zu der Zeit waren die Mädchen im Büro – Ella Mae mochte ich am meisten – völlig damit einverstanden, mich als Interviewerin einzusetzen, weil sie mehr zu tun hatten, als sie überhaupt schaffen konnten. Jede ungefähr 150 Fälle. Nach zwei Monaten wurde ich als Fürsorgerin angestellt.

Wenn ich mich recht erinnere, füllte man, wenn jemand ins Büro kam und um Hilfe bat, ein Formular aus und legte ihm all diese demütigenden Fragen vor: Arbeitet jemand von Ihnen? Gehört Ihnen Ihr Haus? Haben Sie einen Wagen? Man stellte einfach die Tatsache fest, daß sie nichts hatten. Nichts zu essen und Kinder. Also gab man ihnen einen Anweisungsschein auf Lebensmittel. Man konnte ihnen weder Schuhe geben noch Geld für Medikamente – ohne einen Hausbesuch zu machen und die Tatsache zu bestätigen, daß sie mittellos waren.

So mußte man natürlich diese Leute so schnell wie möglich aufsuchen, ehe der Vier-Dollar-Bon für Lebensmittel verbraucht war. Zwei Tage später fuhr ich dann im allgemeinen los, um Hausbesuche zu machen. Es war das erstemal, daß ich die Hauptstraße verließ. Ich war niemals draußen auf dem Land gewesen und über die Zustände dort absolut entsetzt.

Zum erstenmal in meinem Leben entdeckte ich, daß es da eine Gegend gab, die Islands hieß. Das Land lag sehr tief, und bei Regen mußte man praktisch ein Boot nehmen, um dorthin zu kommen, wo Ezekiel Jones oder wer immer wohnte. Mir fällt ein, wie ich einmal mit meinem gemieteten Ford steckenblieb und Sträucher abbrach und sie über die Straße legte, damit die Räder greifen konnten, und ich da herauskam. Jetzt betrachte ich das als eine meiner besten Erfahrungen. Wenn mich jemand gefragt hätte: Was würdest du tun, so wie man dich erzogen hat, wenn du um sieben Uhr abends, draußen in der Wildnis, mit deinem Wagen steckenbleibst und dir das Wasser bis über die Radkappen reicht oder so was Ähnliches? Würdest du nicht Angst haben? Was würdest du tun? Ich konnte da herauskommen: ich konnte Sträucher oder Äste abbrechen. Es hilft einem, frei zu werden.

Dann fand ich vielleicht zwei Räume vor, eine verfallene Holzhütte, schmutzig, eine Mutter, die wie gelähmt aussah, als ob sich überhaupt nichts mehr in ihr regte. Der Vater unrasiert, betrunken. Überall Kinder jedes Alters und nichts zu essen. Man hatte das Gefühl, man könnte überhaupt nichts ausrichten. Allenfalls schrieb man eine Lebensmittelanweisung aus . . .

1 Wohlfahrtsrat.
2 Kommission für öffentliche Unterstützung.

Der Bauer ist auch ein Mensch, so zu sagen

(Schiller)

Harry Terrell

Früh im neunzehnten Jahrhundert zogen seine Vorfahren, Quäker, nach Westen. Ein Urahne aus South Carolina wurde von den Briten gehenkt, nach der Schlacht von Cowpens; er wollte die Freischärler nicht verraten... »Aber er war nicht ganz tot. Seine Frau holte ihn ins Leben zurück, und er wurde uralt und erzählte die Geschichte.«
Es war ein regnerischer Sonnabend in Des Moines. Bei seinen Erinnerungen an die späten zwanziger und frühen dreißiger Jahre – in diesem Zimmer voller Kunststoffdinge einer großen Motelkette – fühlt er sich wie ein Fremdling, obwohl er sein ganzes Leben, siebenundsiebzig Jahre, in dieser Gegend verbracht hat.
Er hatte als Sekretär des YMCA gearbeitet, aber »ich war natürlich Farmer, weil ich nie von der Farm herunterkam, bis ich mit zweiundzwanzig Jahren aufs College ging.«

130 Hektar Farmland, schönes Land, das mein Onkel besaß und rodete, er verlor es. Weil man die Hypothek für verfallen erklärte. Es gehörte zum Besten im Staat, und er konnte sich nicht mal einen Groschen borgen.

Die Farmer hatten nichts, das sie beleihen konnten. Er fuhr her und besuchte mich, weil er wußte, daß jemand, der Arbeit hatte, Kredit bekommen konnte. Er wollte sich 850 Dollar leihen. Ich wußte, daß mir meine Bank das Geld geben würde. So sagte ich ihm, daß ich es beschaffen wollte.

Er sagte: »Harry, ich möchte dir eine Hypothek geben als Rückhalt für dieses Darlehen.« Ich antwortete, ich würde nie eine Hypothek von dem Bruder meiner Mutter annehmen. Aber das hier war seine Aufstellung: ein John-Deere-Mähdrescher und ein Traktor, rund sechzehn Stück Vieh, ein Maultiergespann mit Wagen und Arbeitsgeräte. Für 850 Dollar. Daran können Sie sehen, wie weit es gekommen war. Er konnte kein Darlehen erhalten, ein Mann, der, seit er zwei Jahre alt war, in diesem Staat lebte.

Ich wurde gerade gegenüber der Farm von Herbert Hoovers Onkel geboren. Ich kannte die Hoover-Familie, entfernte Vettern des Präsidenten. Meine Familie verkaufte Schweine für sie, reinrassige Chester-White-Schweine für zwei Cents das Pfund. Sogar Leute wie sie erlebten schlechte Zeiten genau wie alle anderen. So sah es aus. Mais wurde für acht Cents pro 25 Kilo verkauft. In einem Bezirk bestand man darauf, das Regierungsgebäude mit Mais zu heizen, weil er billiger als Kohle war.

Das war zu der Zeit, als die Verpfändung von Farmen bei uns üblich wurde. Man veranstaltete also Versteigerungen auf Zehn-Cent-Basis. Der Besitz eines Farmers wurde öffentlich angeboten, und alle Nachbarn kamen zur Versteigerung und hatten den Einfall, fünfundzwanzig Cents für ein Pferd auszugeben. Sie bezahlten zehn Cents für einen Pflug. Und wenn es vorbei war, gaben sie ihm alles wieder zurück. Das war legal, und jeder, der dagegenbot, der versuchte, das Land dieses Mannes zu kriegen, bekam es sozusagen im Ernst mit ihnen zu tun.

Darüber regten sich alle auf, die ihre Geschäfte wie üblich betreiben wollten. Das waren vielleicht eine Bank, ein Gerätehändler oder ein privater Silobesitzer oder irgend so jemand. Sie hatten darin investiert. Der Gerätehändler gehörte auch dazu. Die einzige Stelle, von der er sich sein Geld holen konnte, war sein Schuldner. Und dann veranstalteten sie eine Zwangsversteigerung.

Die Leute waren verzweifelt. Sie waren nahe daran, den einen Richter zu hängen. Weil sie ihn dabei erwischten, daß er Farmhypotheken für verfallen erklärte, und weil es für sie keine andere Möglichkeit gab, das zu verhindern. Er hatte das ganze Bündel Verfallserklärungen auf seiner Liste ausgefertigt.

Das alles geschah in Le Mars. Sie holten den Richter aus seinem Amtsgebäude und schafften ihn zum Ausstellungsgelände, legten einen Strick um seinen Hals und den Strick um den Ast eines Baums. Sie waren drauf und dran ihn aufzuknüpfen, so wie früher die Pferdediebe. Aber dann hatte einer genug Verstand, die Sache zu verhindern, ehe sie zu weit ging.

Sie machten Demonstrationsmärsche so wie wir heute. Sie kamen aus dem ganzen Staat herbei. Das war zur Zeit des Farm Holiday. Eine Streikpostenlinie wurde aufgestellt. Die Farm-Holiday-Bewegung sollte die Agrarprodukte vom Markt fernhalten, um für höhere Preise zu sorgen. Auch diese Bewegung erlebte Gewalttaten.

Sie hielten Milchwagen an, schütteten die Milch aus. Sie hielten Farmer an, die ihr Heu zum Markt brachten. Sie machten sich daran, den ganzen landwirtschaftlichen Prozeß zu stoppen. Sie meinten, wenn sie die Straßen und den Zugang zu den Konservenfabriken blockierten, dann könnten die wiederum nicht Schweine zu zwei Cents das Pfund kaufen.

Gewöhnlich hieß es: Wir treffen uns östlich von Cherokee, an der Gabelung der Straße und so weiter. Jetzt verbreiteten sie überall im Land, daß sie den ganzen Güterverkehr lahmlegen würden. Und ob Sie's glauben oder nicht, sie legten ihn lahm. Sie hatten alles, was dazu notwendig war. Manche von ihnen hatten sogar Mistgabeln. (Er lacht.) Mit einer Mistgabel können Sie einen Autoreifen ganz schön zurichten. Es kam zu Blockaden.

Das Land geriet in Empörung darüber, daß man einem Mann seinen Besitz wegnehmen wollte. Das war sein Lebensunterhalt. Wenn man einem Mann die Pferde und den Pflug wegnahm, verweigerte man ihm die Nahrung, verurteilte man seine Familie zum Verhungern. Es war buchstäblich so.

Ich erinnere mich an einen Mann, religiös wie nur je ein Mensch, den ich kannte, ein Katholik. Auch er war daran beteiligt – an den Gewalttaten. Sein Priester versuchte, ihn zu beruhigen. Aber er sagte: »Mein Gott, Pater, wir sind verzweifelt. Wir wissen nicht mehr, was wir tun sollen.« Er war ein so besonnener, festverwurzelter Mann, wie man ihn nur finden konnte. Er war Abgeordneter.

Ich erinnere mich an die Gerichtsverhandlung gegen einen norwegischen Quäker; als man ihm und seinen Mitangeklagten leichtere Strafen anbot, wenn sie sich schuldig bekannten, sagte seine Frau: »Simon, du mußt ins Gefängnis gehen.«

War jemals von einer Veränderung der Gesellschaft die Rede?

Nein, je näher man dem Boden kommt, um so näher ist man dem Konservativen. Das Land des Farmers ist sein Leben. Und er ist für nichts zu haben, das die Situation verändern könnte. Bei den Farmern von Iowa habe ich nie ein Anzeichen dafür gefunden, daß sie irgendeine Regierungsform außer ihrer eigenen akzeptieren würden. Wenn meine Familie, Großvater, Urgroßvater, meine politischen Anschauungen hören könnten, na, die würden sich im Grab rumdrehen. Ich glaube nicht, daß diese Farmer ohne die Depression etwas anderes als Republikaner der McKinley-Richtung wären.

Wissen Sie, Hitlers Leute fanden es furchtbar interessant, daß ich einen Farmerstreik im nördlichen Iowa mitgemacht hatte. Ich war 1937 mit meiner Frau als Tourist in Deutschland. Ich hatte in Genf an einer Abrüstungskonferenz teilgenommen und traf mich dann mit Hitlers Landwirtschaftsattaché in Berlin. Man war gerade dabei, die Bauern mehr unter Kontrolle zu bringen. Er wollte wissen, wie bei uns gegen Gewalttätigkeit vorgegangen wurde. Er erregte sich immer heftiger. Ich fragte: »Was machen Sie mit diesen Leuten?« Er sagte: »Sie müssen die Bedingungen der Regierung annehmen, oder wir radieren sie einfach aus.«

Der Fortschritt war trotzdem sehr langsam. Natürlich war der Landwirtschaftsminister Henry Wallace mit seinem »immer normalen Getreidespeicher« der Mann, der die Farmer rettete. Die Farmer wären einfach von der Bildfläche verschwunden. So wurde das Getreide dem Farmer abgenommen, bezahlt und gespeichert. Dieser neu angesetzte Preis lag über dem erbärmlichen laufenden Preis. Acht Cents für 25 Kilo, so etwas war nicht mehr erlaubt.

Die Farmer verstießen gegen die Gesetze, weil sie keinen anderen Ausweg wußten. Es gab nichts, was sie sonst hätten tun können. Zu erleben, wie die Nachbarn völlig vernichtet wurden, wie sie alle in die Städte strömten und sich dort versorgen lassen mußten.

Diese kleinen Städte sind erschütternd. Heute, meine ich. Wenn man da durchkommt und einmal etwas von der Autostraße abweicht und die Hauptstraße entlangfährt, dann sehen Sie ein leeres Haus nach dem anderen. Kleine Geisterstädte mit einem Silo und einer Tankstelle.

Der kleine Farmer lebt auch heute in der tiefsten Depression. Mein Schwager hat immer noch die Farm, die sich sein Vater nahm, als er in jungen Jahren hierherkam. Er kann nur deshalb im Geschäft bleiben, weil er alles, was er auf der Farm hat, in Viehfutter und das wieder in Schlachtrinder verwandelt. Die Rindfleischpreise sind ganz anständig, weil die Fabrikarbeiter Rindfleisch verlangen. Aber der Farmer, der Getreide anbaut, der Farmer, der seine Ernte zu Geld macht, der spürt den Druck der Armut.

Viele Farmerfamilien können keins ihrer Kinder dazu überreden, die Farm zu bewirtschaften. Sie gehen in die großen Städte. Die Farm wird einfach versteigert und irgendeinem anderen großen Landbesitz in der Gemeinde hinzugefügt. Der Einzelfarmer wird schon Vergangenheit. Immer größere Pachtgüter, immer weniger Leute. Sogar ein Farmer, der heute über 300 Hektar bewirtschaftet, die ihm nicht gehören, steht direkt vor dem Ruin.

Die Kriegswirtschaft bringt dem Farmer keine Hilfe. . .?

Nein, nicht dem kleinen Farmer. Er kommt immer am schlechtesten weg. Sie werden nie einen Krieg erleben, der dem Farmer hilft, außer vielleicht vorübergehend. So ungern ich das sage, aber der Zweite Weltkrieg brachte wirklich das Ende der großen Depression. Ich glaube, wir lösen unsere Probleme dadurch, daß wir unsere Jungen und andere töten.

Aber gerade jetzt scheint mir eine Depression vor uns zu liegen. Wenn wir vor die Hunde gehen, dann wird jene Depression dagegen aussehen wie das Picknick einer Sonntagsschule. Eine Depression heute wäre ein tiefer, schneller Einschnitt. Heute, im Maschinenzeitalter, wäre sie plötzlich da – wie alles andere.

In den dreißiger Jahren lebte die Familie meiner Schwester von ihren eigenen Erzeugnissen. Sie hatte Gärten, sie hatte Eier, sie hatte Scharen von Hühnern. Jetzt werden die Eier alle in diesen Großbetrieben produziert. Die Maschinen werfen Abertausende davon aus. Damals hatten sie das, was ihnen gehörte, und waren unabhängig. Heute wird die Milch von demselben Konzern geliefert, der auch dieses Eßzimmer hier liefert. Sie hatten nicht das Geld, um sich neue Kleider oder Autos oder Maschinen zu kaufen. Aber sie hatten genug, um Leib und Seele zusammenzuhalten. Heute wäre das Geld weg. Sie würden nichts zu essen haben . . .

Die Menschen heute wurden Gewalt gelehrt, die Verleugnung der Menschlichkeit unter dem Druck des Gelds. Die Menschen schlagen diese Richtung ein. Ich glaube nicht, daß sie sich die Bedingungen, die wir erlebten, gefallen lassen würden. Die jüngeren Leute würden sie nicht hinnehmen, weil sie wissen, daß es nicht notwendig ist.

Aber es kann nicht viele solcher Leute im Kongreß geben wie heute.

Orrin Kelly

Seit 1940 war er Verkäufer im Plymouth Co-op in Le Mars. In den letzten acht Jahren verrichtete er dort Gelegenheitsarbeiten. Jetzt arbeitet er zwei Stunden pro Tag.

Wenn eine Farmversteigerung angesetzt wurde, schickten wir eine Gruppe hin, um die Versteigerung zu verhindern. Es gab keine Krawalle wie heute. Wir gingen einfach hin, und sie hatten vielleicht mehrere Hundert von uns vor sich. Und dann bliesen sie die Versteigerung einfach ab. Es gab keine Demonstration. Wir gingen bloß hin.
Die Geschichte mit Richter Bradley kam ganz unerwartet. Ich war damals nicht hier. Ich war in Des Moines an dem Tag, als es passierte. In Sioux City machten sie sich auf und verhinderten dort eine Farmversteigerung. Und die Gruppe kam nach Le Mars, vielleicht hundert oder mehr Farmer. Sie hörten von dieser Versteigerung hier. So gingen sie zum Gericht und versuchten, mit Richter Bradley zu sprechen. Er war streitsüchtig und widersetzte sich. Und sie holten ihn raus ohne jede andere Absicht, als mit ihm zu reden. Aber wie dann die Sache weiterging, brachten sie ihn raus aufs Land und drohten, ihn zu lynchen, was sie natürlich nie getan hätten.
Das rief natürlich die Miliz auf den Plan. Es war an einem Donnerstag. Sonnabend morgen kam die Miliz nach Le Mars. Ich kam am Sonnabend um Mitternacht nach Haus. Sonntag morgen verhaftete mich die Miliz, weil ich Vorsitzender des Verteidigungsrats war. Ich saß zwölf Tage im Gefängnis.
Ich war in der Kirche gewesen und ging in die Stadt. Der Redakteur der *Globe-Post* kam rausgerannt: »Es ist besser, wenn du jetzt aus der Stadt verschwindest, Orrin.

Die Miliz sucht nach dir in Verbindung mit der Bradley-Geschichte.« Ich sagte: »Ich habe keinen Grund wegzulaufen. Ich gehe nicht weg.« Er sagte: »Ich rufe einen Rechtsanwalt an, daß er dich verteidigen soll.« Ich ging also die Straße zum Büro des Anwalts entlang. Als ich die Treppe raufstieg, kamen Nationalgardisten hinter mir her. Sie sagten: »Wir nehmen Kelly mit.« Er versuchte, mich zu verteidigen: »Sie müssen aber einen Haftbefehl haben. Sie können Mr. Kelly nicht einfach so verhaften.« Aber sie sagten: »Wir nehmen ihn mit.« So brachten sie mich runter, steckten mich in einen Gefangenentransportwagen und fuhren mit mir zu einem Lager im südlichen Teil der Stadt. Und behielten mich den Nachmittag über da.

Ich fragte sie, ob ich meine Frau anrufen könnte. Sie sagten: »Sie können Ihre Frau nicht anrufen.« Irgendwer rief sie dann an. Sie erlaubten ihr, reinzukommen. Sie durchsuchten sie. An diesem Abend, so gegen sechs, kam ein Transportwagen und brachte mich nach Sioux City. Dort war ich bis Mittwoch abend auf dem Polizeirevier. In dem Wagen waren keine Sitze, und ich mußte den ganzen Weg bis Sioux City irgendwie vornüber gebeugt bleiben. Durch diese Sache wurde meine Rückenkrankheit hervorgerufen. Ein farbiger Junge kam in die Zelle. Er sah mich an und sagte: »Was ist los, Mann? Du hast Schmerzen. Wir müssen dich hier rausbringen.« Er ging also raus und fing an zu brüllen, so laut er konnte: »Hier liegt ein Mann im Sterben.« So packten sie mich in einen Krankenwagen und brachten mich zum St.-Vincent-Krankenhaus. Die ganze Zeit über bewachten mich drei Mann. Zwei Polizisten von zehn Uhr abends bis sieben Uhr am nächsten Morgen. Dann erschien die Nationalgarde. Von der war die ganze Zeit ein Mann da.

An einem meiner ersten Tage dort passierte eine komische Geschichte. Im Zimmer standen zwei Betten. Zwei meiner Bewacher schliefen, und einer blieb die ganze Zeit über auf. Die Schwester sagte: »Ich möchte jetzt Mr. Kelly versorgen. Würden Sie bitte rausgehen?« »Wir dürfen das Zimmer

nicht verlassen.« Darauf sie: »Ich will Sie hier nicht haben.«
Sie hielten eine kleine Konferenz ab und gingen schließlich.
Am nächsten Tag kam meine Frau. Wir erwarteten damals
gerade ein Baby. Das war 1932. Als sie sich verabschiedete,
legte sie die Arme um mich und weinte ein bißchen. Sie
hatte ein Päckchen dabei mit einem Gebetbuch und einem
Rosenkranz. Als sie zur Tür ging, warf sie es aufs Bett.
Ich schob es bloß einfach unter das Kopfkissen. Die drei
Wachen unterhielten sich draußen.
Die Schwester kam rein und knallte die Tür zu. Sie rollte
mich irgendwie ganz herum, nahm die Kissen hoch, richtete
das Bett und machte alles sehr gründlich. Und ging raus.
Einer dieser Nationalgardisten war ein ehemaliger Soldat.
Er war der einzige, der mit mir sprach. Am nächsten Tag
sagte er: »Gestern abend ist hier irgendwas Komisches
passiert. Einer der Jungs glaubte, daß Ihnen Ihre Frau
eine Pistole gegeben hätte. Der Mann, der eigentlich hier
reinkommen sollte, hatte Angst. Er wollte, daß die Schwester reinging. Sie sagte: ›Ich geh schon und suche die
Pistole.‹ Deshalb kam sie rein.«
Am nächsten Nachmittag erzählte sie: »Diese verdammten
Feiglinge da draußen hatten Angst, reinzukommen. Ich hab'
ihnen gesagt, ich würde es tun. Aber ich hab' die Tür zu-
gemacht. Wenn Sie eine Pistole bei sich gehabt hätten,
würden sie die nie gefunden haben.«

*Als man Sie am Sonntag verhaftete, wo wurden Sie hinge-
bracht?*

Das war ein ungefähr vier Hektar großes Grundstück. Sie
zäunten es mit Pfählen und Stacheldraht ein. Sie stellten
Zelte und Feldbetten auf. Ich war da, bevor das Lager errichtet wurde, am Sonnabend. Sie schlugen es am Montag
auf. Dort vernahmen sie die Männer. Das Gelände gehörte
einem Klub, wurde verkauft und ist heute ganz mit modernen Bungalows bebaut.

Was waren das für Leute, die verhaftet wurden?

Alle Farmer, die irgendeine Verbindung zu Farm Holiday hatten. Einfach bloß Farmer. An dem Sonntag, als sie mich festnahmen, kamen zwei Lastwagen raus zu unserer Farm, suchten den ganzen Heuschober nach mir ab. Sie wußten nicht, daß ich in der Stadt verhaftet worden war. Ein Lastwagen kam mit drei Mann raus und fuhr wieder ab. Zwei Stunden später kam noch einer, die Leute gingen in den Keller von meinem Haus. Mein Vater sagte ihnen, daß ich seit Mittwoch nicht zu Haus gewesen war. Sehen Sie, die hatten die Namen aller Mitglieder des Verbands. Das ganze war das Ergebnis des Bradley-Zwischenfalls. Ich war der einzige, der nach Sioux City gebracht wurde. Ich weiß nicht warum.

Wurde irgendeiner von Ihnen vor Gericht gestellt?

Nur eine Vernehmung vor diesem Richter und einem Bezirksanwalt. Sie versuchten, mir die Sache in die Schuhe zu schieben, sagten, ich hätte einen Brief geschrieben, daß jemand aufgehängt werden sollte. Ein Freund von mir hätte ihnen das berichtet. Später erzählte er mir, daß er das überhaupt nie gesagt hatte.

Wer, glauben Sie, steckte dahinter?

Der Gouverneur. Er setzte die Miliz ein. Die Versicherungsgesellschaften und die großen Farmer, die steckten dahinter. Und er war auf ihrer Seite.
Wir hatten sechzehnhundert Mitglieder: sie stellten Streikposten auf, stoppten Lastwagen, ließen das Vieh laufen. Es waren zwei Kommunisten da, die versuchten, bei uns einzusteigen. Eine davon war Mother Bloor. Mit ihr zusammen ein sehr gut aussehender junger Mann, immer gut angezogen. Sie lief in Lumpen. Sie sagte, es wäre ihr

Schwiegersohn. Aber bei jeder möglichen Gelegenheit kletterte Mother Bloor auf irgendeine Kiste oder so etwas und versuchte, zu den Farmern zu sprechen, und die buhten sie einfach aus. Natürlich gab es auch einige Keilereien. Keine Verletzten. Kein Versuch, jemandem etwas an den Kopf zu werfen oder über den Schädel zu schlagen oder irgend so was. Seltsam: wir hatten viele Geschäftsleute bei uns in den Streikpostenlinien. Es waren sogar zwei Produktenhändler dabei. Hier in Le Mars hatten wir die ganze Zeit einen Arzt bei der Streikpostenlinie. Dieser Arzt, eines Abends stoppten wir einen Lastwagen, und er ging einfach nach hinten, machte die Tür auf und fing an, das Vieh rauszutreiben. Das war sehr merkwürdig, weil er in der Stadt als sehr guter Arzt galt. Aber er hatte Mitgefühl für die Farmer.

Die Mehrheit war für uns, doch es gab auch solche, denen es gut ging und die aus den Zuständen Geld herausschlugen – Farmen aufkauften und ihren Landbesitz vergrößerten.

Ich war bei zwei Auktionen. Gewöhnlich war der Auktionator den Farmern gut gesinnt. Nur die Freunde pflegten zu bieten. Einer bot fünf Cents, zehn Cents, fünfzehn Cents. Und der Auktionator sagte dann: Verkauft an Soundso da drüben, fünfundzwanzig Cents pro Hektar oder irgend so etwas. Und damit war der Fall natürlich erledigt.

Aber viele Farmer verloren wirklich ihr Land. Ich hatte einen Onkel, dem drei Farmen gehörten. Als die Depression kam, konnte er es nicht mehr durchhalten. Manch einer pachtete dann die Farm . . . die Farm, die ihm einmal selbst gehört hatte. So war's nun mal. . .

Wissen die Menschen, die heute in Le Mars leben, etwas über diese Zeit . . . über den Zwischenfall mit Richter Bradley?

Nur die älteren Leute.

Emma Tiller

Ihr Vater hatte eine kleine Farm im westlichen Texas. Die erste Depression, an die sie sich erinnert, begann 1914. »Wir sind beinah verhungert. Papa hatte zum Teil sehr fruchtbares Land, aber die Würmer kamen wie Regenschauer. Die Baumwolle war riesig, so was haben Sie noch nie gesehen. Man brauchte bloß im Haus zu sitzen und konnte hören, wie die Würmer die Baumwolle auffraßen. Man mußte auf alle Ritzen in den Türen aufpassen, weil die Kinder Angst hatten und die Würmer sonst ins Haus eindringen konnten ...«

1929 waren ich und mein Mann Pachtfarmer. In diesem Jahr brachten wir eine Ernte ein, und der Besitzer nahm uns die ganze Ernte weg.

Dieses schreckliche Leben mit beinahe nichts dauerte bis zu Roosevelt. Das war eine andere, ganz seltsame Sache: Ich litt in den dreißiger Jahren nicht unter dem Nahrungsmangel, weil es 'ne Menge Leute gab, denen es viel schlechter ging. Wenn man 'ne Menge durchmacht, ist man in einer besseren Verfassung, um so was alles zu überleben.

Ich war Baumwollpflückerin. Wir kriegten nur fünfunddreißig Cents pro Hundert, aber ich konnte mich durchschlagen. Weil ich auch bei Leuten im Haus arbeitete, wo sie einem alte Kleider und Schuhe geben.

Zu der Zeit arbeitete ich viel im Haushalt, und wenn die Weißen Schweine schlachten, holen sie immer die Neger zum Helfen. Damit sie die Innereien säubern und den Dreck hinterher wegmachen. Und dann gaben sie einem 'ne Menge Reste. Das Fleisch reichte gut für die ganze Familie. Die meisten Neger auf der Farm waren in der gleichen Lage wie wir. Die Ernten wurden von diesen Würmern aufgefressen. Und sie hatten keine andere Arbeit, außer in der Landwirtschaft.

1934 hatten alle Farmer in dieser Stadt in Texas nichts mehr zu essen. Die Regierung gab uns einen Schein, wo man Nahrungsmittel kriegen konnte. Eine Woche lang kamen die Leute und stellten sich an, und sie konnten nicht versorgt werden. Es war eine kleine Stadt, in der hauptsächlich Weiße lebten. Nur fünf von uns in dieser Schlange waren Neger, die anderen Weiße. Wir standen den ganzen Tag da und warteten, warteten, warteten. Und kriegten nichts, oder wenn wir was kriegten, dann war's verdorbenes Fleisch.

Wir hatten schon zwei Tage angestanden, als diese drei Männer dazukamen. Sie hatten drei Gewehre und einen Patronengürtel. Sie guckten sich die Schlange von vorn bis hinten an und sagten: »Ihr braucht euch nicht aufzuregen. Heute sorgen wir dafür, daß jeder was zu essen hat, wenn er nach Haus geht.« Drei weiße Männer.

Einer von ihnen ging zum Ladentisch, legte seinen Schein hin und sagte, er wolle Fleisch haben. Er hatte welches zurückgebracht, das verdorben war. Er sagte zum Boß: »Würden Sie dieses Fleisch Ihrem Hund geben?« So bekam er gutes Fleisch. Er stand einfach da. Dann wurde der nächste bedient. Es war ein Neger. Er nahm das Fleisch, das der Weiße zurückgebracht hatte. Der sagte: »Laß das liegen. Ich nehm's für meinen Hund mit.« Darauf der Boß: »Ich hole gleich die Polizei.« Da langte der andere über den Tisch und packte diesen Kerl an der Krawatte und würgte ihn. Der Neger mußte die Krawatte durchschneiden, damit der Mann nicht erstickte. Als er aufstand, strömte ihm das Wasser aus den Augen. Die beiden anderen mit den Gewehren standen ruhig dabei. Darauf fragte er: »Darf ich die Herren nun bedienen?« Und sie sagten: »Wir sind seit drei Tagen hier. Und wir haben gesehen, wie diese Leute in der heißen Sonne wie die Fliegen umgekippt sind, und dann gehen sie nach Haus und kommen am nächsten Tag wieder, und nichts zu essen. Heut wollen wir mal sehen, daß jeder in der Schlange sein Essen kriegt, und dann verschwinden wir.« Sie richteten die Gewehre nicht direkt auf ihn. Sie richteten sie einfach zur Decke. Sie sagten: »Keine Dummheiten, kein Versuch zu telefonieren. Bedienen Sie die Leute. Wir bleiben hier stehen, bis jeder da draußen versorgt ist. Wenn sie alle bedient haben, dann bedienen Sie uns.«

Er versuchte, das Telefon vom Ladentisch runterzuholen. Einer der Männer sagte: »Sie zwingen mich hoffentlich nicht, das Gewehr zu benutzen, wir haben nämlich nicht die Absicht, auf irgendwen außer auf Sie zu schießen. Und ich schieße nicht daneben. Es würde Ihnen gar nichts helfen, die Polizei zu rufen, weil wir sie an der Tür aufhalten. Jeder kriegt heute sein Essen.« Und so war es auch.

Die Regierung schickte zwei Männer dorthin, um den Grund für die Schwierigkeiten herauszufinden. Sie stellten fest, daß dieser Mann und zwei andere ein riesiges Lagerhaus gemietet hatten und die Nahrungsmittel dort stapelten und verkauften. Die Nahrungsmittel, die eigentlich an die Leute verteilt werden sollten. Diese drei Männer wurden ins Kittchen geschickt.

Als die WPA begann, bekamen wir bald Arbeit. Sowie die Leute Arbeit bei der WPA kriegten, gingen sie nicht mehr zur Fürsorgestelle. Sie wollten diese Lebensmittel einfach nicht mehr. Sie gingen hin und sagten: »Das ist übrigens meine letzte Woche, weil ich nächste Woche arbeiten gehe.« So machten es die Neger und die Weißen, und es wurden immer weniger, bis die einzigen, die von der Fürsorge lebten, die Körperbehinderten waren. Oder Familien, wo kein Mann war oder niemand, der aus dem Haus gehen und bei der WPA arbeiten konnte.

Ich erinnere mich, daß dort in Texas fünfundzwanzig Leute an diesem Tag erschienen und sagten, sie kämen nicht mehr wieder, weil sie sich gemeldet hätten und nächste Woche bei der WPA arbeiten würden. Manche mußten sich anstrengen, um es bis zum Zahltag zu schaffen, weil sie in Wirklichkeit nicht soviel verdienten, wie sie gedacht hatten. Aber sie bemühten sich nie wieder um Unterstützung.

Irgendwie möchte man gern das Gefühl haben, daß man so, wie man seinen Lebensunterhalt verdient, unabhängig ist. Und wenn man hört, wie heute die einen die anderen wegen solcher Sachen kritisieren, dann regt das einen auf.

Was mir an der Roosevelt-Zeit zu schaffen machte, war dieser Beschluß, daß man einen bestimmten Teil der Ernte, besonders Baumwolle, unterpflügen mußte. Ich begriff das nicht, weil es doch gute Baumwolle war.

Und zu erleben, wie das ganze Vieh getötet wurde. Weil wir mit Vieh aufwuchsen, hatten wir ihm gegenüber irgendwie ein menschliches Gefühl. Kuh und Kalb wurden mit uns zusammen groß. Ich sah diese Farmer, großmächtige Viehzüchter, und sie hatten kein Futter für die Rinder, und es war Dürrezeit, da ließen sie die Rinder zusammentreiben und zu Hunderten töten.

Ich ging hin und betrachtete die Kühe – irgendwie waren sie für mich wie Menschen, weil sie nur stöhnten und weiterliefen – wenn sie getötet wurden und nicht gleich starben. Ich weiß noch, wie ich eines Tages da hinging, und plötzlich traf es mich wie ein Schlag. Ich hatte den Krieg gesehen.

Wenn ich diese Kühe hörte und sah, wie sie sich noch bewegten, dann merkte ich, wie schrecklich Kriege waren. Ich dachte damals: Warum gibt es Kriege? Für mich waren diese Kühe wie Frauen, die ihre Männer beklagten, ihre Kinder und den Hunger und daß dort, wo sie lebten, alles vernichtet wurde. Ich rannte zum Haus hinauf und saß da eine lange Zeit, und dann fing ich an zu weinen, weil sie den Kühen so etwas antaten.

Fred Sweet

In den letzten Jahren der Depression war er Herausgeber und Verleger des Union-Register in Mount Gilead. Die Stadt liegt mitten in Ohio und hat 2500 Einwohner.

Ach Gott, einer der Gründe, weshalb ich damals pleite ging, war, daß immer irgendein Farmer kam und sagte: »Ich möchte eine Anzeige in die Zeitung setzen. Ich muß die Farm verkaufen.« Er hatte soundso viele Jersey-Rinder und eine Ballenpresse und einen Traktor und Wagen und dies und das. Am Schluß der Anzeige stand immer die Zeile: »Und unzählige weitere Gegenstände.«

Dann ging man zur Auktion, und was sah man unter den »unzähligen weiteren Gegenständen«? Eine Puppe, zwei Bücher, einen Korb mit der Bibel drin, den Kinderwagen... In all diesem Gerümpel hatte man die ganze Familiengeschichte vor sich. Und die Leute faßten alles an und kauften die Sachen für ein Zehntel ihres Werts.

Ich brachte es nie übers Herz – der Mann wollte eine vierzig Zoll lange Anzeige. Fünfundzwanzig Cents pro Zoll. Das macht zehn Dollar, nicht? Und er wollte immer ungefähr fünfzig oder hundert Handzettel haben, um sie an Telefonmasten oder Zäunen anzubringen. Wie können Sie einem Mann, der restlos pleite ist, diese Handzettel extra berechnen? Man hat schon ein komisches Gefühl, wenn man überhaupt etwas für die Anzeige verlangt.

Die Zeitung hatte 843 Abonnenten, als ich sie übernahm. Als ich ging, hatte sie rund 2780. Das war für einen Herausgeber ein großer Erfolg. Aber ich machte eine New-Deal-Zeitung in einer republikanischen Stadt. Die beiden anderen Blätter bekamen die Gerichtsanzeigen. Ich wurde daran nicht beteiligt.

Sehen Sie, der Richter des Nachlaßgerichts war Republikaner. Nach dem Gesetz mußte er bestimmte Anzeigen in zwei Zeitungen mit überregionaler Verbreitung veröffentlichen. Wenn er Demokrat gewesen wäre, hätte ich von dem Geschäft einen Happen abbekommen. Aber das war nur einer der Gründe, weshalb ich pleite ging.

Damals gab es in Mount Gilead eine Fabrik. Sie produzierte hydraulische Pressen für Flugzeugrümpfe. 1940 – der Krieg kommt näher, aber hier ist immer noch Depression. Hochspezialisierte Mechaniker arbeiten für sechzig, siebzig Cents die Stunde. In Cincinnati, Cleveland und Toledo kriegen sie zwei Dollar fünfzig.

Eines Tages kreuzt ein Beauftragter der Gewerkschaft in der Stadt auf. Er erzählt:»Ich hab' gemerkt, daß sich hier nicht mal wer im Gespräch mit mir sehen lassen will. Die haben alle Angst.« Ich sage:»Der hintere Teil des Ladens hier steht ihnen jederzeit zur Verfügung, wenn Sie ein paar Leute herkommen lassen wollen. Wir ziehen die Rollos runter, und Sie können sich hinter die Presse da drüben setzen, dann sieht Sie keiner.« So wurde unser kleines Zeitungsbüro der Mittelpunkt, wo sie das Komplott schmiedeten, die Fabrik gewerkschaftlich zu organisieren.

Der Präsident der Gesellschaft war auch Leiter der presbyterianischen Sonntagsschule. Er beherrschte die ganze Stadt. Aber die Männer in der Fabrik reagierten positiv. Ziemlich bald berichtete die Zeitung über die Organisationskampagne. Ich versuchte, die Sache in den Nachrichtenspalten genau auf der Mittellinie auszuspielen. Jedesmal, wenn die Gewerkschaft was zu sagen hatte, rief ich diesen Kerl an:»Haben Sie etwas dazu zu sagen?« Ich druckte dann beides Seite an Seite. Aber in meiner eigenen Spalte äußerte ich meine persönliche Meinung.

Ziemlich bald kam der Chef des größten Warenhauses der Stadt bei mir vorbei.»Fred, du mußt mit dieser Gewerkschaftsmarotte Schluß machen.« Ich sagte:»Für diese Stadt wär's ganz gut, wenn sie eine Gewerkschaft hätte.« Zwei Wochen später zog er seinen Anzeigenauftrag zurück. Der größte Inserent. (Er lacht.)

Ziemlich bald erschien bei uns die Legion mit Axtstielen und allem, was dazugehört. Der Bezirkssheriff ließ die Legionäre mit ihren Legionsmützen von Lastwagen, die bei Straßenbauarbeiten eingesetzt wurden, antransportieren. Das Straßenbauamt lieferte die Axtstiele, und sie schlugen die Streikposten zusammen.

Schließlich ist der Betrieb organisiert. An einem Sonnabend kommt dieser Warenhauschef am Abend zu mir, nimmt mich mit und bringt mich zur Registrierkasse. Er sagt:»Bleib hier bitte stehen, und sieh mal 'ne Weile zu.« Da kommen diese Maschinenschlosser mit ihren Lohnschecks an, die höher sind, als sie es je erlebten. Sie bezahlen die Rechnungen, die sie seit einem halben, einem oder zwei Jahren nicht beglichen haben.

Der Mann staunt bloß noch. Er sagt: »Ich hätte das Inserat nicht rausnehmen sollen. Du hast recht gehabt. Ich hab' mich geirrt.« Aber es war zu spät. Ich hatte kein Geld. Mein Bankkonto war ständig überzogen. Eines Tages kam es so weit, daß der kleine Linotypesetzer auf meiner Veranda saß, mit einem Messer auf den Knien. Er hielt auch den Lohnscheck in der Hand, den er auf der Bank versucht hatte einzulösen. »Ich will meine fünfzehn Dollar.« Nun ja, im Geschäft mit Provinzzeitungen hab' ich einfach versagt . . .

Der New Deal

Joe Marcus

Als Wirtschaftswissenschaftler arbeitete er zur Zeit des New Deal an einem Projekt des Sozialpolitikers Harry Hopkins: eine Untersuchung über die Auswirkung der Technologie auf Wiederbeschäftigungsmöglichkeiten... »mit anderen Worten, warum die lange Dauer der Arbeitslosigkeit.«

»1939 gab es immer noch über zehn Millionen Arbeitslose bei vierzig Millionen vorhandenen Arbeitskräften. Man sprach von fünfundzwanzig Prozent der Bevölkerung. 1936 waren es fünfzehn Millionen Arbeitslose, wenn nicht mehr. Um 1937 kehrte die industrielle Produktion für einige Monate auf die Höhe von 1929 zurück. Dann sank sie wieder in die Depression hinab.«

»Der New Deal begann sich über die Probleme Gedanken zu machen. Vielleicht lag es an den Monopolen, vielleicht an der Technologie. Das war die Arbeit, an der ich teilnahm.«

Ich glaube, es war 1931 oder '32. Ich besuchte das City College von New York. Die Eltern der meisten Studenten waren Arbeiter oder kleine Geschäftsleute, die die Depression schwer getroffen hatte. In der Übung für freie Rede wurde ich aufgefordert, über Arbeitslosenversicherung zu sprechen. Die meisten Studenten griffen mich an... das war Sozialismus. Ihre Heftigkeit erschreckte mich. Die American Federation of Labor stimmte bei ihrer Nationalversammlung dagegen, wenn ich mich recht erinnere. Die Idee der Sozialversicherung war sehr fortschrittlich. Alle, die wirklich hungerten, verlangten nach Maßnahmen. Aber die Intellektuellen, die Studenten, die bürokratischen Elemente – für sie war es ein furchterregender Gedanke. Er war irgendwie subversiv. Zuerst.

Doch sie lernten schnell. Es bedeutete einen Schock für sie. Als Roosevelt die Ideen an die Öffentlichkeit brachte, war es kein klar durchdachtes Programm. Es wurde viel improvisiert. Was die Menschen betraf, war lediglich ein tiefverwurzeltes Gefühl vorhanden. Eine Bereitschaft, die Gesellschaft zu verändern, die einfach aus der Empörung, aus der Notlage herrührte. Ich glaube, sie hätten sogar noch radikalere Ideen akzeptiert.

Roosevelt spiegelte die Stimmung seiner Zeit wider – die gefühlsmäßige mehr als die intellektuelle. Es war nicht nur eine Frage des Wohltaten erweisenden Königs. Der Druck von unten war eine Realität. Es gab keine konzentrierte Kampagne, keine Organisation mit einem Programm, dem die Mehrheit des Volkes sich verschrieb. Das gehörte zu der politischen Merkwürdigkeit unserer Gesellschaft. Die Aktionen in den unteren Schichten waren sehr revolutionär. Doch was die Leute im allgemeinen so dachten – das war schon hinterwäldlerisch.

1935 beendete ich mein Studium. Ich ging nach Washington und fing im Frühjahr 1936 mit der Arbeit an. Der New Deal war die Welt der jungen Männer. Wenn sie irgendwelche Fähigkeiten zeigten, bekamen die jungen Leute eine Chance. Ich war erst zweiundzwanzig oder dreiundzwanzig. Nach ein paar Monaten wurde ich zum Abteilungsleiter befördert. Wir hatten eine Versammlung mit den großen Tieren: Was ist zu tun? Ich wies auf einige Probleme hin: wir wollen unsere Ziele definieren. Sie ließen mich sofort die Initiative ergreifen. Ich mußte die Organisation aufbauen und fünfundsiebzig Leute einstellen. Da ich als junger Mann die Chance hatte, Ideen auszuprobieren, lernte ich eine enorme Menge. Schon die Herausforderung selbst war groß.

Es ging darum, daß einem große Fragen gestellt wurden. Die technischen Probleme waren klein. Die mußte man allein lösen. Aber der Zusammenhang war umfassend: Wohin entwickelte sich die Gesellschaft? Die statistischen Fragen wurden zu Fragen der Vollbeschäftigung. Die Schule hatte einen darauf nicht vorbereitet. Wenn man neue Antworten haben wollte, brauchte man neue Leute. Das war das Aufregende dabei.

Normalerweise hätte ich vielleicht einen Posten an der Universität angenommen, Referate zensiert oder einem Professor geholfen. Ganz plötzlich beschäftigte ich mich mit selbständigen Forschungsarbeiten und stellte grundlegende Fragen über die Funktionsweise unserer Gesellschaft. Was führt zu einer Depression? Was führt wieder hinaus? Sobald man in diesen Begriffen nachzudenken beginnt, treibt man ein anderes Spiel.

Es war ein erregendes Klima. Man war Teil einer Gesellschaft, die sich in Bewegung gesetzt hatte. Man beschäftigte sich mit Dingen, die von Bedeutung sein konnten. Gesetze ließen sich ändern, und ebenso die Lage der Menschen.

Nur zwei oder drei Jahre ehe das alles geschah, war die Vorstellung, dicht am Zentrum des politischen Lebens zu arbeiten, undenkbar. Undenkbar für jemanden wie mich, der aus dem ghettonahen Leben der Juden der unteren Mittelschicht kam. Plötzlich wurde man ein bedeutendes Mitglied der Gesellschaft. Sie war anders als die geschlossene Gesellschaft, in der man vorher gelebt hatte.

Man war nicht in der Situation, in der sich die jungen Leute heute befinden, wo sie sich einer allgemeinen Hoffnungslosigkeit gegenübersehen ... es sei denn, sie brechen das Ganze auseinander. Man gehörte wirklich dazu, Veränderungen konnten durchgeführt werden, die *unmittelbare* Ergebnisse für die Hungernden brachten. Man konnte etwas dagegen unternehmen: das war das wichtigste. Und das spürte man.

Man spürte, wenn man etwas zu sagen hatte, dann würde es bis ganz nach oben gelangen. Wenn ich jetzt zurückblicke, kamen die Memoranden, die ich geschrieben hatte, auf die eine oder andere Weise im Weißen Haus an. Der erregendste Augenblick in meinem Leben war, als ich eine Rede Roosevelts hörte, in der er Teile eines von mir geschriebenen Memorandums verwendete.

Jedermann suchte nach Ideen. Es gab viele Opportunisten, einige Verrückte. Aber es war eine Suche im Gang, ein

Sinn für Werte vorhanden ... der im Leben der Menschen bedeutsam wurde. Wir dachten nicht daran, die Gesellschaft neu zu formen. Darum ging es nicht. Ich glaubte nicht an diese Träumereien. Was sich abspielte, war ein vollständiger Wandel in der sozialen Einstellung eben der entscheidenden Regierungsleute. Die Frage hieß: Wie kann man es innerhalb dieses Systems schaffen? Diejenigen, die in den Behörden des New Deal arbeiteten, waren von diesem Geist beherrscht.

Die alte Regierungsbürokratie konnte die neuen Programme nicht ausführen. Roosevelt, dessen administrative Mängel kritisiert wurden, machte etwas sehr Vernünftiges daraus. Es gab Schwächen, aber der springende Punkt ist dabei, wenn man schleunigst Arbeit für die Menschen beschaffen wollte, wie durch die WPA, mußte man neue Leute mit der notwendigen Begeisterung und Energie finden.

Harry Hopkins versammelte einmal seinen Stab, eine Menge Leute, in einem riesigen Saal. Er erklärte, daß sie Tag und Nacht arbeiten müßten, um eine besondere Aufgabe zu erledigen. Er bat um Freiwillige, die am selben Abend anfangen und durcharbeiten sollten. Praktisch alle im Saal meldeten sich. Jugend und Leidenschaft.

Normalerweise waren die Leute in der Verwaltung viel älter. Aber sogar die Jungen der alten Bürokratie waren schwerfällig. Sie kamen zur Arbeit, ließen ihre Aufgaben liegen, wenn der Tag vorbei war, gingen zum Mittagessen weg ... Offen gesagt, sie machten sich die Arbeit leicht und nahmen sich frei, sooft sie konnten. Was die Rechte über Regierungsangestellte sagt, stimmte in vielen Fällen nur zu genau.

Die New Dealers waren anders. Ich rede nicht nur von den Politikern. Ich spreche von den Büroangestellten, die spürten, daß ihre Arbeit wichtig war. Man nahm sich nicht die Zeit, Essen zu gehen, weil noch eine Sache getan werden mußte. Man aß ein Sandwich am Schreibtisch. Ihre Arbeit hatte Sinn ... Natürlich stelle ich das hier etwas romantisch dar, doch dieser Unterschied war immerhin vorhanden.

Die Beamten waren kompetente Leute, aber sie arbeiteten innerhalb starrer Formeln. Sie arbeiteten ihre Stunden ab, und wenn sie die hinter sich hatten, war für sie der Fall erledigt. Der Gedanke, die ganze Nacht über aufzubleiben . . .

Die Abende waren aufregend. Abende in Gesellschaft verbrachten wir mit Diskussionen über Politik, über unsere Tätigkeiten. Es wurde nicht Bridge gespielt. Es wurde nicht bloß müßig getrunken oder geklatscht . . .

Auch heute nimmt ein ehrgeiziger junger Mann seine Arbeit mit nach Haus. Aber das ist eine Frage seiner Person, seines Ehrgeizes. Nicht Sorge um die Gesellschaft. Natürlich hatten einige unserer besten Führungskräfte persönlichen Ehrgeiz, aber das Klima war ein anderes. Zwischen Freizeit und Arbeitszeit gab es keinen Unterschied. Es war eine hochinteressante Gemeinschaft, in der wir in Washington lebten. Die Grundstimmung – und das ist, glaube ich, nicht nur Heimweh – war Spannung, Leistung, Glücksgefühl. Das Leben war wichtig, das Leben war bedeutungsvoll.

Wurden in Washington Fragen über das Wesen unserer Gesellschaft gestellt?

Ich glaube nicht, daß Revolution als Thema des Tages existierte. Die Tatsache, daß die Menschen in dieser Form handelten, Gesetz und Ordnung brachen, war selbst schon ein revolutionärer Akt. Sie hörten plötzlich, daß es eine kommunistische Partei gab. Vorher war sie bedeutungslos. Plötzlich hatten die Aktiveren, die Interessierten in irgendeiner Weise mit ihr zu tun. Sie verfügte nie über eine wirkliche Unterstützung im Volk, obwohl sie Einfluß in Schlüsselstellungen hatte. Es waren neue Ideen, aber die Revolution stand nie wirklich auf der Tagesordnung.

F. D. R. trug sehr viel zu der Erkenntnis bei, wie sich solch eine Situation am besten meistern ließ. Nicht von ihm allein, aber er mobilisierte die Elemente, die zur Entwicklung dieser Programme bereit waren.

Von einigen wird behauptet, daß F. D. R. diese Gesellschaft rettete ...

Darüber besteht gar kein Zweifel. Die Industriellen, die etwas Einsicht hatten, erkannten das sofort. Er hätte ohne die Unterstützung der wichtigen Elemente der begüterten Klasse nicht soviel erreicht. Sie sabotierten die Programme nicht, ganz im Gegenteil.

Gleich nach dem Krieg behandelte der Jahresbericht von Morgan & Company mit als erstes die Frage der Vollbeschäftigung. Fünf Jahre vorher hatte das als bolschewistische Idee gegolten. Die Wirtschaftsführer erkannten in den ersten Kriegstagen die Wichtigkeit der Entwicklung fortschrittlicherer Programme. Es war eine Möglichkeit, eine korporative Gesellschaft zu rationalisieren. Der New Deal tat genau das.

In der Geschichte der Gesellschaft war es eine sehr ungewöhnliche Depression. Sie dauerte so lange und ging so tief. Bei einer Depression – selbst bei einer schweren – erlebt man gewöhnlich zwei, drei Jahre des Rückgangs, und ist nach weiteren zwei, drei Jahren wieder dort angekommen, wo man vorher war. Aber zehn Jahre ... Überlegen Sie mal, 1939 waren wir wieder bei der industriellen Produktion von 1929 angelangt. Und wir hatten einen zehn Jahre dauernden Bevölkerungszuwachs. Wenn nicht die Kriegsaufträge von Frankreich und England gewesen wären, ist es fraglich, ob wir je wieder diesen Punkt erreicht hätten. Der Krieg beendete die Depression. Das heißt aber nicht, daß sie nicht auch durch irgend etwas anderes beendet worden wäre.

Burton K. Wheeler

Ehemaliger Senator von Montana. 1924 kandidierte er mit Senator Robert La Follette auf der Wahlliste der Progressive Party. Sie erhielten beinahe fünf Millionen Stimmen.

Ich sah die Depression kommen. Joe Kennedy besuchte mich. Er meinte: »Ich werde wohl bald mit neun Kindern und drei Häusern und ohne Zaster aufwachen, fürchte ich.« Ich sagte: »Willst du auf Nummer Sicher gehen? Dann kauf Gold.« Er kam wieder zu mir. »Sie haben mir mein Gold weggenommen.« Ich sagte: »Kauf Silberbarren.« Er kam noch einmal her. »Sie nehmen mir die Silberbarren weg.« Ich sagte: »Willst du hundertprozentig auf Nummer Sicher gehen? Dann besorg dir eine Farm, wo du 'ne Kuh und ein Schwein und ein paar Hühner halten kannst, und schick ein paar von deinen Kindern arbeiten. Aber zu groß darfst du nicht werden, sonst nehmen wir's dir vielleicht weg.« Er fragte: »Ist es wirklich so schlimm?« Ich sagte: »Nein, aber es wird vielleicht so schlimm.«
Er erzählte von seinen Erlebnissen 1923 in Wien, als sich die Depression dort auf alle Klassen auswirkte. »Ich hätte nicht gedacht, daß sie hier in den Vereinigten Staaten derart schnell einsetzen würde.«
Hoover war Präsident, als die Reconstruction Finance Bill verabschiedet wurde. Ich war dagegen. Dieses Gesetz bezweckte, die Banken, die Versicherungsgesellschaften und die Eisenbahnen zu retten. Ich sagte: »Der Druck wird sich so verstärken, daß jeder, der 'ne kranke Kuh hat, nach Washington kommen wird, um sich Geld zu borgen.« Bob La Follette, Junior, stimmte dafür, weil er einen Zusammenbruch befürchtete. Ich sagte: »Den gibt's wahrscheinlich, aber je früher er kommt, um so besser.« Diese RFC[1] würde die Sache nur hinauszögern. Je größer unsere Verschuldung, um so größer der Krach.
Der alte J. Ham Lewis trat zu mir.[2] Er hatte die Gewohn-

heit, mich »Junge« zu nennen. Das machte mich verrückt. »Junge, gib ihnen Saures.« Ich sagte: »Wollen Sie keine Rede darüber halten?« Er sagte: »Nein, kann ich nicht. Ich vertrete einen verdammten Haufen von Dieben, Dieben, sag' ich dir, die in die Staatskasse reinlangen und alles Geld rausholen wollen. Mein Gott, wenn ich ein freier Mann wäre, würde ich diese Sache in Stücke reißen.«

Es war ziemlich entmutigend, wenn die Männer in der Garderobe auf mich zukamen und sagten: »Ich bin ganz Ihrer Meinung.« Und dann rausgingen und genau anders stimmten. Ich erinnere mich an eine Gesetzesvorlage, an der ich interessiert war. Sie stellte eine Herausforderung der großen Finanziers dar. Ein Senator sagte zu mir: »Ich glaube, Sie haben recht. Ich werde mit Ihnen stimmen.« Am Nachmittag sagte er: »Ich kann nicht.« »Warum nicht?« »Meine Bosse haben mich angerufen.« »Sie haben einen Boß, der Ihnen sagt, wie Sie stimmen sollen?« »Wer ist Ihr Boß? Sie haben doch auch einen.« Ich sagte: »Der einzige Boß, den ich habe, ist das Volk.« Und er: »Verschonen Sie mich mit diesem Quatsch. Sie haben irgendwo einen Boß.«

Als Tom Pendergast[3] angeklagt wurde, kam Harry Truman zu mir. »Soll ich zurücktreten?« Ich sagte: »Weshalb sollten Sie?« Er sagte: »Sie haben den alten Mann angeklagt. Er hat aus mir alles gemacht, was ich bin, und ich muß zu ihm halten.«

Nach Roosevelts Wahl brachte ich eine Gesetzesvorlage zur Wiedereinführung des Silbers als Währungsmetall ein. Alle Bankiers im Land waren dagegen. Mit dem Goldstandard konnten sie das Geld viel besser kontrollieren. Einige der großen Bergwerksgesellschaften draußen im Westen interessierten sich für meine Vorlage. Aus den falschen Gründen. Sie waren daran interessiert, den Silberpreis raufzutreiben, aber nicht an seiner Verwendung als Geld. Der Präsident der Anaconda Copper meinte, ich hätte recht – besser Silber als Papier. Für den Umlauf war nicht ausreichend Gold vorhanden. Ich fragte ihn: »Warum sagen Sie das nicht öffentlich?« Er zuckte die Achseln. Ich sagte: »Sie trauen sich nicht, weil Sie der National City Bank soviel Geld schulden.«

John Beecher

Dichter. Zwei seiner Anthologien, To Live And Die in Dixie und Hear The Wind Blow, behandeln die Depression in den Südstaaten.
Seine Vorfahren waren Abolitionisten, er ist ein Urgroßneffe von Henry Ward Beecher und Harriet Beecher Stowe. Sein Großvater mütterlicherseits, ein Kohlenbergarbeiter irischer Abstammung, war Mitglied der Molly Maguires, einer Terroristenorganisation in den Kohledistrikten in den siebziger Jahren des vorigen Jahrhunderts ... »Er übte den hauptsächlichen subversiven Einfluß auf mein Leben aus ...«
»Mein Vater war leitender Angestellter einer Tochtergesellschaft der United States Steel Corporation im Süden. Zu meinem und möglicherweise auch seinem Glück verlor er den größten Teil seines Geldes im Börsenkrach von '29. Sich davon zu erholen, war für ihn, psychologisch gesehen, eine schwere Zeit.
Aber er erholte sich schließlich. Er entwickelte so eine Art kühl-kritischer Intelligenz. Er war für jede mögliche Veränderung des Systems bereit – vielleicht war dieses System nicht ewig, vielleicht sollte es eine zu stärkerer Zusammenarbeit willige Gesellschaft geben.«

Meinen ersten Job hatte ich in einem Stahlwerk, damals in den zwanziger Jahren. Man kann sagen, daß die Depression in dieser Stadt begann, in Ainsley, Alabama, einem aus Stahlwerken bestehenden Vorort von Birmingham. Bei uns ging zu Anfang der Depression die erste Bank in Konkurs. Alle Arbeiter vertrauten dem Bankier.
Im Herbst 1929 hörte ich mit meiner Arbeit als Metallurge am Siemens-Martin-Ofen auf, um an der Universität von Wisconsin zu unterrichten. Im Alexander Meiklejohns Experimental College. Natürlich fingen die Studenten während der Depression sehr schnell Feuer. Bei Promotions-

feiern sah man sie in Barett und Talar an den Eingängen der Sportstadien, wo die Programme verteilt wurden, Äpfel verkaufen. Das war eine Art Demonstration, einfach um zu zeigen ... hochbegabte Jungen, wissen Sie, die, nachdem sie einen akademischen Grad hatten, in die billigen Warenhäuser arbeiten gingen. Und froh waren, die Arbeit zu bekommen. Sie wurden durch die Depression so radikalisiert wie die jungen Leute heute durch den Vietnamkrieg und die ganze Richtung unserer Gesellschaft...

Im Sommer '32 machte ich Schluß mit der akademischen Pöstchenjagd. Ich schrieb gerade meine Dissertation über die Romane von Dickens und die harten Zeiten damals 1832. Ich beschloß herauszubekommen, was in meiner eigenen Zeit geschah. In meiner Heimatstadt bekam ich es heraus, und wie. Das brachte mich eigentlich dazu, in die Depression hinauszugehen. Zuerst als freiwilliger Sozialarbeiter und dann in einer Verwaltungsstelle des New Deal.

Acht Jahre lang, seit 1934, arbeitete ich im praktischen Einsatz im ganzen Süden... mit Weißen und Schwarzen, Farmern, Kohlenbergarbeitern, Stahlarbeitern, Textilarbeitern, mit den Leuten einer Düngemittelfabrik, Arbeitern in der Siedlung einer Terpentinfabrik und Pachtfarmern.

Hatten sie sich mit ihrer Lage abgefunden?

Nein, keineswegs. Das Ferment, das ich in Birmingham entdeckte, war geradezu gewaltig. Die Leute waren tatsächlich bereit, Maßnahmen zu ergreifen. Sie wußten natürlich nicht, welchen Weg sie einschlagen sollten. 1932 glaubten nur wenige, daß Roosevelt die Lösung bringen würde.

Ich erinnere mich, wie ich auf meiner Fahrt nach Süden durch Chicago kam. Ich hielt mich kurz in Hull House auf, um mein Literaturidol John Dos Passos zu besuchen.[4] Er glaubte, daß wir auf dem Weg zur Revolution waren ... daß Roosevelt natürlich wiedergewählt, aber der Lage nicht gewachsen sein würde. Er glaubte anscheinend, daß man irgendeine anarcho-syndikalistische Lösung finden und die amerikanischen Arbeitergewerkschaften vorwärtskommen würden. Natürlich kamen sie nicht vorwärts. Und Roosevelt überraschte alle dadurch, daß er Notstandsprogramme herausbrachte, die die allgemeine Unzufriedenheit weitgehend entschärften.

Ich erinnere mich, wie in dem Jahr in der Fürsorgezentrale von Ainsley eine Frau herumgestritten hatte, um etwas Milch für ihr Baby zu bekommen. Sie hätten erleben sollen, was sie den Babies statt Milch gaben. Ich weiß noch, daß ich selber sah, wie sie Pökelfleischsoße in Milchflaschen füllten und einen Nuckel darüberstülpten und wie das Baby diese Soße trank. Ein buchstäblich blaues Baby, das an Hunger starb. So etwas erlebte ich in einem Haus nach dem anderen. Nun, diese Frau war entschlossen, richtige Milch für ihr Baby zu kriegen. Sie schlug den größten Krach, bis ihr der leitende Beamte einen Liter bewilligte. Als man ihr die Flasche gab, ging sie, so weit sie konnte, zurück und warf sie gegen die Wand – daß sie mit einem Krach zersplitterte. Das war die Stimmung, verstehen Sie. Nicht sehr verschieden von dem, was man heute bei der schwarzen Bevölkerung sieht. Aber damals waren es hauptsächlich Weiße. Sie schienen die militantesten zu sein – wenigstens unten im Süden.

Als Verwaltungsmann arbeitete ich an Rex Tugwells Umsiedlungsprogrammen auf dem Land mit. Als Student in Columbia hatte Rex ein Gedicht zum Lob des Sozialismus geschrieben. Man brachte dieses Gedicht aus seiner Studentenzeit immer wieder aufs Tapet. Erinnern Sie sich, wie bösartig Rex angegriffen wurde? In Wirklichkeit war dieses Programm, für das ich von Anfang an arbeitete, nicht so radikal, wie ich es mir gewünscht hätte.

Es war ein Notbehelf für Probleme auf dem Land. Subventionen für kleine Farmer, so daß sie weiter existieren und weiter Ernten hervorbringen konnten. Ich verwaltete eine Gruppe von fünf dieser Gemeinden.

Dann wechselte ich zum Programm für Wanderarbeiter über. Ich baute eins in Florida für wandernde Landarbeiter auf, das waren damals arme Schwarze, aus Georgia und Alabama vertriebene Pachtfarmer. Auch vertriebene Weiße, die meist in Konservenfabriken gearbeitet hatten.

Wir bauten ein Krankenhaus, Kliniken, Gemeinschaftszentren, Schulen und eine Anzahl von Notlagern. Sie waren wenigstens besser als die Schilfhütten, Baumhäuser und die schrecklichen Baracken, in denen sie wohnten.

Im letzten Winter, also beinahe dreißig Jahre später, war ich unten in demselben Gebiet. Die »Not«-lager standen immer noch, wie ich sah, heruntergekommen und verwittert. An einer Stelle war die Erde um drei Meter gesunken. Diese Wohnstätten standen hoch oben, auf Pfählen, weil der Boden nachgegeben hatte. 1968 wohnten sie immer noch in den Lagern, die wir in den dreißiger Jahren gebaut hatten.

Die Wanderarbeiter wurden also vom New Deal nicht wirklich erfaßt?[5]

Nein. Als der Krieg ausbrach, wurden alle innenpolitischen Programme unter den Teppich gekehrt. Unser Wanderarbeiterlager übergab man den Gemeindebehörden. Eine Maßnahme, über die wir heute so viel hören: lokale Kontrolle. Die Gemeinde ergriff also Besitz davon . . .

Wir hatten in den Everglades ein großes Krankenhaus für die schwarze Bevölkerung gebaut. Auf fünfzigtausend Menschen kam nicht einmal ein Krankenhausbett. Sie hatten alle möglichen Krankheiten und konnten nirgends hingehen, deshalb bauten wir ein Krankenhaus. Es war das erste Unternehmen dieser Art, das die Regierung überhaupt durchgeführt hatte. Es war hauptsächlich für die schwarze Bevölkerung bestimmt.

Als es während des Krieges den Gemeindeorganen übergeben wurde, warfen sie sofort alle Schwarzen hinaus. Sie ließen das Krankenhaus innen und außen neu anstreichen und machten ein weißes Krankenhaus daraus. Vor kurzem unterhielt ich mich mit einer Familie im schwarzen Lager – damals wurde alles auseinandergehalten. Das schwarze Lager ist immer noch ein schwarzes Lager, und das weiße ist immer noch das weiße Lager – nach wie vor Rassentrennung.

Sie erzählten mir dort, im letzten Winter, daß sie keine Gemeindeversammlungen mehr abhalten oder irgendeine andere Art der Selbstverwaltung ausüben dürfen, wie es sie früher gab. Sie veranstalten nicht einmal mehr Tanzabende in den Gemeinschaftszentren, die wir für sie gebaut hatten. Die Leitung haben weiße Verwalter und weiße Bevollmächtigte und dergleichen mehr. Genau das, von dem wir loszukommen versuchten, war eine Generation später wiederhergestellt worden.

Das Wanderarbeiterprogramm war das fortschrittlichste, das mir in der ganzen Regierungszeit begegnet ist. Die in der Umsiedlung tätigen Gemeinden waren viel altfränkischer. Sie wählten die Familien sorgfältig nach den Kriterien aus, die sie von oben aus Washington erhielten. In den Lagern mußten wir uns auf die Leute selbst verlassen. So gaben sie alle Verfügungen heraus, verwalteten alle Lager und leisteten eine wesentlich bessere Arbeit als die ganzen Bürokraten zusammen.

(Halb erzählend, halb meditierend, ruft er ein stimmungsvolles Bild wach.) Sie lebten an den Ufern der Kanäle in stinkenden Unterkünften und Baracken, manchmal zu dreizehn Personen in einem Raum. Oder in Hütten aus Teerpappe, unter Schutzdächern im Ried. Jeden Morgen vor Sonnenaufgang kletterten sie auf Lastwagen, die zu den Bohnenfeldern fuhren. Wo sie den ganzen Tag pflückten, alle, die pflücken konnten, bis zu den Fünf- oder Sechsjährigen. Sie knieten in dem schwarzen Morast der Everglades. Es war schon wieder dunkle Nacht, wenn sie zu ihren Unterkünften zurückkamen. Und die ganze Nacht blieben die Kaschemmen offen, wo Whisky, Würfel und Frauen die Löhne des Tages auffraßen.

So stellten sich die weißen Pflanzer vor, mußte der Arbeiter gehalten werden: Sorg dafür, daß die Neger pleite bleiben, sagten sie. Statt einer Kirche oder Schule baute der Pflanzer gewöhnlich eine Kaschemme in die Mitte der Unterkünfte. Um abends das zurückzubekommen, was er am Tag ausbezahlt hatte.

Als die Regierung eingriff und anfing, ein vorbildliches Lager für die Neger zu bauen, mit abgeschirmten Unterkünften und Duschen und Toiletten mit Wasserspülung und einem Krankenhaus, einem Gemeinschaftszentrum, einer Schule und Spielplätzen, Waschzubern und elektrischen Bügeleisen – schlugen die Pflanzer einen Mordskrach. Was dachte sich die Regierung überhaupt dabei, den Mietwert ihrer Quartiere am Kanalufer zu ruinieren? Und noch dazu ihre Arbeiter mit einem Haufen unnützen Luxus zu ruinieren? Außerdem würden die Neger sowieso nicht ins Lager ziehen. Es machte ihnen Spaß, im Dreck zu leben; es machte ihnen Spaß, krank zu sein; Laster und Gemeinheit machten ihnen Spaß.

Als die Pflanzer merkten, daß die Regierung ihre Tätigkeit trotzdem fortsetzte, sagten sie: Ihr müßt Lagerwächter einstellen, weiße Wachen, und sie das Lager mit Knüppeln und Pistolen beaufsichtigen lassen, sonst bezahlen die Neger nicht die Miete. Oder sie hören überhaupt auf zu arbeiten und schlagen das Lager kurz und klein.

Ich war dort. Ich war der Leiter des Lagers. Als der Eröffnungstag kam, machten wir einfach das Tor auf und ließen jeden herein, der herein wollte. Keine Auslese, keine Referenzen, nichts Derartiges. Uns genügte es, daß eine Familie dort leben wollte. Wir stellten auch keine weißen Wachen ein, und niemand in dem ganzen Lager, in dem tausend Leute wohnten, hatte einen Knüppel oder eine Pistole.

Wir holten sie einfach alle im Gemeinschaftszentrum zusammen und sagten ihnen, daß es ihr Lager wäre. Sie könnten ein schlechtes oder ein gutes Lager daraus machen. Das läge ganz in ihrer Hand. Und es würde keine Gesetze oder Verfügungen geben außer denen, die sie selbst durch die von ihnen gewählte Ratsversammlung erließen. Eine Woche lang veranstalteten sie im Lager einen Wahlkampf mit Leuten, die zum erstenmal in ihrem Leben für ein Amt kandidierten. Nachdem er vorbei war, feierten sie mit einem großen Tanzfest im Gemeinschaftszentrum. Keiner betrank sich oder benahm sich ungebührlich, und keiner ging auf irgendwen mit dem Messer los. Sie hatten sich selbst eine Ratsversammlung gegeben.

Die Ratsversammlung erließ die Gesetze und Verfügungen. Die Ratsversammlung sagte, Hunde dürften nicht frei herumlaufen, sie müßten angeleint sein. Die Ratsversammlung sagte, kein Mann im Lager dürfe seine Frau schlagen. Und wenn jemand abends betrunken zurückkam, war er am nächsten Morgen schon draußen. Die Ratsversammlung sagte, die Leute müßten ihre Miete bezahlen, und aus dieser Miete kam das Geld für Baseballausrüstungen zusammen, und für die Unterhaltung des Kindergartens.

Schließlich sagte die Ratsversammlung: Es ist ein weiter Weg bis zum nächsten Laden. Und so entstand der Co-op, nur aus den Mitteln, die die Leute selbst aufbrachten.

Einige der Männer und Frauen in diesem Rat konnten nicht einmal ihren Namen schreiben. Sie müssen bedenken, das waren Neger vom Land, die von Pachtfarmen in Georgia und Alabama kamen. Nichts als normale, gewöhnliche Baumwollpflücker, die Leute, von denen die Pflanzer im Lowndes County behaupten, sie würden das Land ruinieren, wenn sie das Wahlrecht hätten. Alles, was ich weiß, ist: Ich habe mit eigenen Augen Demokratie in Tätigkeit gesehen.

Christopher Lasch

Amerikanischer Historiker; Autor von The New Radicalism in America und The Agony of the American Left.

Es wurde über die Möglichkeit einer Revolution gesprochen, und zwar zu Anfang der dreißiger Jahre, in den schlimmsten Zeiten der Depression, und besonders 1934, als sich die Männer wie Huey Long, Coughlin und Townsend mit der allgemeinen Empörung identifizierten. Es kam zu verschiedenen Formen spontaner Aktion, zum Beispiel durch die Farmer von Iowa. Manche Kreise befürchteten, daß sich so etwas wie eine revolutionäre Krise entwickelte. Diese Furcht – wenn nicht vor der Revolution, so doch vor irgendeiner Art Aufstand – rief ein Gefühl der Dringlichkeit im Weißen Haus und auch im Kongreß hervor. Vielleicht gab das den Anstoß zu den Reformen, die Ende 1934 und 1935 durchgesetzt wurden.

Rückblickend glaube ich nicht, daß Anfang der dreißiger Jahre eine revolutionäre Situation in den Vereinigten Staaten bestand, und bestimmt nicht eine Situation, die uns, wenn die New-Deal-Reformen nicht durchgeführt worden wären, zum Sozialismus gebracht hätte. Vorhanden war ein Verlangen nach energischer, autoritativer Führung. Die Industriellen riefen nach zentraler Kontrolle, sogar nach Verstaatlichung einiger Industriezweige. Harold Ickes[6] erzählt in seinem Tagebuch von Industriellen, die nach Washington kamen und eine Übernahme der Erdölindustrie durch die Regierung forderten. Ich glaube, wenn sich Roosevelt nicht den Anstrich energischer Führerschaft gegeben hätte, könnte sich solch ein Druck aufgestaut haben, wie er Mussolini in Italien an die Macht brachte. Mit anderen Worten, es ist vorstellbar, daß die Regierung zu extremen Maßnahmen gezwungen worden wäre, aber ich bezweifle, daß diese dann linksgerichtet gewesen wären.

Die NRA[7] war ein klares Beispiel für die Funktionsweise des New Deal. Alle Standpunkte waren vertreten. Alle möglichen Berater wurden herbeigeholt. Die Leute kamen zusammen, und Roosevelt ließ sie einmal sich einfach in einen Raum setzen und sagte: Sie müssen sich etwas einfallen lassen, egal was. Das Ergebnis war ein Kompromiß zwischen den Wünschen der Arbeiter und den Wünschen der Unternehmer. Das weist ziemlich deutlich auf die Einseitigkeit der Kompromisse hin, die im frühen New Deal geschlossen wurden. Die Unternehmer erhielten eine Aufhebung der Antitrustgesetze und die Arbeiter eine Art nomineller Anerkennung.

Während der ganzen zwanziger Jahre hatten Aktiengesellschaften und Handelsverbände einen Feldzug für ein neues Antitrustgesetz geführt, das solche Preisabsprachen ausnahm. Sie bekamen es erst 1933 durch die Verbindung von Depression und neuem Präsidenten, der dem Laissezfaire nicht so dogmatisch verpflichtet war wie Hoover.

Wenn die NRA vom Obersten Bundesgericht nicht für verfassungswidrig erklärt worden wäre, hätte wahrscheinlich der Kongreß gegen ihre Erneuerung gestimmt. Denn der Entrüstungsschrei der kleinen Unternehmen und Progressiven der alten Schule, wie Borah[8], war zu laut.

Der Hauptzweck der NRA lag darin, die Preise heraufzusetzen und Investitionen anzuregen. Das konnte nicht ohne kartellähnliche Vereinbarungen geschehen. Der andere Zweck lag darin, den Wirtschaftsfrieden zu wahren, indem man den Arbeitern einen Knochen hinwarf.

Es gibt eine ganze Schule der Geschichtsschreibung, die von zwei New Deals spricht. Der eine stellte, vertreten durch die NRA und AAA[9], eine Art Sparsamkeitswirtschaft dar, und der andere zielte auf die Erhöhung der Produktion und Anerkennung der Arbeiterrechte ab.

Aber man folgte keiner klaren politischen Linie. Der ganze New Deal war, soweit ich es beurteilen kann, wirklich chaotisch. Dauernd wurden alle möglichen Experimente ausprobiert. Das unmittelbare Ziel aller Reformen war einfach, die Depression durch jedes nur verfügbare Mittel zu beenden. Er ist eine Fallstudie dessen, was geschehen kann, wenn eine eindeutige Politik fehlt.

Doch ich wollte in bezug auf den New Deal eigentlich etwas anderes hervorheben. Wenn man auf die fieberhafte Tätigkeit der dreißiger Jahre zurückblickt, löst sie sich auf in einem Konflikt zwischen zwei verschiedenen Standpunkten innerhalb der Geschäftswelt, innerhalb einer allgemein akzeptierten Gesamtkonzeption der amerikanischen Gesellschaft.

Daß sie kapitalistisch bleiben würde, darüber gab es keinen Zweifel. Alternativen wurden von Anfang an auf das Abstellgleis für bedeutsame, aber bloß erwägenswerte Ideen geschoben. Aber innerhalb dieser akzeptierten Gesamtkonzeption konnte man zwei besondere Standpunkte unterscheiden. Auf der einen Seite standen die sogenannten aufgeklärten Geschäftsleute, die die Ansicht großer, fortschrittlich gesinnter Aktiengesellschaften widerspiegelten und die Notwendigkeit einer Regulierung anerkannten, die Notwendigkeit, die Arbeiterschaft als Partner im Industrieunternehmen zuzulassen – als jüngeren und deutlich untergeordneten Partner. Sie beabsichtigten, das Recht der Arbeiter auf Tarifverhandlungen anzuerkennen und Wohlfahrtsprogramme gesetzlich durchzuführen, wenn auch aus keinem anderen Motiv als dem der Abwehr drastischerer Vorschläge.

Auf der anderen Seite standen die Leute, die an einer Ideologie des Laissez-faire festhielten, die sich an allen diesen Maßnahmen stießen, zum Teil, weil sie – die NRA ist ein schönes Beispiel – für die Interessen der kleinen unabhängigen Gruppen deutliche Nachteile brachten. Sie waren trotz der Phrasen des New Deal ganz klar im Interesse der riesigen Konzerne.

Was waren das für Alternativen auf dem Abstellgleis...?

134

Ich bin mir nicht sicher, ob sie damals wirkliche Alternativen waren. Der Sozialismus wurde beispielsweise von Anfang an abgeschrieben. Dieser Standpunkt wurde, soweit ich weiß, von niemandem im New Deal vorgetragen.

Im Rückblick sprechen heißt kalt urteilen und in gewissem Sinn die Erfahrungen der Menschen in den dreißiger Jahren verfälschen. Während man aus der relativen Bequemlickkeit der sechziger Jahre sagen kann, daß die Maßnahmen des New Deal Linderungsmittel darstellten, waren sie doch für die Menschen, die in den dreißiger Jahren lebten, mehr als das. Sie waren in vielen Fällen lebenswichtig.

Kaum einer der Beobachter der dreißiger Jahre spürte eine revolutionäre Stimmung im Volk. Beinah alle beschreiben das gleiche Gefühl der Bestürzung und Verwirrung, der Nutzlosigkeit und Schande. Arbeitslosigkeit erlebte man anscheinend häufiger als Demütigung denn als Beweis für die Klassenausbeutung. Als eine Sache des persönlichen Verschuldens. Eine Krise in der kapitalistischen Gesellschaft bringt nicht notwendigerweise revolutionäre Veränderungen oder auch nur einen Sinn für Alternativen hervor, es sei denn, die Menschen hätten Kenntnis von irgendeiner anderen Form der Gesellschaftsordnung, in der solche Verheerungen nicht geschähen. Depressionen betrachtete man als Naturkatastrophen, beinahe so wie Erdbeben und Überschwemmungen, und nicht als die gesellschaftlichen Katastrophen, die sie sind.

Als erstes müssen die Menschen sehr ernsthaft über Alternativen nachdenken. Die Tatsache, daß vor der Depression so wenig über Alternativen diskutiert wurde, erklärt zum Teil, weshalb die Menschen so und nicht anders reagierten.

Es ist völlig sinnlos, Roosevelts Regierung zu kritisieren, weil sie die Frage des Sozialismus nicht aufwarf. Von ihm konnte man das nicht gut erwarten. Wenn man davon spricht, daß Alternativen wie der Sozialismus in den dreißiger Jahren nicht ernsthaft erwogen wurden, ist dies keine Kritik an Roosevelt, sondern an der amerikanischen Linken.

Der Unterschied zwischen der Sozialistischen Partei in Amerika vor dem Ersten Weltkrieg und den Kommunisten der dreißiger Jahre ist lehrreich. Beide betrachteten die Gewerkschaftsbewegung als ihr Hauptanliegen. Aber die Sozialisten organisierten die Arbeiter in ihrer Eigenschaft als Sozialisten.

Durch diese Tätigkeit schufen sie ein Bewußtsein von anderen Formen gesellschaftlicher Ordnung. Die Kommunisten machten sich ans Organisieren, als ob dies ein Ziel an sich wäre.

Das Versagen betrifft die ganze amerikanische Linke. Wenn die Sozialistische Partei der Vorkriegszeit in den dreißiger Jahren noch existiert und so gearbeitet hätte wie in jener früheren Periode, nämlich für die Verbreitung des sozialistischen Bewußtseins – und dabei gleichzeitig die unmittelbaren Interessen ihrer Wählerschaft, der Arbeiter hauptsächlich, gekannt und nicht von vornherein jede Reform als schlecht abgelehnt hätte, weil sie den Tag der Abrechnung hinausschöbe –, wenn solch eine Organisation in den dreißiger Jahren vorhanden gewesen wäre, könnte alles ganz anders gekommen sein.

Was tatsächlich existierte, war eine Linke, die, der heutigen sehr ähnlich, zwischen der Hoffnung auf eine unmittelbare revolutionäre Krise und einer Art des Reformismus schwankte, der die Diskussion von Alternativen unmöglich machte.

Wer heute über und für die Revolution spricht, unterschätzt die Fähigkeiten des amerikanischen Kapitalismus, seine Elastizität und Erfindungsgabe. Was immer man sonst über den New Deal sagen mag, Erfindungsgabe war vorhanden. Abgesehen von seinen ungeheuren Ressourcen, hat der amerikanische Kapitalismus die Fähigkeit, Alternativen auszuschließen.

1 Reconstruction Finance Corporation – Zentralstelle, die die verschiedenen Unterstützungsprogramme durch Darlehen finanzierte (Anm. d. Übers.).

2 J. Hamilton Lewis, ein Modenarr mit rötlichem Bart und perlgrauen Gamaschen, war demokratischer Senator von Illinois.

3 Viele Jahre lang der politische Boß von Kansas City.

4 Dos Passos berichtete über die Parteitage der Republikaner und Demokraten für *The New Republic*.

5 Siehe: Cesar Chavez, S. 59 ff.

6 Journalist und Rechtsanwalt, Innenminister von 1933 bis 1946 (Anm. d. Übers.).

7 National Recovery Administration – diese Behörde führte die Aufsicht über die korporative Selbstregulierung von Industrie und Handel, die 1933 gesetzlich verankert wurde (Anm. d. Übers.).

8 Senator William E. Borah von Idaho.

9 Agricultural Adjustment Administration – 1933 geschaffene Behörde, die zur Förderung der Landwirtschaft Anbaubeschränkung und -steuerung, staatliche Preisgarantien und technische Maßnahmen durchführte (Anm. d. Übers.).

Auf Achse

Ed Paulsen

Von 1926 an, als er vierzehn war, zog er auf eigene Faust durch die Staaten – »ich schwang mich auf die Güterzüge« quer durchs Land. »Ich kam aber immer wieder nach Haus zurück, nach Süd-Dakota. Meine Schwester und ihr Mann hatten eine kleine Farm. Das war eine Zuflucht. Eine Zeitlang hab' ich dort Baseball gespielt als Semi-Professional . . .

Alle sprechen von dem Krach von 1929. In den kleinen Städten draußen im Westen wußten wir nicht mal, daß es einen Krach gab. Was bedeutete die Börse schon für uns? Einen feuchten Dreck. Wenn man in Cut Bank, Montana, lebte, wer hatte da schon Aktien? Der Farmer war doch nur ein Tischtennisball in einem sehr harten Spiel.

1930 war ich mit der High School fertig, und dann ließ ich mich auf diese Sache ein . . .« Er pflückte Äpfel in Washington, bettelte in Los Angeles, und hatte Jobs als Straßenarbeiter überall an der Küste. »Es wurde schlimmer. Wir wußten nicht mehr, wie wir in der Stadt durchkommen sollten. Es war schrecklich. Die Jungs standen in langen Schlangen nach Suppe an. Wir wußten nicht, wie wir uns da einreihen sollten. Wir – meine Brüder und ich – sahen uns da nicht zugehörig. Wir hatten die Ideen der Mittelklasse, ohne das Einkommen der Mittelklasse. (Lacht.)

Wir landeten dann 1931 in San Francisco. Ich versuchte, auf den Docks einen Job zu kriegen. Ich war ziemlich athletisch gebaut, aber es gab einfach keine Arbeit. Das war ja inzwischen so weit, wenn man zum Beispiel einen Job bei einer Tankstelle von Standard Oil haben wollte, mußte man einen akademischen Grad vorweisen. So war die Marktlage . . .«

Ich stand meist um fünf Uhr auf und ging zum Hafen. Außerhalb von Spreckles Zucker-Raffinerie, draußen vor den Gittern standen Tausende von Männern. Dabei weiß man ganz genau, es gibt nur drei oder vier Jobs. Der Knilch kam raus mit zwei schmächtigen Polizisten: »Ich brauche zwei Leute für den Aufsichtstrupp. Zwei fürs Silo.« Tausend Leute kämpften dann wie ein Rudel Alaska-Hunde, um was abzukriegen. Aber nur vieren von uns gelang es. Ich war noch ein zu junger Spund.

Also weiter nach Skid Row. Auch da Tausende von Männern. Leute, die sich auf Körbe stellten und verrückte Reden führten, mit irren Theorien über Ökonomie. Gegen halb zwölf übernahmen dann die wirklichen Anführer die Sache. Sie sagten: Wir gehen aufs Rathaus. Der Bürgermeister war Angelo Rossi, ein glatter kleiner Kerl. Er trug teure Schuhe und eine enge Weste. Wir riefen ihn von der Treppe aus. Schließlich kam er raus und sagte gar nichts.

Ich erinnern mich an die Forderungen: Wir verlangen Arbeit, wir verlangen Unterkünfte für unsere Familien, wir verlangen was zu essen, und so weiter ... Die Hälfte der Leute, die da diese Forderungen vorbrachten, waren Neger. Nun gab es damals noch keineswegs eine große schwarze Kolonie in San Francisco. Aber die waren ganz schön gerissen, diese Führer – sie hielten immer eine Mischung aus schwarz und weiß ein.

Ich weiß noch, wie mir als Jungen das mutig vorkam, diese Forderungen, weil man ja wußte, daß die Gesellschaft sie nicht erfüllen würde. Zum Beispiel verlangten sie, daß leerstehende Häuser aufgemacht und als Unterkunft für ihre Familien zur Verfügung gestellt werden sollten.[1] Aber man wußte ja, daß die Gesellschaft da nicht nachgab. Da passierte rein gar nichts.

Dieser Demonstrationszug reichte vier Blocks weit. Keiner hatte auch nur einen Zehner. Und an der Ecke standen doch tatsächlich Leute, die diesem besitzlosen Wunder auch noch Äpfel verkaufen wollten. (Lacht.) Die Jungs fingen an zu schreien, und dann kamen die Pferde. Sie hatten damals berittene Polizei. Dann gab es ein paar Zusammenstöße. Und schließlich gab es Tote. Ich glaube, die haben an diesem Tag da drei Leute getötet, von den Verletzten abgesehen. Das wurde da ziemlich böse, weil ein paar der Männer einen Haufen Marmorsteine anschleppten und die auf die Straße warfen, so daß die Pferde wild wurden.

Das machte die Polizisten rasend, und da wurden sie rabiat.

Da gab es also diese nutzlosen Kämpfe, weil man irgendwie überhaupt nicht zu gewinnen erwartete. Wir hatten einen eingebauten Verlierer-Komplex. Genauso fühlte sich diese Menge und andere auch. Eine ganze Anzahl von ihnen ging dann meist zu Sally[2] zurück. Aber jetzt ist es ein Uhr, und alle haben Hunger. Wir waren eine sanfte Menge. Das waren doch Väter, zu etwa achtzig Prozent. Die hatten ja alle Stellungen gehabt und wollten die Gesellschaft ja nicht kaputtmachen. Sie wollten bloß zur Arbeit gehen, und sie konnten das alles einfach nicht verstehen. Da gab es etwas ganz Merkwürdiges. Man sah in den Zeitungen nach, man hörte auf Gerüchte, es wurde gemunkelt, daß irgendwer ein Haus bauen wolle.

Also stand man am nächsten Morgen um fünf Uhr auf, und nichts wie hin. Großartiger Hinweis. Da sind schon dreitausend Mann, Zimmerleute, Betonierer, Jungs, die sich an Maschinen und allem möglichen auskennen. Diese Männer hatten immer wieder den Glauben, daß aus dem Job was würde. Immer mehr Leute waren hinter immer weniger Jobs her. So ächzte San Francisco dem Stillstand entgegen. Nichts bewegte sich mehr.

Wir haben immerzu versucht, zur See zu gehen, aber ich hatte keine Lizenz. Oh, ich habe die Waterfront tausendmal probiert. Da gab's diese großen alten Dampfer, die nach Hawaii fuhren. Man konnte die Band irgendein »Aloha«-Lied spielen hören, und alle Männer standen da mit Tränen in den Augen. Als wenn sie von jemand Abschied genommen hätten. Dabei kannten sie keine Seele. (Lacht.)

Dabei waren wir überhaupt nicht aufrührerisch, was die Gesellschaft angeht. Wir waren voller Verwirrung, nicht voll Zorn. Kein Gedanke daran, daß man uns besonders mitgespielt hätte. Wir sprachen nicht von Revolution; wir sprachen von Jobs.

Wir waren an Highschools kleiner Städte erzogen worden.

Und in den Zeitungen schlug sich die Intelligenz ja auch nicht groß nieder. Es war halt eine schlimme Welt, und man war da hineingeboren. Ich hatte nicht viel Sinn für Leidenschaft, bis ich nach Los Angeles ging und 1934 Upton Sinclair traf. Wenn ich mich festlegen sollte, wann ich anfing zu fragen: »Zum Teufel, was soll das alles?«, dann war es damals, als ich zu einer Kundgebung ging, auf der Upton Sinclair sprach.[3] Es war der Winter 33/34. Da stand dieser kleine rosa-weiße Mann da oben und redete; einer, der am allerwenigsten wie ein Radikaler aussah. Da denkt man doch eher an einen Zwicker und ein Riesenbüschel weißer Haare. Sein Auditorium bestand fast nur aus Angestellten.

Er wies hin auf die großen Berge von Orangen, die Berge von Bauholz, die einfach so rumlagen ... Sie machten einen Haufen Orangen und Äpfel, gossen Benzin drüber und steckten es an. Gemüse wurde vernichtet und alles andere. All die, die später so schrien, weil durch staatliche Programme kleine Ferkel vernichtet wurden ... die hätten mal sehen sollen, was die Industrie damals gemacht hat. Nur um den Preis zu stützen.

Sinclairs Idee war, den Arbeitslosen diese brachliegenden Überschüsse zukommen zu lassen. Das machte auf mich großen Eindruck. Das leuchtet ein, daß die hungernden Leute damit satt gemacht werden sollten. Ich kriegte einen Job als Sänger in dem Quartett, das Sinclairs Kampagne begleitete.

Wenn ich einen konstanten Feind zu jener Zeit benennen sollte, so war das die Amerikanische Legion. Das waren lauter so Bürgerwehr-Typen. Da waren die miesesten Gegner dieser herumziehenden, verwegenen, hungernden Schar von Menschen. Überall, wo ich hinkam, lauter Hoovervilles – da wurden sie überfallen. Dieses Rudel Legionäre mit den verdammten Käppis auf. Kerle mit Baseballschlägern, die sie aus ihren Lagern an den Bahnanlagen vertrieben. Sogar in den kleinen Städten, in denen ich meist lebte. Sie waren immer der Schrecken meines Lebens.

Das waren die Leute von der Main Street. Denen ging's ja nicht schlecht. Kaufleute, Ladenbesitzer, Hauseigentümer. Sie hatten was Festgelegtes, was einfach schwer zu ertragen war. Der kleine Gouverneurs-Kandidat konnte bei ihnen nichts werden. Zu seinen Kundgebungen kamen sie mit Baseballschlägern und Knüppeln und trieben die Leute auseinander. Einmal, als wir im Valley sangen, griffen sie uns an und droschen zum Gotterbarmen auf uns ein. Wir sind da kaum wieder rausgekommen.

Während der Sinclair-Kampagne ging ich öfters in die Bibliothek und suchte mir Bücher raus, die ich nie vorher gelesen, die mir nie vorher in die Quere gekommen waren. Meist sah man sich früh am Morgen nach Arbeit um, und um elf gab man's auf und ging in die Bibliothek. Meine Bildung hab' ich von da her.

Um die Zeit war Roosevelt schon Präsident. Da gab's die NRA ... unglaubliche Dinge gingen vor sich, von denen wir gar nichts verstanden. Die Leute sprachen von Preisbindung und was nicht alles. Ganz, ganz verrückte Welt. Uns sagte das alles gar nichts. Wir waren drei Brüder, kriegten einen Güterzug und gingen nach Portland. Die hatten damals mit dem Bau des Bonneville-Damms angefangen. Herrlicher Anblick den Fluß entlang. An einem ordentlichen Tag, wenn man oben auf einem Güterwaggon saß, war es herrlich ...

Wir setzten uns zum Bahnlager in Bewegung. Gingen dann in eine Pinte, weil vor elf Uhr abends kein Zug fällig war. Kommt eine mexikanische Nutte rein und eine farbige. Die bestellen sich einen Hamburger. Der Besitzer sagt: »Ich bedien' keine Nigger. Schaffen Sie die Dame raus.« Das mexikanische Mädchen kommt zurück und bestellt zwei Hamburger. Der Kerl mault, brät ein paar. Das Negermädchen kommt rein. Der Kerl taucht unter seine Theke und kommt wieder hoch mit einem Totschläger. Und haut dem Mädchen eins über den Kopf, peng, Jesses, denk' ich, er hat sie totgeschlagen. Sie stöhnt auf und stolpert rückwärts runter von ihrem Hocker. Er hinter der Theke hervor, wild vor Wut. Ich stell' ihm einen Fuß und kipp' ihn um. Er fällt schlicht auf seine vier Buchstaben. Die Mädchen kommen rechtzeitig raus. Der hätte das Mädchen getötet, glaube ich. Wir schleichen uns dann auch. Kriegen den Mitternachtszug und steigen in Phoenix ab. Eine feindselige Stadt, wir lassen sie links liegen.

Wir kriegen einen Apfelsinen-Zug. Wir fuhren im Kühlwagen mit. Direkt bis nach Kansas City. Wie mit Höllentempo, aber ziemlich strapaziös. Wir brachen den Drahtverschluß auf und aßen die Apfelsinen. Wir kriegten Vitamine wie irre. (Lacht.) Aber der Mund wird regelrecht verbrannt von der Säure, und die Zähne werden wund von der Fahrt. Als wir dann endlich in Kansas City rauskamen, konnte ich kaum noch meinen Mund zumachen.

Wir dann auf einen Zug direkt nach Kansas City hinein, noch in derselben Nacht. Wenn er hielt, kletterten Farbige hinauf und schmissen Kohlen runter. Man sah die Leute, wie sie die Kohlen aufsammelten. Man sah auch, wie die Eisenbahn-Detektive sauer wurden.

Hal und ich sitzen oben auf einem Güterwaggon, es ist eine ganz freundliche Nacht. Plötzlich ist da ein Eisenbahn-Detektiv mit einer Taschenlampe, die tausend Meilen weit reicht. Peng, Peng! Er fängt an zu schießen. Wir hören, wie die Kugeln die Wagen treffen, peng, grad so. Ich nehme meine Hände hoch und fange an, in Richtung auf das Licht zu gehen. »Runter«, sagt der Kerl. Ich sage: »Mensch, ich kann doch nicht.« Der Zug hat ungefähr achtzig Stundenkilometer drauf oder mehr. Er sagt: »Spring.« Ich sage: »Ich kann nicht.« Er sagt: »Dreh dich rum und geh voran.« Er bringt uns über das Dach hinweg. Dort ist ein offener Waggon, ungefähr zweieinhalb Meter tiefer. Er sagt: »Spring.« Also sprang ich und landete in nassem Sand, bis zu den Knien.

Wir kommen zu einer kleinen Stadt in Nebraska, Beatrice. Es ist Morgen. Mir ist kalt bis auf die Knochen. Wir krabbeln in einen Sandstreuer, halb zu Tode gefroren. Wir trocknen uns, wärmen uns auf, und klettern wieder auf den Zug. Der fährt nach Omaha ein. Es ist Nacht. Plötzlich wird der Zug umstellt, von Hilfssheriffs mit Pistolen. Der Kerl sagt: »Los, auf die Lastwagen.« Ich sage: »Wieso? Wir haben doch nichts gemacht.« Er sagt: »Ihr kommt auch nicht ins Kittchen. Ihr kommt in ein Durchgangslager.« Sie fahren uns zu einem alten Armee-Lagerhaus. Die nehmen die Personalien auf, die Kleider ab, lassen sie durch einen Entlauser laufen, und du nimmst ein Bad. Es ist Mitternacht. Wir kommen wieder zum Vorschein, und dann ist da ein Tisch gedeckt mit Rühreiern, Schinken, Brot, Kaffee und Toast. Wir hauten mächtig rein. Es war wundervoll. Wir gehen dann rauf in die Betten. Da steht ein Doppelbett, Laken, Zahnbürste, Handtücher, alle Schikanen. Ich setzte mich auf dieses verdammte Bett, kann ich Ihnen sagen, und kam aus dem Staunen gar nicht raus. Wir dachten, wir sind im Himmel. Hal ist ein junger Spund, er ist erst siebzehn. Er sagte: »Was für'n Teufelsbraten von Ort ist das?« Ich sagte: »Ich weiß nicht. Aber es ist wirklich mal was anderes.«

Am nächsten Morgen wurden wir aufgerufen und einem Sozialarbeiter vorgestellt. Um die Zeit waren schon ungefähr tausend Leute im Lager. Die spielen Baseball, ein paar Leute waschen die Wände ab – Stromer, Penner, zynische, rohe Kerle, die schon seit Jahren auf Achse sind. Fast wie in einem Spielwarenladen. Unfaßlich.

Durch einen Sozialarbeiter bekam ich einen Job bei der National Youth Administration, in einem kleinen College in Aberdeen, Süd-Dakota. Und dann fing für mich das gute Leben an.

Vor Roosevelt hat die Zentralregierung das Leben des einzelnen so gut wie nicht berührt. Vom Postmeister abgesehen, gab es kaum eine örtliche Vertretung. Jetzt auf einmal wurden Leute, die man kannte, mit Regierungsjobs betraut. Hinz und Kunz oder irgend jemand von nebenan.

Das grenzte schon fast an Main Street. Die eine Hälfte war begeistert, die andere haßte es. Bemerkenswert war die Unmittelbarkeit der Wirkung, die es auf einen ausübte. In Aberdeen war die Main Street dagegen. Aber sie waren natürlich froh, daß sie diese grünen Unterstützungsschecks in ihren Kassen gegen bar eingetauscht bekamen. Wenn das nicht gewesen wäre, hätten sie kein Geschäft gemacht. Das war ein zweischneidiges Schwert. Sie beschimpften Roosevelt wegen der Einmischung in ihre Existenz. Und zur selben Zeit lebten sie davon. Main Street hat immer noch diesen Tick.

Die Nationale Jugend-Administration war meine Rettung. Ich hätte genausogut in Sing-Sing landen können wie bei der UNO[4]. Genau die gleichen Chancen. Ja, verdammt. Jeder war kriminell. Man stahl, man mogelte sich durch. Man kam durch, man überlebte. Man stahl Wäsche von der Leine, stahl Milch von einer Veranda, man stahl Brot. Ich erinnere mich, wie ich mal auf einem Güterzug durch Tucumari, New Mexico, kam. Wir hatten einen kurzen Aufenthalt. Da war ein Lebensmittelladen, eine Art Supermarkt für damalige Verhältnisse. Ich vom Zug aus da rüber und kam mit Brötchen und Crackern zurück. Und so ein Kerl steht da im Fenster und droht dir mit der Faust.

Das war keine große Sache, aber es erzeugte so eine Kojoten-Mentalität. Man war ein Raubtier. Man mußte es sein. Der Kojote ist verschlagen. Er kann phantastisch mutig sein und zur selben Zeit feige. Er flieht meist, aber wenn er in die Enge getrieben wird, kämpft er. Wo ich groß geworden bin, wurden sie gehaßt, weil sie die Schafe töteten. Sie töteten auch Kälber und überfielen Hühnerställe. Sie sind gemein. Aber wie sonst will so ein Tier am Leben bleiben. Es ist nicht so kräftig wie ein Wolf. Es hat einen kleinen Körper. Es ist so schwach, daß es ein Hund einholen kann. Es ist auch nicht wie ein Fuchs. Kojoten sind das Opfer der Natur wie das der Menschen. Wir waren Kojoten in den dreißigern, wir Arbeitslosen.

Nein, ich kann die Depression nicht als eine Erfahrung ansehen, aus der die Menschen gebessert hervorgingen. Die Überlebenden plagen sich immer noch mit dem Gespenst herum – dem Gespenst aus jenen Tagen, als alles zusammenbrach.

Cesar Chavez

Wie viele, die von frühester Kindheit an gearbeitet haben, und vor allem im Freien, sieht er älter aus, als er ist: 41. Er wirkt schüchtern, seine Stimme ist leise.
Er ist Präsident der United Farm Workers of America (UFWA). Das ist, im Gegensatz zu den Handwerks- und Industrie-Gewerkschaften, eine ziemlich neue Arbeiter-Organisation. Und im Gegensatz zu diesen anderen waren die Landarbeiter – die halt ernteten, wie's kam – von vielen Vergünstigungen ausgeschlossen, die der New Deal mit sich brachte.

Oh, ich weiß noch, wie wir unser Haus verlassen mußten. Mein Vater tauchte auf mit Pferd und Wagen. Wir hatten immer in diesem Haus gewohnt, und wir konnten nicht verstehen, warum wir jetzt auszogen. Als wir zu dem andern Haus kamen, war es schlechter, ein armseliges Haus. Das muß so um 1934 gewesen sein. Ich war ungefähr sechs Jahre alt.
Der Ort heißt North-Gila Valley und liegt ungefähr fünfzig Meilen nördlich von Yuma. Mein Vater wurde von seinem kleinen Stück Land verwiesen. Er hatte es von seinem Vater geerbt, der es nach dem Homestead-Gesetz vor Gläubigern zu schützen geglaubt hatte. Ich erlebte, wie meine zwei, drei Onkel auch da wegzogen. Und aus dem gleichen Grund. Die Bank hatte die Hypothek für verfallen erklärt. Wenn die Bank am Ort zustimmte, trat die Regierung als Bürge für die Hypothek ein, und kleine Farmer wie mein Vater konnten im Geschäft bleiben. Es kam aber so, daß der Präsident der Bank ein Kerl war, der besonders

scharf war auf unser Land. Der hatte uns schon völlig einge-
kesselt: er besaß alles Land um uns herum. Natürlich gab
er die Hypothek nicht weiter.
Eines Morgens kam ein riesiger Traktor an, so einen hatten
wir nie gesehen. Mein Vater machte alle Arbeit mit Pferden. Also kam dieser dicke Trecker und fing an, die Koppel
einzureißen, diese kleine Koppel, wo mein Vater seine Pferde
hatte. Wir verstanden nicht, warum. Binnen einer Woche
war das ganze Land wie verwandelt. Gräben wurden aus-
gehoben, und es sah alles anders aus. Ich fand's nicht mehr
so schön.
Wir stiegen alle in einen alten Chevrolet, den mein Vater
hatte. Und dann waren wir in Kalifornien, Wanderarbeiter.
Wir waren fünf Kinder – eine kleine Familie, für diese
Verhältnisse. Das muß um 36 gewesen sein. Ich war etwa
acht. Na, das war ein komisches Leben. Wir waren ja arm
gewesen, aber wir wußten doch jede Nacht, daß ein Bett
da ist und daß *dies* unser Zimmer ist. Und es gab auch
'ne Küche. Es war gewissermaßen ein geregeltes Leben, und
es gab Hühnchen und Schweinefleisch, Eier und das alles.
Aber das änderte sich mit einem Schlag. Wenn man klein
ist, kann man sich das nicht erklären. Man weiß, daß was
nicht stimmt und daß es einem nicht gefällt, aber man
stellt es nicht in Frage und läßt sich nicht davon unter-
kriegen. Man macht einfach so weiter.
Aber meinem Vater machte das schwer zu schaffen. Er
war daran gewöhnt, dieses Land zu besitzen, und plötzlich
gab es für ihn kein Land mehr. Was ich gehört hab'...
was ich mir so aus den Gesprächen meiner Mutter und
meines Vaters zusammengereimt habe – zum Beispiel, wir
arbeiten diese Saison, und dann kriegen wir genug Geld,
und wir gehen her und kaufen uns ein Stück Land in
Arizona. So Sachen. Das wurde fast zur Gewohnheit. Er hat
nie die Hoffnung aufgegeben, daß er eines Tages zurück-
kehren und ein kleines Stück Land erwerben würde.
Ich kann dieses Gefühl sehr, sehr gut verstehen. Diese

Gespräche waren ziemlich melancholisch. Ich glaub', meine Geschwister haben diesen sehr traurigen Ausdruck auf Vaters Gesicht auch gesehen.

Und dieses Stück Land, das er sich so wünschte?

Nein, nie. Dazu ist es nie gekommen. Vor ein paar Jahren hat er auch aufgehört, davon zu reden. Dieser Drang nach Land, der ist schon sehr stark.

Als wir nach Kalifornien zogen, arbeiteten wir nach der Schule. Manchmal gingen wir gar nicht erst hin. Durch die Erntearbeit haben wir viel Schule versäumt. Wir mußten ja zusehen, daß wir genug Geld hatten, daß die Familie über den nächsten Winter kam, also pflückten wir alle Mann hoch Aprikosen, Walnüsse, Pflaumen. Wir waren ziemlich neu, wir hatten nie Saisonarbeit gemacht. Wir wurden ziemlich übers Ohr gehauen von dem Arbeitsvermittler und so Leuten. Auf 'ne ziemlich blöde Art. (Lacht.)

Manchmal kann man nicht anders als darüber lachen. Wir trauten jedem, der uns über den Weg lief. Man reist in Kalifornien rum mit allen Habseligkeiten im Auto: das ist klar. Damals hatten wir keinen Anhänger. Das ist doch eine Verlockung für den Vermittler. Überall, wo wir haltmachten, stand ein Vermittler da und bot uns alle möglichen Jobs und guten Lohn an, und wir wurden immer von ihnen getäuscht und ließen uns darauf ein. Trauten ihnen.

Kommen nach San José rein, finden – man hatte uns wieder angelogen – keine Arbeit. Wir hatten überhaupt kein Geld und mußten irgendwo draußen vor der Stadt leben, unter einer Brücke, die über einen trockenen Bach führte. Aber das war nicht mal so schlimm. Unerträglich war, daß so viele Familien da nur ein paar hundert Meter entfernt wohnten. Und Sie wissen, wie Kinder sind. Die brachten da Sachen an, mit denen sie uns ganz schön weh taten. Die meisten dieser Kinder aus Mittelstandsfamilien.

Einmal fielen wir auf einen richtigen Trick rein. Wir kamen auf unserm Weg nach Delano durch Fresno. Wir hielten an einer Tankstelle, und da sah so ein Vermittler unser Auto. Er bot uns eine Menge Geld an. Wir gingen hin. Wir arbeiteten die erste Woche: die Trauben waren ziemlich mies, und wir schafften nicht viel. Wir blieben alle aus der Schule weg, um etwas Geld zu verdienen. Samstags sollte es Geld geben, es gab aber keins. Der Mann kam und sagte, der Winzer hätte ihn noch nicht ausbezahlt. Wir kriegten das Geld in der nächsten Woche. Er gab und 10 Dollar. Mein Vater nahm die 10 Dollar, kaufte für das Geld Lebensmittel. Also arbeiteten wir noch eine Woche, und als die halb rum war, ging mein Vater wieder hin, fragte nach dem Geld von der letzten Woche. Wieder dieselbe Entschuldigung. Das ging so weiter, und er hielt uns mit 5 oder 10 oder 7 Dollar ungefähr vier Wochen lang hin. Für die ganze Familie.

Also, eines Morgens faßte mein Vater den Entschluß: Schluß mit der Arbeit. Wenn der uns nicht zahlt, arbeiten wir nicht. Wir stiegen ins Auto und fuhren zu ihm. Das Haus war leer. Er war abgehauen. Der Winzer sagte, er hätte sein Geld bekommen, und man zeigte uns die Unterlagen. Der war damit auf und davon.

Arbeitsstreiks gab es überall. Wir waren eine der streikfreudigsten Familien, glaub' ich. Mein Vater hatte die Bedingungen satt, und er fing an zu agitieren. Paar Familien schlossen sich an, und wir zogen weiter. Manchmal kamen wir auch zurück. Wenn wir woanders nichts fanden, gingen wir zurück. Bettelten um einen Job, geradezu. Die Arbeitgeber wußten Bescheid und machten auf Demütigung . . .

Und hatten diese Streiks je Erfolg?

Nie.

Wir gehörten zu den Familien, die sich immer auf die Beschwerden der anderen einließen. Wenn irgendwer einen persönlichen Ärger mit dem Arbeitgeber hatte und sagte, für den arbeite ich nicht mehr, da machten wir mit, obwohl wir Arbeit hatten. Wir streikten auch mit. Weil wir einfach so waren, daß wir teilnahmen, haben wir uns manches selbst eingebrockt. Wenn wir zum Beispiel zum Stücklohn pflückten und wir merkten, daß die uns beim Wiegen übers Ohr hauten, ließen wir uns das nicht gefallen. Also verloren wir den Job und gingen woanders hin. Es gab noch mehr so Familien.

Manchmal, wenn Sie da so wieder zurück mußten, wußte der Vermittler davon . . .?

Die wußten das, und die haben uns das ganz hübsch spüren lassen. Wir kamen da ganz schamhaft zurück. Wir saßen in der Falle. Wir mußten es aber tun, wenigstens für ein paar Tage, damit wir Geld genug hatten fürs Benzin.
Eine Erfahrung, die ich gemacht habe: Wir fuhren durch Indio in Kalifornien. Auf der Autostraße waren überall Schilder an den meisten kleinen Lokalen, auf denen stand: »Hier werden nur Weiße bedient.« Mein Vater konnte Englisch lesen, aber er kriegte den Sinn nicht ganz mit. Er ging hinein, um etwas Kaffee zu holen – mit einer Tasse, etwas Kaffee für meine Mutter. Er sagte, wir sollten draußen bleiben, aber wir gingen doch mit ihm rein. Und die junge Kellnerin sagte: »Mexikaner werden hier nicht bedient. Gehen Sie raus.« Ich stand da und sah und hörte es. Sie achtete gar nicht mehr auf uns. Ich bin sicher, daß sie für den Rest ihres Lebens nie mehr daran gedacht hat. Aber jedesmal, wenn wir daran dachten, hat es uns weh getan. Also stiegen wir zurück ins Auto, und wir hatten große Schwierigkeiten mit unserem Versuch – also, wir haben diesen Kaffee nie bekommen. Das sind vielleicht unwichtige . . ., aber das sind . . . also man erinnert sich sehr gut daran . . .
Wir gingen manchmal zwei Tage hintereinander zur Schule,

mal eine Woche, zwei Wochen, höchstens drei Wochen. Das war, als wir Wanderarbeiter waren. Dann kamen wir zurück in unser Winterquartier, und wenn wir Glück hatten, kriegten wir dann einen ganzen Packen Schule im Januar, Februar, März, April, Mai. Das waren fünf Monate von neun möglichen. Wir haben mal gezählt, in wie vielen Schulen wir schon waren, und wir kamen auf 37 Grundschulen. Von der ersten bis zur achten Klasse. Wir sind auch nie versetzt worden. Freitags – wir haben dem Lehrer nichts gesagt oder so. Sind einfach nach Hause und weggeblieben. Und die nahmen das hin.

Ich erinnere mich an eine Lehrerin – ich fragte mich, warum die so viele Fragen stellte. (Damals, wenn da irgend jemand fragte, wurde man mißtrauisch. Entweder ein Bulle oder ein Sozialarbeiter). Sie war eine junge Lehrerin, und sie wollte einfach wissen, warum wir so zurück waren. Eines Tages kam sie bei uns im Lager angefahren. Das war ein ziemliches Ereignis, weil noch nie ein Lehrer zu uns gekommen war. Das war, wissen Sie, für uns ein sehr bedeutungsvoller Tag.

Daran erinnere ich mich. Manche Leute haben das aus ihrem Gedächtnis gestrichen und vergessen. Ich nicht. Ich möchte es nicht vergessen. Ich möchte zwar nicht, daß es mich auffrißt, aber es muß dableiben, weil es schließlich passiert ist. Das ist die Wahrheit, wissen Sie. Geschichte.

Frank Czerwonka

»Ich bin bei der Müllabfuhr. Arbeite für die Stadt. Ich habe ein regelmäßiges Einkommen, zweimal im Monat. Meine Frau hat ein unabhängiges Einkommen – mich.
Ich glaub' schon, daß uns die Depression hier geformt hat. Ich zum Beispiel geh' nur noch auf Nummer Sicher. Ich mach' mir nichts aus dem Job, den ich habe, aber ich trau' mich nicht, zu wechseln. Dazu bin ich auch schon ein bißchen zu alt.

Ich geb' mich auch nicht mit Versagern ab. Wenn man mit erfolgreichen Leuten zu tun hat, färbt das irgendwie auf einen selbst ab. Wenn man sich mit Versagern umgibt, dann kann das auch irgendwie abfärben. So 'ne Art Snob bin ich, was soll's?«

Als mein Vater starb, machte sich meine Mutter in Speakeasies, Kneipen und Bierpinten zu schaffen. Heiratete ein paarmal.

1928 fing ich zu arbeiten an. Und wurde eine Woche vor der Depression entlassen. Ich hatte alles, was ich wollte. Ich wollte nicht viel. Mein ganzer Ehrgeiz war, ein Landstreicher zu sein, und darin hab' ich versagt. (Lacht.)

1930 hatte mein Stiefvater eine Etage, wo wir unsern Speakeasy betrieben. Leute von einem kleinen Brennerei-Syndikat bezogen die Etage nebenan. In unserer Nachbarschaft trank man keinen schwarzgebrannten, nur verschnittenen Alkohol. Den schwarzen verkaufte mein Stiefvater auf der South Side.

Diese Schwarzbrenner brachten die Angestellten der Gasgesellschaft dazu, ihnen die Hauptleitung anzuzapfen. Mit den Geräten der Gesellschaft stahlen sie das eigene Gas. Diese Gasleute, mein ich, natürlich nahmen die auch Geld. Sie legten eine Nebenleitung, führten sie in die zweite Etage und montierten einen Brenner drauf. Dann ein Destilliergerät für fast vierhundert Liter drüber, das war fast 24 Stunden täglich in Betrieb. Nur gerade für eine neue Ladung wurde das ausgedreht.

Die Nachbarschaft hielt und arbeitete zusammen. Zum Beispiel ein Freund von mir, sein Vater hatte eine Pinte. Der kriegte einen Job bei den Stadtwerken, um Zähler zu reparieren. Und den Leuten in unserer Gegend ging's mies. Also alle mogelten mit Gas, Elektrisch, was es nur gab. Eine ganze Menge Leute hatten ihre Zähler einfach abmontiert. Also installierte er überall in der Nachbarschaft Kurzschluß-Brücken. Er warnte sie: sie sollten ihm Bescheid geben, sowie sie jemand sähen, der auf einen der Masten kletterte und einen Zähler dort anbrächte. Dann kletterte er auch auf den Pfahl, und brachte dort auch so eine Brücke an, die den Strom einfach am Zähler vorbeileitet.

Und die ganze Nachbarschaft hat zusammengehalten?

Klar, im Kampf gegen die Stadtwerke. Und so ähnlich war's auch mit den Fürsorgern. Der Fürsorger war der Feind. Wenn man die Fürsorger antraben sah – denen sah man's schon von weitem an –, dann wurde das gleich weitergesagt. Wenn da irgendeine Party in Gang war, oder man aß gerade, oder der Alte brannte irgendwo sein Zeugs, um ein paar Dollars zu verdienen, dann deckte einer den anderen.

Die Jungs vom Syndikat hatten Fässer mit Maische überall in ihren Räumen. Eines Tages war mein Stiefvater besoffen – und dann benahm er sich immer dämlich. Dann fing er gern Streit an und ließ sich verdreschen. Die fragten meine Mutter, ob's recht wäre, wenn sie ihn umbrächten. Sie sagte: »Nein, er ist nicht versichert.«

Unser Speakeasy hatte vorne einen Laden mit Bonbons. Das war das Entree. Die Fuzz (?) scherte uns nicht. Die hielten sich nur an das Syndikat. Sie versuchten, Geld von denen zu bekommen, weil die das in großem Stil betrieben. Die luden mal zwei Lastwagen voll mit schwarzem Schnaps auf. In Zwanzig-Liter-Kanistern, bei denen jeweils ein Liter fehlte. Selbst die Liter-Flaschen waren nicht ganz voll. Die füllten nie ganz auf. Das war damals so üblich. Bescheißen, das konnten sie.

Mußten sie dem Syndikat was zahlen?

Nein, wir kauften über die Kanäle dieser Leute ein. Wir kauften Alkohol. Dieser Schwarzgebrannte war offenbar für die South Side, für die Farbigen, bestimmt. Das Syndikat hatte enorm viel Platz, wo man billig brauen konnte, ungefähr acht Zimmer. Von Zeit zu Zeit machte man ihnen den Laden dicht, aber nicht allzuoft. Denn für den Polizei-Captain hatten sie gesorgt. Sie hielten nichts davon, den einzelnen Streifenbeamten zu bezahlen. Sie boten ihm einen Drink an, damit basta. Ansonsten wäre es zu teuer geworden. Wenn erst einer mal was kriegt, erzählt er's rum, und alle andern wollen auch. So, wie die's machten, da kriegte der Captain sein Geld, und er ließ sich nicht sehen.

Wir haben ein paar Razzien erlebt, aber die haben den Schnaps nie gefunden. Meine Mutter hatte ein cleveres Versteck. Sie schlug einen Nagel in die Wand, nahm einen Topf mit Sprit, setzte einen Hut obendrauf und hängte einen Mantel drumherum. Die haben's nie gefunden.

Da gab's noch so einen Vorderlader mit Bonbons, den betrieb eine Frau. Ein Polizist fing an, sich drum zu kümmern und freundlich zu tun. Sie wußte, er wollte sie reinlegen. Also machte sie eine Flasche für ihn zurecht. Er überredet sie, sie ihm zu verkaufen. Er nimmt sie fest, bringt sie vor Gericht. Er sagte: »Ich habe diese halbe Pulle Schnaps gekauft. Halber Liter.« Die Frau sagt: »Woher wissen Sie, daß es Schnaps ist?« Der Polizist nimmt einen Schluck und spuckt es aus. Es war Urin. Fall erledigt.

Als wir diesen Laden hatten, kam eines Tages das Cadillac-Squad rein, offene Wagen, mit abgesägten Gewehren. Die wollten uns nicht irgendwie hineinziehen. Die wollten Geld. Die wollten 40 Dollar. Soviel hatte meine Mutter nicht an dem Tag. Also mußte sie auf Kunden warten und es von ihnen leihen. Es dauerte ungefähr drei Stunden, bis wir uns freikaufen konnten.

Später, 1933, als die Prohibition aufgehoben wurde, fiel der Alkohol von 40 Dollar pro 4 Liter auf 5 Dollar. Eine Zeitlang waren dann 8 Dollar der Standardpreis, aber 5 war der Tiefstpunkt.

Ich wollte da raus. Was arbeiten, wie auch immer. Eines Tages ging ich auf Arbeit mit sieben Cent und meinem

Brot in der Tasche. Ob Sie's glauben oder nicht, ich wartete auf die Straßenbahn. Ein Lastwagen fuhr stadtauswärts. Die Ladeluke hinten war runter. Ich sprang drauf und blieb sechs Monate weg.

Das war so um '31. Hoover war noch dran. Ich fuhr so weit, wie der Laster fuhr. Ein Güterzug kam vorbei.

Ich hatte meine sieben Cent, aber ich aß erst mal mein Brot. Ich kaufte ein Päckchen Bull Durham, aber ich brauchte was zu essen. Ich fand ein Lager, aß etwas, und lernte ein paar Tricks von den Stromern.

Diese Güterzüge damals, das war eine verblüffende Geschichte. Wenn so ein Zug in einer kleinen Stadt hielt und die Leute runterkletterten, dann verdreifachte sich die Einwohnerzahl. So viele waren da unterwegs. Frauen sogar, und eine ganze Menge versuchte, sich zu verkleiden.

Ich machte die Bekanntschaft von selbsternannten Professoren, Safe-Knackern, Feinmechanikern und so was mehr. Eine ganze Anzahl Boomers war unterwegs. Diese Leute hatten meist Geld. Wenn sie einen Job erledigt hatten, wurden sie ausbezahlt, besoffen sich und machten sich davon. Die mochten die Farmer-Typen nicht. Und einige Farmer mußten sich auch beerdigen lassen.

Ich spreche von diesem großen Staudamm draußen im Westen, diesem großen Hoover-Damm. Da waren viele Farmer im Beton. Die schubsten sie einfach da rein. Die wollten sie nicht, wegen der Konkurrenz. Oh, da waren schon ein paar ganz miese Charaktere unter denen, die damals rumreisten.

Die alten Stromer, die hatten ihre feste Tour, wie ein Prediger oder ein Vertreter. In den Städten kannte man sie. Sie kannten die guten Gefängnisse, in denen man den Winter verbringen konnte. Und die hielten auch untereinander zusammen, wie ein Clan. Außenseiter ließen sie nicht sehr dicht an sich ran. Einen jungen Mann vielleicht, jemand, den sie mochten, den brachten sie vielleicht rein. Es gab ziemlich viel Homosexualität bei denen – alle möglichen Typen.

155

Ich hab' einen in den Fluß gestoßen. Ich weiß nicht, ob er wieder hochkam oder nicht, ich bin weggerannt.
Für alle Fälle gab es die Heilsarmee. Während man einer Predigt zuhörte, kriegte man ein bißchen was zu essen, und dann zog man wieder los. Die Missionen sind ziemlich schrecklich, weil sie einen von vornherein schlechtmachen. Ich brauchte eine Penne, also griff ich zu. Ab und zu kriegte einer einen Anfall und bekannte sich zur Religion. Die blieben eine Weile da, nur um ein Dach überm Kopf zu haben. Und wenn sie zum ersten Mal wieder Geld genug hatten, um sich zu besaufen, dann ging's los ...
Die Leute aus der Stadt waren für die Landstreicher nicht sehr zu haben, wollten nichts zu schaffen haben mit ihnen. Immerzu stromerten da welche rum. Versuchten meist, an der Hintertür irgendwas loszueisen.

Wußten die, an welchen Türen man was bekam?

Nein, dieses Stück aus dem Code der alten Stromer brach zusammen. Wenn es immer noch galt, dann ließen die es jedenfalls die Neulinge nicht wissen – die Neuarmen.
Manchmal schlief man auch draußen im Feld, wenn das Wetter schön war. Einmal in Nord-Dakota hatte ich gerade mal eine Straßenkarte zum Drunterlegen und eine Straßenkarte zum Zudecken. Als ich am Morgen aufwachte, war Frost auf der Karte. Machte mir nichts aus. Ich schlief. Heute büße ich dafür. Arthritis.

1 »Dreizehn Familien, die von der Wohlfahrt lebten, hatten sich in einem leeren Gebäude einquartiert ... sie trotzten der Polizei, die sie raussetzen wollte. Die meisten waren vor kurzem von einem Brand betroffen. Die anderen hatten beschlossen, ihre menschenunwürdigen Behausungen zu verlassen und in diesem dreistöckigen Haus zu leben ... ›Mann, wir werden diese Apartments verteidigen wie die frühen Siedler, wenn

sie den Indianern was weggenommen hatten‹, kündigte Mrs. Pearl Moore, eine Vertreterin der Mieter-Gewerkschaft an.« (Chicago Daily News, 21. Februar 1929)

2 Salvation Army (Heilsarmee).

3 Upton Sinclair, sozialkritischer amerikanischer Schriftsteller, war damals Kandidat für den Gouverneursposten von Kalifornien.

4 Er ist jetzt bei der UNESCO in der Verwaltung tätig.

In Berkeley und anderswo

Pauline Kael

College-Leben

Als ich 1936 in Berkeley war, hatten viele Jungen und Mädchen ihre Väter verloren. Sie waren schmählich weggegangen, weil sie ihre Familien nicht ernähren konnten. Andere Väter hatten sich umgebracht, damit die Familien die Versicherungssumme bekamen. Viele Familien waren völlig zusammengebrochen. Jeder Vater faßte es als sein persönliches Versagen auf. Diese Männer der Mittelschicht hatten anscheinend kein Gefühl für das, was in der Gesellschaft vorging, und so brachten sie sich um.

Es war immer noch Depression. Es gab junge Leute, die keinen Platz zum Schlafen hatten und zusammengekauert unter den Brücken auf dem Collegegelände übernachteten. Ich hatte ein Stipendium, aber manchmal nichts zu essen. Die Mahlzeiten bestanden oft aus drei Schokoladenriegeln. Wir wohnten in Gemeinschaften, und ich weiß noch, wie ich andere durchfütterte, indem ich unvorstellbare Mengen Spaghetti kochte.

Es gab peinliche Situationen im College, wo viele Studenten gut bei Kasse waren. Ich habe immer noch eine Abneigung gegen die Jungen und Mädchen der feinen Studentenklubs mit ihren Kaschmirpullovern und Perlen. Sogar noch heute habe ich, wenn ich am College unterrichte, das gleiche Gefühl gegenüber diesen übertrieben elegant gekleideten jungen Leuten. Es war nicht Haß, weil ich diese Dinge auch haben wollte, sondern weil sie nicht begriffen, was geschah.

Ich gab sieben Kurse im Semester und verdiente 50 Dollar im Monat. Ich war, glaube ich, die einzige Frau im Ausschuß für Arbeitsfragen in Berkeley. Wir versuchten, eine Erhöhung des Mindestgehalts im College auf 40 Cents die

Stunde durchzusetzen. Diese eleganten jungen Leute konnten unsere Forderungen nicht verstehen. Es bestand eine regelrechte Trennung zwischen den Armen, die Verbesserungen im College durchzuführen versuchten, und den Reichen, denen das schnuppe war.

Berkeley war Ende der dreißiger Jahre ein Hexenkessel. Man hatte sich kaum immatrikuliert, da bekam man schon Einladungen von den Trotzkisten und den Stalinisten, die einen direkt umwarben. Ich immatrikulierte mich mit sechzehn, so war es damals ein bißchen überwältigend für mich. Ich erinnere mich, daß ich in den Assistentenverband eintrat. Wir hatten einen Mario Savio eigener Machart. Heute ist er Rechtsanwalt und auf Konkurse spezialisiert. Wir wählten einen Liberalen zum Präsidenten der Studentenschaft. Das war zu der Zeit ein Wunder.

Die Klubstudenten betätigten sich oft als Streikbrecher in San Francisco – die Sportler und Ingenieurstudenten. Und die armen Jungen versuchten, ihre vierzig Cents pro Stunde zu kriegen. Die Collegeverwaltung konnte immer darauf rechnen, daß die Klubmitglieder jede Studentenbewegung erstickten.

Heute ist es anders, da die Studentenklubs sehr viel weniger Macht haben . . .

Robert Gard

Professor der Theaterwissenschaft, Universität Wisconsin.

An einem Septembermorgen brach ich zur Universität von Kansas auf, mit 30 Dollar, die ich mir von meiner Bank geliehen hatte. Ich besaß einen Anzug und eine Krawatte und ein Paar Schuhe. Meine Mutter hatte mehrere Tage damit verbracht, zwei Holzkisten mit Obst- und Gemüsekonserven zu packen. Mein Vater, ein Provinzanwalt, hatte als Honorar einen Buick-Tourenwagen von 1915 angenommen.

Er war nicht gerade in gutem Zustand, aber gut genug, um mich nach Kansas zu bringen. Er fiel dann auseinander und kehrte nie mehr nach Hause zurück.

Ich hatte keine Ahnung, wie weit ich mit den 30 Dollar kommen würde, aber sie mußten auf jeden Fall lange reichen, weil ich nichts weiter besaß. Die Semestergebühr betrug 22 Dollar, so daß ich noch 8 Dollar übrig hatte. Zum Glück kriegte ich einen Job als Chauffeur für den Dekan der Juristischen Fakultät. Auf diese Weise kam ich durch das erste Jahr.

Wie herrlich war es, ein Pfund Hackfleisch zu besorgen, das rund fünf Cents kostete, damit zu der Bahnlinie der Union Pacific zu laufen und draußen zu kochen. Und dazu ein paar erstklassige Gespräche. Und vielleicht im Kaw River schwimmen.

Einer meiner Freunde kam gut ausgerüstet ins College. Er hatte eine alte Fordlimousine, ein T-Modell von ungefähr 1919. Er hatte sie sich als Haus eingerichtet. Das ganze Jahr hindurch wohnte er in dem Wagen. Er kochte, schlief und studierte in dieser Fordlimousine, T-Modell. Wie er zurechtkam, ist mir schleierhaft. Einmal ging ich zum Essen hin. Er kochte ein ziemlich gutes Essen auf einem kleinen Ofen, den er in diesem Ding hatte. Als Student war er brillant. Ich weiß nicht, wo er jetzt ist, aber es würde mich nicht überraschen, wenn er der Chef eines großen Konzerns wäre. (Er lacht.) Überleben . . .

Ich glaube nicht, daß die Schwachen wirklich überlebten. Viele brachen zusammen. Höchstwahrscheinlich an Unterernährung. Ich weiß, daß es Studenten gab, die tatsächlich hungerten.

Manche gingen seltsamen Tätigkeiten nach. Da war so eine biologische Firma, die einen Cent pro Stück für Küchenschaben zahlte. Sie brauchte sie für Forschungen, nehme ich an. Einige Studenten machten jede Nacht Jagd auf Küchenschaben. Sie packten sie in Schachteln und verkauften sie an diese Firma.

Ich erinnere mich noch an unsere fieberhaften intellektuellen Diskussionen. Es gab viele neue Bewegungen. In der Literatur gab es etwas, das der Proletarische Roman hieß. Da waren das Federal Theater[1] und das Living Newspaper. Zum erstenmal fingen wir an, ein soziales Bewußtsein zu entwickeln. Wir fingen an, uns über uns selbst und unsere Gesellschaft Gedanken zu machen.

Die meisten von uns kamen von Farmen, und diese Ideen waren in gewissem Grad fremd für uns. Wir hatten vorher nie wirklich darüber nachgedacht. Aber es war eine Periode der Not. Sie konfrontierte uns mit den wirtschaftlichen Problemen und allem übrigen... Alles in allem, eine bittere Zeit, aber eine herrliche Zeit.

Chance Stoner

Ein Finanzberater in der Wall Street.
»In meinem eigenen Leben sah ich tatsächlich keinen Unterschied zwischen den zwanziger und den dreißiger Jahren. Ich lebte in einer kleinen Stadt in Virginia, die sehr arm war. In den zwanziger Jahren gingen fünftausend Provinzbanken in Konkurs... Mein Vater war Schreibmaschinenverkäufer und tat sein Bestes...«

Ich bekam ein 100-Dollar-Stipendium für die Universität von Virgina. Das war 1931, also eine verdammt gute Sache. Und meine Mutter gab mir hundert Dollar. Ich hatte ein Paar Khakihosen, ein Paar Turnschuhe und ein Khakihemd. Das war's.

Im ersten Jahr an der Universität organisierte ich einen Kursus für marxistische Studien. Die Studenten teilten sich in zwei Gruppen. Ungefähr neunhundert hatten Autos. Ungefähr neunhundert hatten Jobs oder Stipendien. Die anderen neunhundert fielen dazwischen. Wir führten einen regelrechten Klassenkampf. Die Jungen mit den Autos und die Studentenklubs – in der Klubstraße gab es dreiunddreißig kleine griechische Paläste – sie bestimmten die studentische Selbstverwaltung. So organisierte ich die anderen neunhundert, und wir nahmen ihnen die Verwaltung weg und schrieben die Verfassung neu.

Die Hälfte meiner Zeit verbrachte ich mit radikalen Tätigkeiten. Ich versuchte, eine Gewerkschaft in Charlottesville zu organisieren – und brachte Neger in die Universität, damit sie dort zu uns sprachen. Seit den Jahren nach dem Bürgerkrieg sollte es der erste Schwarze sein, der dort eine Rede hielt. Er war ein alter Sozialist.

Der Dekan kriegte daraufhin einen Wutanfall. Er glaubte immer noch an die Sklaverei. Er verbot uns, irgendeins der Universitätsgebäude zu benutzen. Ich schrieb damals wöchentlich einen Artikel für die Universitätszeitung. Ich griff also den Dekan an: »Was für engstirnige Männer haben Mr. Jeffersons Universität geerbt?« (Er lacht.) Das wurde an der ganzen Ostküste nachgedruckt. Auf den Titelseiten der Zeitungen, einschließlich der *New York Times.* (Er lacht.)

Der Präsident ließ mich rufen. Er hatte einen über zehn Zentimeter hohen Stapel von Zeitungsausschnitten. Er sagte: »Sehen Sie sich an, was Sie getan haben.« (Er lacht.) Ich sagte: »Das ist nicht meine Schuld. Der Mann wurde ordnungsgemäß eingeladen, er ist qualifiziert, und er wird in der Episkopalkirche sprechen.« Der Dekan war einer der Diakone der Kirche. Wir hatten also viel Spaß dabei.

Auf den Gehwegen der Universität gab es Inschriften: »Nieder mit dem imperialistischen Krieg. Geld für Stipendien, nicht für Schlachtschiffe.« Wieder wurde ich zum Büro des Präsidenten gerufen. Er fragte mich, ob ich nicht die Leute daran hindern könnte, den ganzen Gehweg zu bemalen. Ich sagte zu ihm: »Wir sind durchaus bereit, uns einer allgemeinen Regel zu fügen. Wenn es den Geheimgesellschaften und Studentenklubs verboten wird, auf Stufen oder Gehwege zu schreiben, tun wir das auch nicht.« Darauf holte er mich zum Fenster, und draußen stand in großen roten Buchstaben der Slogan: »Nieder mit dem imperialistischen Krieg«. Er sagte: »Könnten Sie *bitte* nicht wenigstens richtig buchstabieren?« (Er lacht.)

1935 kam es wegen einer Friedensdemonstration zur ersten offiziellen Schließung des ganzen Universitätsbetriebs. Raten Sie mal, wer der Hauptredner war? J. B. Matthews. Später leitete er den Ausschuß für unamerikanische Umtriebe als Personaldirektor bei Martin Dies. Er war der Mann, der das System der vollständigen Akten und Kreuzverweise erfand, und die Theorie der Verbände und Fronten und alles übrige. Ein sehr bemerkenswerter Bursche. Er begann als protestantischer Pfarrer, kam zum Sozialismus und endete bei Martin Dies. Joe McCarthy war ohne J. B. Matthews nicht möglich. Und wir schlossen seinetwegen die Universität . . . Nun ja . . .

Damals war ich ein Unruhestifter. (Er lacht.) Ich wünschte, ich wäre es immer noch.

1 Federal Theater – 1936–39, eine Maßnahme der Regierung zur Unterstützung arbeitsloser Schauspieler und anderer Beschäftigter an Theatern. In New York wurde in diesem Rahmen das Living Newspaper als experimentelle Form entwickelt: eine Dramatisierung zeitgenössischer sozialer und politischer Probleme mit Hilfe von Zitaten aus Zeitungen und Reden (Anm. d. Übers.).

Rote Fahnen

William L. Patterson

Er ist siebenundsiebzig.
»Meine Mutter wurde 1850 als Sklavin geboren. Als der Bür-
gerkrieg unausweichlich schien, schickte ihr Großvater seine
weiße Familie nach Massachusetts und seine schwarze Familie
nach Kalifornien. Mein Vater war Westindier.«
Als er sein Jurastudium absolviert hatte, heuerte er als dritter
Koch auf einem Dampfer an: Ziel – Liberia. Beim Aufent-
halt in London lernte er George Lansbury kennen, den alten
Abgeordneten der Labour Party, der ihn drängte, nach Ameri-
ka zurückzukehren, weil sich »dort der große Kampf entwickeln
wird«.
In New York wurde er unter Fürsprache von Henry L. Stim-
son[1] als Anwalt zugelassen. Innerhalb kurzer Zeit hatte er
die führende Neger-Praxis der Stadt. Der Fall Sacco-Vanzetti
erregte sein Interesse. »Die meisten jungen Negeranwälte sahen
nicht den geringsten Zusammenhang ... aber ich fragte mich,
was denn sonst der Sinn der Juristentätigkeit wäre, wenn
soziale Probleme auftauchten und ich keine Rolle dabei spiel-
te ...«
Als Mitglied einer Delegation, die in Boston gegen die Hin-
richtung protestierte, begegnete er Ella (Mother) Bloor und
anderen Kommunisten. »Sie waren sehr besorgt um mein Wohl-
ergehen. Durch sie erlebte ich einen neuen Typ des weißen
Amerikaners. Jedoch erst, als Mother Bloor den Fall Sacco-
Vanzetti mit der Unterdrückung der Neger verknüpfte, er-
kannte ich schlagartig die Klarheit ihrer Sache. Ich gab den
Anwaltsberuf auf und trat in die Kommunistische Partei ein.«
Drei Jahre lang studierte er in der Sowjetunion an der Uni-
versität für die Werktätigen der Völker Asiens. Die meisten
Studenten waren junge Asiaten, obwohl es auch »ein oder
zwei Afrikaner« gab. 1930 kehrte er nach Amerika zurück.

Eine kurze Zeit organisierte ich in Harlem. Es war eine
interessante Periode, die die Negerschriftsteller hervor-
brachte. James Weldon Johnson hielt sich dort auf. Und
natürlich einer der großen Männer des Jahrhunderts,

Dr. W. E. B. DuBois. Professor Alain Locke von der Howard-Universität . . . und junge Negerautoren, die dem von geldgierigen weißen Schriftstellern gebahnten Weg folgten. Zwei Ausnahmen waren die Dichter Claude McKay und Langston Hughes.

Ich wurde von der Partei gebeten, nach Pittsburgh zu gehen, um dort die Leitung einer neuen Schule – für Metall- und Bergarbeiter – zu übernehmen. Das war mitten in der Depression. Arbeitslosenräte und Hungermärsche wurden organisiert.

Ich war bei einer Demonstration verhaftet worden, bei der tausend Neger und Weiße die Möbel einer exmittierten weißen Familie zurück in ihr Haus getragen hatten. Im Prozeß verteidigte ich die anderen Verhafteten und mich selbst. Die Geschworenen fällten das Urteil: Nicht schuldig.

Ich wurde verhaftet, als ich zu schwarzen und weißen Bergarbeitern in West-Pennsylvania und Ost-Ohio sprach. Bei einer Gelegenheit wurde davon geredet, mich zu lynchen. Weiße und Negerarbeiter stellten Streikposten um das Gefängnis herum auf und marschierten die ganze Nacht.

Bei einer anderen Gelegenheit warf man mich ins Gefängnis, ohne irgendeine Anklage zu erheben. Um zwölf Uhr nachts kamen Revolvermänner zu meiner Zelle und sagten, sie würden mich in ein anderes Gefängnis überführen. Ich wußte, daß es in der Stadt nur ein Gefängnis gab, und dachte, jetzt ist es soweit.

Ich wurde in einen Ford gesteckt, und wir fuhren aus der Stadt hinaus. Die drei Männer fingen an, sich in einer Sprache zu unterhalten, die ich nicht verstand, die ich aber als slawisch erkannte. Ich fragte sie auf russisch, was sie mit mir vorhätten. Sie waren sehr erstaunt, einen schwarzen Mann russisch sprechen zu hören. Wir unterhielten uns dann über meinen Aufenthalt in Rußland.

Bald kamen wir zu einer bewaldeten Strecke der Straße. Der Wagen hielt, und ich mußte aussteigen. Ich dachte, ich würde beim Fluchtversuch erschossen werden, wie es in der Anklage gewöhnlich hieß. Aber einer von ihnen gab mir einen Stoß, und sie fuhren weg.

Die Arbeitslosenräte wurden von den Kommunisten ins Leben gerufen, obwohl sie sich in der Hauptsache aus Nichtkommunisten zusammensetzten. Ich erinnere mich, daß auf Männer und Frauen, die daran teilnahmen, geschossen wurde. Hunderte wurden unter dem einen oder anderen Vorwand wegen Aufwiegelung oder Verschwörung angeklagt. Aber es war eine großartige Schulungszeit.

Sehr oft entstanden die Räte durch eine Versammlung, in der vorgeschlagen wurde, Delegationen zum Rathaus der Stadt oder auch zum Repräsentantenhaus des Staates zu schicken – um Essen und Arbeit zu verlangen. Diese Komitees kamen dann zurück und gaben der Versammlung einen Bericht. Aus diesen Ereignissen entwickelten sich die Arbeitslosenräte. Es folgte die Idee der Hungermärsche. Zu Rathäusern, zu Stadträten. Ich führte einen Zug mit einigen Tausend nach Uniontown. Als wir ankamen, war die Polente in Scharen da. Ich stieg die Stufen hinauf und fing an zu sprechen. Nach kurzer Zeit kamen der Stadrat und der Bürgermeister und beriefen eine Versammlung ein. Eine Delegation ging ins Rathaus. Ich sprach für sie. Sie bewilligten sofort 6000 Dollar Unterstützung. Es war ein kleiner Betrag, aber es war auch eine kleine Stadt.

Ich hatte erst kurze Zeit in Pittsburgh gelebt, als sich der Scottsboro-Fall ereignete. Im April 1931 wurden neun Negerjungen verhaftet, und der Prozeß fand in Scottsboro, Alabama, statt. Sie fuhren auf einem Güterzug mit, um sich Arbeit zu suchen. Einige waren auf der Suche nach einem Krankenhaus, weil sie sich in ihrer Heimatstadt nicht behandeln lassen konnten. Es war ein Güterzug von Tennessee nach Alabama, auf dem sich sehr viele weiße Jungen, die auch keine Arbeit und keinen Pfennig Geld hatten, ruhelos von einem Platz zum anderen begaben. Als die Jungen verhaftet wurden, klagte man die Weißen wie die Schwarzen wegen Landstreicherei an. Bis der Sheriff feststellte, daß zwei weiße Mädchen, in Overalls, auf demselben Zug waren.

Unter Druck zwang die Polizei die Mädchen zu der Aussage, daß sie die neun Negerjungen vergewaltigt hätten. Beide Mädchen waren durch die wirtschaftlichen Bedingungen schon in frühen Jahren zur Prostitution gezwungen worden.

Ich bekam einen Anruf aus New York, daß die Organisation der Internationalen Labor Defense (ILD) die Verteidigung übernähme. Der Sekretär der ILD fuhr mit Mrs. Wright, der Mutter eines der Jungen, nach Europa, um internationale Anteilnahme zu mobilisieren. Ich war einverstanden, stellvertretender Sekretär der ILD zu werden.

Ich ersuchte sofort Samuel Liebkovitz um seinen Beistand. Er war einer der führenden Strafverteidiger von New York und hatte noch nie einen Fall, bei dem es um Tod oder Leben ging, verloren. Er sagte zu mir: »Ich werde die Jungen zurückbringen und sie Ihnen in die Arme werfen.« »Nein, das schaffen Sie nicht,« antwortete ich. »Das sind politische Gefangene. Man hat sie absichtlich verhaftet und vor Gericht gestellt ... um die Neger zu terrorisieren.«

Liebkovitz handhabe den Fall in meisterhafter Weise. Der Güterzug, mit dem diese Jungen fuhren, hatte neunundvierzig Waggons. Liebkovitz ließ eine Nachbildung des Zugs anfertigen, bei der sich jeder Waggon an seiner richtigen Stelle befand. Im Prozeß zwang er die Kläger, die beiden Mädchen, den Waggon zu zeigen, in dem sich die Vergewaltigung ereignet hatte. Er bewies dem Richter, daß dieser Waggon voll mit Kies beladen war, und zwar so hoch, wie die Seitenwände reichten. Wenn die Mädchen vergewaltigt worden wären, hätten sie Wunden am Rücken davongetragen ...

Richter Horton hob den Schuldspruch auf. Er gab eine gerechte Analyse des Beweismaterials und zeigte, daß vieles davon unzulässig war. Und doch dauerte der Fall der Jungen von Scottsboro siebzehn Jahre, von 1931 bis 1947. Dann erst wurde der letzte von ihnen, Heywood Patterson, der prominenteste und tapferste dieser Jungen, freigelassen.

Es war eine Cause célèbre, die Millionen Menschen in der ganzen Welt in Bewegung setzte. Und führte mich, unerbittlich, glaube ich, dazu, die Rolle der amerikanischen Regierung bei der Verfolgung der Neger zu erkennen. Der Fall kam zweimal vor das Oberste Bundesgericht. Sowohl de jure wie de facto gab es Beweise, die ausreichten, um dem Gericht die Abweisung des Falls zu ermöglichen. Statt dessen wurden diese Jungen beide Male zurückgeschickt, um weiter die Tortur und Qual ihres Gefängnislebens und die rassistische Verfolgung, der man sie unterworfen hatte, zu erleiden. Ich begann, dieses Komplott zur Verewigung des Rassismus als Institution in unserem Leben klar zu erkennen.

Trat nicht eines dieser Mädchen schließlich als Entlastungszeugin auf?

Einer der interessantesten Züge des Falls. Er zeigte die ungeheure Gewalt des Kampfes, um das Bewußtsein und auch das Verständnis der Menschen wachzurütteln. Ruby Bates, eines der jungen weißen Mädchen, war eine bemerkenswerte Persönlichkeit. Sie erzählte mir, daß sie mit dreizehn Jahren zur Prostitution getrieben wurde. Sie hatte in einer Textilfabrik für einen Hungerlohn gearbeitet. Als sie um eine Lohnerhöhung bat, sagte ihr der Boß, sie sollte das wettmachen, indem sie mit den Arbeitern ging. Sie erzählte mir, sie hätte keine andere Möglichkeit gehabt.

Nachdem sie sich eine Weile mit den weißen Arbeitern abgegeben hatte, wurde sie von der Polizei geholt. Man wollte sie nicht wegen Prostitution verhaften, aber man zwang sie zu einem »Nigger-Tag«, wie es hieß. An einem bestimmten Tag mußte sie mit schwarzen Arbeitern gehen; wenn man also einen Schwarzen wegen Vergewaltigung belangen wollte, um eine Lynch-Veranstaltung abzuhalten, dann hatte man jemanden, der nicht ableugnen konnte, mit ihr zusammengewesen zu sein.

Ruby und ich hatten eine Gelegenheit, miteinander zu sprechen. Wir holten sie nach New York, als sie den Wunsch äußerte, ihre Geschichte, die wahre Geschichte, zu erzählen. Sie lernte Reverend Harry Emerson Fosdick kennen. Und ich brachte sie mit dem Bühnenautor Elmer Rice zusammen. Als Wexleys Stück[2] herauskam, hielt sie eine Rede, und ich ebenfalls.

Sie erzählte, daß man ihr mit Gefängnis gedroht hatte, falls sie nicht diese Jungen wegen Vergewaltigung verklagte. Sie erzählte, daß Victoria Price, das andere Mädchen, in eine Mordanklage verwickelt war und daß ihr mit Strafverfolgung gedroht wurde. Sie erzählte, daß die Behörden Victoria ein Haus in Scottsboro versprachen, wenn sie so aussagte, wie sie es wollten. Ruby war es unmöglich, sich an einem so großen Verbrechen zu beteiligen.

Ruby Bates war eine bemerkenswerte Frau. Unter alldem – der Armut, der Erniedrigung – war sie anständig, rein. Hier war ein ungebildetes weißes Mädchen, dessen ganze Erziehung die Mythen von der Überlegenheit der Weißen verdüstert hatten, das im Kampf um das Leben dieser neun unschuldigen Jungen schließlich die Rolle erkannte, die es zu spielen gezwungen wurde. Als Mörderin. Sie wandte sich gegen ihre Unterdrücker ... Ich werde sie nie vergessen.

Max Shachtman

Früher ein Führer der Trotzkisten, heute ein führender Theoretiker der amerikanischen Sozialistischen Partei.

Bis sich der Börsenkrach ereignete, glaubte man, daß es am amerikanischen Kapitalismus etwas Einzigartiges gäbe. Sogar die Radikalen spürten es. Sie befanden sich in einem schlimmen Zustand. Die Kommunisten waren durch innere

Streitigkeiten zerrissen. Die Sozialisten stagnierten. Ford bezahlte seinen Arbeitern fünf Dollar pro Tag – ein beispiellos hoher Lohn. Es schien, als ob der Klassenkampf zu Ende ginge und der Radikalismus verschwinden würde. Aber die Krise von 1929 verursachte eine geistige Revolution: sie berührte Liberale und in vielen Fällen Konservative ebenso wie Radikale.

Was als Zusammenbruch des amerikanischen Kapitalismus bezeichnet wurde, hatte eine ungeheuer anregende Wirkung auf die amerikanische Kommunistische Partei. Sie machte in den dreißiger Jahren zwei Phasen durch: die erste Hälfte des Jahrzehnts und die zweite; dieses Phänomen hatte auch noch so etwas wie eine dritte Phase.

Zu Anfang erlebte sie eine Selbstreinigung. Das hatte nichts mit den Ereignissen in den Vereinigten Staaten zu tun. Wie immer bei den Kommunisten, spiegelte dies Geschehnisse in Rußland wider. Am Vorabend des »Zusammenbruchs des amerikanischen Kapitalismus« schloß die KP eine Gruppe von uns wegen Unterstützung der »konterrevolutionären Absichten Trotzkis« aus. Andere Ausschlüsse folgten. Das Ergebnis des Konflikts war wenigstens ein Dutzend verschiedener Fraktionen. Durch diese Verwirrung blieb die Partei in einem Zustand der Lähmung.

Das Einsetzen der Massenarbeitslosigkeit in einem bisher in diesem Land unbekannten Ausmaß ermöglichte es jedoch den Kommunisten, die Arbeitslosen zu organisieren und schlagkräftige Protestaktionen durchzuführen. Sie waren zu Anfang die Führer dieser Bewegung. Bei Versammlungen auf dem Union Square in New York gelang es ihnen, nicht weniger als hunderttausend Menschen zusammenzubringen.

Hoover war noch immer Präsident. Da er nicht einmal die geringste Verbesserung für die Arbeitslosen anbot, schien die Kommunistische Partei Oberwasser zu haben. Aber ihr Erfolg war eine Illusion. Im tiefsten Grund interessierte sich der arbeitslose Arbeiter nicht für den Kommunismus. Er interessierte sich nur für eins: einen Job. Die KP konnte ihn in Demonstrationen hineinzuziehen, aber sie konnte ihm keine Arbeit verschaffen. Es war der New Deal, der das dann fertigbrachte – wenigstens für ein paar Millionen.

Mit der Wahl Roosevelts trat die Partei in eine neue Phase. Sie malte sich den vollständigen Verfall des Kapitalismus aus und den bevorstehenden Triumph der internationalen proletarischen Revolution. Sie ergriff die militantesten politischen Maßnahmen, die man sich vorstellen kann. Alle, die rechts von der Partei, und einige, die links von ihr standen, betrachtete sie als Feinde. Sozialisten wurden zu Sozialfaschisten. Man griff sie heftiger an als die wirklichen Faschisten. Während der ersten Periode des New Deal bezeichnete man den Kongreß als den Großen Faschistischen Rat. Unter den Arbeitslosen machten die Kommunisten, obwohl nur vorübergehend, Fortschritte. Leider vertieften sie die Kluft zwischen sich und allen anderen radikalen Gruppen im Land. »Rote Gewerkschaften« wurden gegründet. Ihre Programme waren revolutionär bis dorthinaus; ihre Führer brannten vor Tatendrang. Sie hatten nur einen Mangel – wenige Mitglieder. Folglich wurde ihr Ruf unter den Gewerkschaften sehr schlecht. Für die Arbeiter gibt es wenige Verbrechen, die so schwerwiegend sind wie doppelte Gewerkschaftssysteme: sie spalten die Reihen der Arbeiter, wenn sie den Unternehmern gegenübertreten.

Trotz allem, der Kapitalismus machte einen ziemlich kranken Eindruck. Große Teile der Bevölkerung waren radikalisiert. In liberalen und akademischen Kreisen wurde der Marxismus, den man schon als passé angesehen hatte, wieder populär. In diesen Jahren schrieb man mehr über den Marxismus – zustimmend, obwohl in vielen Fällen nicht gerade scharfsichtig – als zu jeder anderen Zeit in der amerikanischen Geschichte.

Ende der zwanziger und Anfang der dreißiger Jahre waren Tausende junger Leute in die Sozialistische Partei eingetreten. Sie drängten die Sozialisten ständig weiter nach links, wobei sie sich in vielen Fällen den Jargon der Kommunisten ausliehen. Das führte zu einer Spaltung. Der rechte Flügel, viele ältere Sozialisten, setzte sich ab. Besonders nach dem Parteitag von 1934 in Detroit, als eine Grundsatzerklärung für die Diktatur des Proletariats angenommen wurde.

Die Parallelentwicklungen unter den Kommunisten und Sozialisten wurden, abgesehen von der Krise in unserem Land, von zwei Ereignissen in Europa beeinflußt.

Das erste: der Triumph des Faschismus in Deutschland. Hitler hatte die Weimarer Republik gestürzt ohne irgendeinen wirklichen Widerstand durch die beiden größten radikalen Parteien der Welt außerhalb Rußlands: die deutsche Kommunistische Partei und die Sozialdemokraten. Sie kapitulierten, ohne einen Schuß abzufeuern. Es wurden eine Rückkehr zur Barbarei in moderner Form und die Gefahr eines zweiten Weltkriegs heraufbeschworen. Das war um 1933.

Das zweite Ereignis war der russische Fünfjahresplan, der von Stalin eingeleitet wurde. Die Welt draußen wußte wenig über seine Einzelheiten. Später erfuhr sie von den ihn begleitenden Greueln. Aber was neunundneunzig von hundert amerikanischen Radikalen in die Augen stach, war dieser Gegensatz: aus den amerikanischen Fabrikschornsteinen kam kein Rauch; dort ging die Produktion wie verrückt weiter; alle arbeiteten. Und von allen Großmächten war Rußland unnachgiebig antifaschistisch.

Doch trotz allem schlug der Radikalismus keine tiefen Wurzeln in den Vereinigten Staaten. Die Kommunistische Partei hatte einige tausend Mitglieder dazubekommen, aber im politischen Leben des Landes war sie immer noch unbedeutend. Besonders, wenn man sie mit der amerikanischen Sozialistischen Partei auf ihrem Höhepunkt im Jahr 1918 vergleicht. Sie hatte über 100 000 Mitglieder.

In der zweiten Hälfte der dreißiger Jahre vollzog sich ein

großer Wandel in der amerikanischen Linken. Da waren der New Deal und besonders die Entstehung des CIO. Mit der Organisation der Unorganisierten trat die Arbeiterschaft in die Politik ein. Radikale aller Richtungen unterlagen diesem Einfluß. Die Kommunisten und die Sozialisten wurden dank ihrer Erfahrung von der Bewegung praktisch aufgesogen. In vielen Fällen waren sie die treibenden Kräfte.

Mit dem Aufstieg Hitlers und dem spanischen Widerstand gegen den Faschismus im Bürgerkrieg folgte ein höchst entscheidendes Ereignis. Eine radikale Kehrtwendung in der kommunistischen Politik. Die Volksfront – die Einheitsfront – entstand. Die Partei gab die Theorie des »Sozialfaschismus« auf. Die Einheitsfront hieß alle Radikalen, alle Liberalen und übrigens alle »rechtdenkenden« Kapitalisten willkommen. (Er lacht.) Jeden. Der New Deal und Roosevelt wurden in die Arme geschlossen. In Reden forderte man zum Verständnis für die National Association of Manufacturers[3] auf. Wenn ein Radikaler diese Ideen in früheren Jahrzehnten vorgeschlagen hätte, wäre er politisch gelyncht worden. Es gab nur zwei Vorbedingungen: freundschaftliche Gesinnung gegenüber Rußland und Feindschaft gegen Hitler.

Soweit es die Kommunistische Partei betraf, war das ganz wirkungsvoll. Sicher ist Einheit unter den Radikalen besser als innere Kämpfe. Sie war die Partei der freundschaftlichen Gesinnung. Wie konnte jemand gegen sie sein? Dann mußte man ja gegen Mutterschaft sein . . .

Bald wurde Arbeit in der Demokratischen Partei als politische Maßnahme anerkannt. Das war ganz natürlich. Die Arbeiterbewegung stand in überwältigendem Maß hinter Roosevelt und dem New Deal. Es ging nicht darum, sie zu übernehmen. Ich glaube nicht an diesen ganzen Unsinn der Rechten von der Eroberung der Demokratischen Partei durch die Kommunisten. Es war lediglich eine Sache des Einflusses. Im Vergleich mit ihrer völligen Isoliertheit in der ersten Hälfte der dreißiger Jahre bedeutete dies einen enormen Fortschritt für die Kommunisten. Aber das Ganze war eine Illusion. Die Achillesferse war ihre Unterordnung unter die Politik Moskaus.

Die Partei hatte Erfolg gehabt. Sie war gegen Faschismus, für die republikanische Regierung in Spanien, für den CIO, für all die schönen Dinge im New Deal. Was zum Teufel will man mehr von einer radikalen Partei? So etwas Schönes hat es noch nie in der amerikanischen Geschichte gegeben. (Er lacht.) Praktisch über Nacht zerstörte sie sich dann selbst. Sie unterstützte den Pakt zwischen Stalin und Hitler.

Es war ein vulkanischer Schock. Die Arbeiterbewegung vertrieb sie aus ihren Reihen. Sie verlor die Unterstützung der Liberalen. Sie wurde zur Bedeutungslosigkeit zurückgeworfen. Am Ende des Jahrzehnts erschien die KP weitaus anrüchiger, weitaus isolierter als zu Beginn der dreißiger Jahre. Und davon hat sie sich nie wieder erholt.

Als Hitler in Rußland einfiel, gab es einen Ausbruch der Ehrbarkeit. Noch einmal strömten radikale und liberale Intellektuelle zu ihrer Fahne. Aber es war ein kurzer Augenblick. Dann kam der Kalte Krieg ... Heute betrachtet sie selbst die Neue Linke als überholt, puritanisch, konservativ, zum Establishment gehörig ...

Es würde komisch sein, wenn es nicht so tragisch wäre. Es ist ein trauriger Fall wegen ihrer Wirkung auf eine echte amerikanische radikale Bewegung. Zu Anfang sah es für einen Augenblick so aus, als ob sich die KP dazu entwickeln könnte. Aber das geschah nie.

Der Abstieg der Sozialistischen Partei ist sogar noch mehr zu bedauern. Besonders für mich. Die letzten zehn Jahre war ich Mitglied. Diese Partei verstand nicht die grundlegende politische Revolution, die Roosevelt und der New Deal bewirkten, und fängt gerade erst an, sie zu verstehen. Eine neue politische Koalition wurde geschaffen: die Arbeiterschaft mit ihren vielen ethnischen Minderheiten und

Negern. Zuerst war es ein Gefühl auf seiten der Schwarzen; jetzt ist es eine Organisation. Ich bin überzeugt, daß diese Koalition noch lange Zeit ein entscheidendes Element in der amerikanischen Politik bleiben wird.

Diese Koalition funktionierte. Sie brachte keinen Sozialismus hervor, aber das war ja auch nicht Roosevelts Absicht. (Er lacht.) Er rettete unsere Gesellschaft mit neuartigen bürgerlichen Reformen. Ich benutze diesen Jargon ungern, aber ich will es mal so sagen. Der Kapitalismus bleibt.

Die Wählerstimmen für die Sozialisten nehmen also weiter ab. Die enormen Sympathien, die sie einmal in der Arbeiterbewegung genossen, sind verschwunden. Die Kommunisten sind wegen Moskau ruiniert. Die amerikanische Linke ist ein Nichts im Vergleich zu ihrer Rolle in den europäischen Ländern. Für mich ist nichts herzzerreißender, als dies auszusprechen: unsere Dummheit, die Bedeutung der Koalition nicht zu erkennen, unser Versäumnis, uns mit dieser Gruppe zu identifizieren, unsere Isoliertheit vom Hauptstrom des politischen Denkens in Amerika, unsere spezielle Sprache, die keiner versteht. Es ist ein Jammer.

Ich erwarte nicht, daß unsere Machtstruktur eine radikale Bewegung aufbaut. Ich erwarte, daß es die Radikalen tun. Bis jetzt haben sie versagt. Wenn ich die Neue Linke beobachte, muß ich einfach weinen. Wenn sich jemand die Irrtümer und Dummheiten der Alten Linken vornehmen und sie bis zum n-ten Grad multiplizieren würde, käme als Ergebnis die Neue Linke von heute heraus.

Die Radikalen der dreißiger Jahre sind einen anderen Weg gegangen. Nur eine Handvoll hält ihre alten Bindungen aufrecht. Mir bedeuten die Ideale des Sozialismus mehr als je zuvor. Trotzdem stimmen viele Tausend alter Radikaler, wie ich selbst, für die verdammten Demokraten. Und doch, wenn ich auf dieses Jahrzehnt, die dreißiger Jahre, zurückblicke, war es für Radikale die aufregendste Periode in der amerikanischen Geschichte.

Saul Alinsky

Direktor der Industrial Areas Foundation.
Zu seinen Aufgaben gehört die Schaffung von Energieversorgungsanlagen in Gemeinden, von Autonomie in Wohngegenden. Obwohl seine Arbeit hauptsächlich armen Weißen und armen Schwarzen galt, erstreckt sie sich jetzt auch auf die Wohngebiete der Mittelschicht.

»Der Radikalismus bildete eine zusammenhängende Folge, die sich in der Depression fortsetzte. Heute ist die Chronologie für die jungen Leute unterbrochen. Sie glauben, daß in der Vergangenheit nichts geschah. Ein Wunder, daß sie nicht von neuem das Rad erfinden. Ist ihnen nicht klar, daß John L. Lewis siebenundfünfzig war, als er den CIO gründete? Meiner Meinung nach unterbrach die McCarthy-Zeit die Kontinuität – das Weiterreichen der Fackel. Es ist eine Lücke der Radikalität vorhanden.

Ich glaube nicht, daß irgend jemand alle Antworten weiß, ich habe es nicht in den dreißiger Jahren geglaubt, und ich glaube es auch heute nicht. Sooft jemand ein Patentrezept für das Paradies vorlegt, mache ich mir Sorgen. Paradies, Unsinn! Ich möchte nicht im Paradies leben. Ich kann mir eine Welt ohne Probleme nicht vorstellen. Das wäre die Hölle.«

Ich hatte ein Stipendium für Kriminologie an der Universität von Chicago. Meine Aufgabe war, Einblick in das Verbrechen zu gewinnen. So schloß ich mich der Capone-Bande an und war zwei Jahre dabei. Ich hatte genug von diesen Kursen in Sozialpathologie, sozialer Desorientiertheit und dem ganzen Schwindel.

Wie kriegten Sie die Jungs dazu, Sie zu akzeptieren?

Ich trieb mich im Lexington-Hotel herum. Es war ihr Hauptquartier. Ich lachte über alle die schrecklichen Witze von Big Ed, einem der Jungs. Er mochte mich und führte mich herum. Mehrere andere brachten mir die verschiedenen Operationen bei. Mein Gott, das waren Erfahrungen! Ich kapierte, wie beschissen diese Welt in Wirklichkeit ist. Wenn man was gegen das Verbrechen unternehmen wollte, mußte man bei den ehrbaren, netten Leuten anfangen. Ich kannte so einen, der Vorsitzender des Komitees gegen das Laster war. Ihm gehörte ein Haus mit Callgirls in jeder Etage.

Ich fand heraus, daß das Verbrechen ein riesiger quasi öffentlicher Versorgungsbetrieb ist. Das war in den letzten Jahren der Prohibition. Die Leute wollten Bier, sie wollten Whisky, sie wollten Mädchen, sie wollten Glücksspiel und alles andere, was dazu gehört. Es war eine Aktiengesellschaft. Jeder hatte Anteile: Rathaus, Demokraten, Republikaner, die Welt . . .

Irgendwann blieb mein Interesse für Kriminologie auf der Strecke. Ich erinnere mich an meine Studentenzeit, als ich hungerte und komische Gaunerstückchen in Restaurants abzog, nur, um zu überleben. Einmal war ich nahe daran, die verdammte Fensterscheibe bei Henrici's[4] einzutreten. Die Leute saßen da drin und aßen so dicke Steaks, und mir knurrte der Magen. Als mir ein Junge von einem Laden erzählte, den er ausgeraubt, und ein anderer von einer Tankstelle, die er überfallen hatte, plünderten Hitler und Mussolini ganze Länder und mordeten ganze Völker. Es fiel mir schwer, belanglose Geständnisse anzuhören. Den größten Teil meiner Zeit verbrachte ich mit antifaschistischen Aktionen und Tätigkeiten für den CIO.

So geschah es, daß ich nach Back of the Yards kam. Es war der elendeste aller Slums von Amerika, schlimmer, als es Harlem heute ist. Da war dieses schmutziggraue ein mal zwei Meilen große Bahngelände südlich der großen Schlachthäuser. Mit Schindeln verkleidete Holzhäuser, eins hinter dem anderen. Viele mit Außentoiletten. Praktisch die ganze Gegend war katholisch. So viele Kirchen haben Sie noch nie gesehen. Rom würde dagegen wie eine protestantische Barbarenstadt wirken.

Zu diesem Zeitpunkt beschloß ich, schleunigst aus der akademischen Arbeit auszusteigen und bei der Organisation der Massen mitzumachen. Ich hatte bestimmte Vorstellungen, die ich als Akademiker nicht ausführen konnte. Wenn Sie Akademiker sind und streitlustig, kriegen Sie Schwierigkeiten. Man mußte die Leute um akute Probleme herum organisieren, und alle Probleme waren strittig.

Ich wollte meine Ideen ausprobieren. Ideen über eine Organisation, die der Veränderung diente. Wenn Sie in Back of the Yards funktionierten, dann auch überall. Wenn man etwas gegen Verbrechen und Verzweiflung unternehmen wollte, mußte man etwas gegen die Ursachen tun.

In der Gegend gab es eine Menge faschistischer Gruppen. Das war kein Zufall. Wenn Sie von ihrer sogenannten politologischen Analyse der Gründe für die Entwicklung einer totalitären Gesellschaft das meiste wegschneiden, dann bleibt letzten Endes das übrig: Wenn Sie keine Chance mehr haben, kommt der Demagoge an und sagt: »Folge mir.« Wenn Sie nichts mehr zu verlieren haben, folgen Sie ihm. Ist nicht genau das in Deutschland passiert?

Da war ein Benediktinerpriester, der die dortige Coughlin-Bewegung[5] führte. Er hielt Reden, in denen er über das internationale Judentum herzog. Er war durchgedreht, weil ihn niemand beachtete. Er hatte ungefähr fünfzig Anhänger. Er hatte keinen anderen Platz auf der Welt. So machte ich ihn zum Vorsitzenden des antifaschistischen Komitees in diesem Viertel. Jetzt hatte er tausend Anhänger statt fünfzig. Er wurde einer der besten antifaschistischen Apostel des demokratischen Prozesses. Ihm wurde ein Gefühl der persönlichen Identifikation gegeben.

Ich lief herum, organisierte, agitierte, sorgte für Unruhe. Nach drei Monaten hatte ich die katholische Kirche, den CIO und die Kommunistische Partei so weit, daß sie zusammenarbeiteten. Ich holte die Gewerkschaft der Konservenfabrikarbeiter herein und sogar die American Legion, weil sie überhaupt nichts zu tun hatte. Allen war eins gemeinsam: Elend, Machtlosigkeit.

Ich suchte etwa den besagten katholischen Priester auf und sagte: »Ich habe Ihre Predigt gehört, wo Sie über die Gewerkschaft herziehen und sie als kommunistisch bezeichnen. Wissen Sie was, Pater? Ihre Leute haben genickt und sind rausgegangen und in die Gewerkschaft eingetreten. Wissen Sie, warum? Sie sind arbeitslos, ihre Familien pfeifen auf dem letzten Loch, und Sie scheren sich einen Teufel drum. Sie hocken auf Ihrem Arsch in der Sakristei, und der Hirte Ihrer Herde sind Sie schon lange nicht mehr. Keiner beachtet Sie. Sie wollen ein Führer sein? Dann gehen Sie zu Ihren Leuten zurück, gehen Sie raus auf die Straße und kämpfen Sie für die Gewerkschaft. Der Feind ist der Konservenfabrikant; der Feind ist niedriger Lohn.« Und das machte er. Rein aus Selbstinteresse.

Mit einem Priester, Rabbi oder Pfarrer reden Sie nicht über jüdisch-christliche Moralprinzipien. Die würden gar nicht wissen, über was, zum Teufel, Sie überhaupt sprechen.

Schwierigkeiten hatte ich nur mit einem Priester. Er war Ire. Die Polen in der Gegend ließen bei kirchlichen Trauungen die Glocken läuten. Das kam auf anderthalb Dollar pro Glockenzug. Der irische Priester erzählte überall herum, daß er die Sache mit Glockengeläut für einen Dollar pro Zug machen würde. Der polnische Seelenhirte wurde wild. Er sagte zu mir: »Sie sind der Kerl, der immer redet, die Leute sollten sich zusammentun, daß wir Macht haben und so weiter. Wenn Sie diesen Iren dazu kriegen können, daß er wieder den normalen Preis nimmt, treten wir in eure Organisation ein. Sonst nicht.«

Ich ging also zu dem irischen Priester. Ich machte den Fehler, die Frage auf rein geistlicher Grundlage zu stellen. Er sagte, ich sollte mich um meine eigenen Angelegenheiten kümmern. Darauf sagte ich: »O. K., ich hab' mir die Einnahmen von Ihrem letzten Sommerfest angesehen. Von Ihrer großen Spendenaktion. Sie haben 18 000 Dollar rausgeholt. Wenn es mit Ihrem nächsten Fest soweit ist, werde ich dafür sorgen, daß der CIO, die American Legion, die Handelskammer und alle anderen Kirchen in dieser Gemeinde am selben Tag auch irgendeine Veranstaltung machen. Wir reißen Ihr Fest in Stücke. Das höchste, was Sie bei einem Dollar pro Glockenzug verdienen können, falls Sie das ganze Hochzeitsgeschäft kriegen sollten, sind zehntausend Dollar. Und Sie verlieren achtzehn.« Er warf mich raus.

Ungefähr zehn Minuten später klingelte das Telefon. Er überlegte es sich noch mal. Wegen moralischer Prinzipien natürlich. Er war auf einen Dollar fünfunddreißig pro Zug raufgegangen. So bekam ich drei polnische Kirchen dazu, in die Ratsversammlung von Back of the Yards einzutreten. So lief die Sache: unterschiedliche Taktiken bei unterschiedlichen Umständen.

John L. Lewis hörte davon. Er war nicht glücklich darüber. Der CIO war nur ein Bestandteil und sollte nach seinem Wunsch der Hund sein und die Gemeinde der Schwanz. Aber er ließ sich überzeugen. Er bot mir einen Job für 25 000 Dollar im Jahr an. Dafür brauchte ich nur im Land herumzufahren und CIO-Gewerkschaften in Industriegebieten zu organisieren. Ich lehnte ab, obwohl ich ihn bewunderte und mein Herz dem CIO gehörte.

Drei Wochen später rief mich Roosevelt ins Weiße Haus. Was für eine Persönlichkeit! Was für eine Erscheinung! Er bot mir einen Posten als stellvertretender Direktor der NYA⁶ an. Meine Aufgabe war einfach, junge Demokraten im ganzen Land zu organisieren. Wiederum sagte ich nein, obwohl mein Herz dem New Deal gehörte.

Das waren die beiden bemerkenswertesten Männer des Jahrzehnts. Weshalb ich diese Angebote ausschlug? Ganz einfach. Das Geheimnis der Ratsversammlung von Back of the Yards – und aller anderen Organisationen, bei denen ich seither gearbeitet habe – war das: die Leute machten nicht für irgendwen auf Schau. Es war *ihr eigenes* Programm.

In den dreißiger Jahren lernte ich, was für mich die große Idee bedeutet: den Menschen ein Gefühl der Macht zu geben. Nicht nur den Armen. An den Armen ist nichts besonders Edles. Jedem. Jene Zeit war vielleicht unsere schöpferischste Periode. Es war ein Jahrzehnt der Anteilnahme. Heute ist es eine kalte Welt. Damals war es eine heiße Welt.

1 Rechtsanwalt Henry L. Stimson (1867–1950) war u. a. Kriegsminister, Generalgouverneur der Philippinen, Außenminister und im Zweiten Weltkrieg wieder Kriegsminister. (Anm. d. Übers.).
2 John Wexleys *They Shall Not Die,* ein auf diesem Fall beruhendes Stück. Ruth Gordon spielte die Rolle der Ruby Bates.
3 Nationale Fabrikanten-Vereinigung.
4 Es war einmal eins der besten Restaurants von Chicago.
5 Charles E. Coughlin, katholischer Priester, erfolgreicher Rundfunkprediger, gründete 1934 die National Union for Social Justice, die für einen autoritär-korporativen Ständestaat warb (Anm. d. Übers.).
6 National Youth Administration – diese Behörde beschaffte ein Arbeits-, Ausbildungs- und Unterstützungprogramm für College-Studenten und High-School-Schüler (Anm. d. Übers.).

Hexenjagd

Colonel Hamilton Fish

Sein Büro liegt auf der anderen Seite der Eingangshalle: ein Hotel mitten in Manhattan. Vor vielen, vielen Jahren war es vielleicht einmal ein Luxushotel. Ein paar ältere Leute sitzen in diesem kahlen Raum.
Im Büro ist man eingeengt durch die Erinnerungsstücke aus besseren Tagen: eine Büste von Alexander Hamilton, das Porträt Lincolns, Fotografien mit Autogramm von Warren Gamaliel Harding, Calvin Coolidge, General Douglas MacArthur und Senator Everett McKinley Dirksen; daneben ein Bücherregal, auf dem sich zahlreiche Werke über militärische Themen ausbreiten, und ein Foto von ihm selbst: ein barhäuptiger junger Football-Spieler, Harvard 1908, von Walter Camp als bester Nationalstürmer aller Zeiten auserwählt.
Der Oberst, groß, schlank und für seine Jahre bemerkenswert robust, schlägt die Beine übereinander. Mit halbgeschlossenen Augen scheint er zu den Massen zu sprechen.

Machten Sie sich als Veteran des Ersten Weltkriegs irgendwelche Gedanken über den Bonus-Marsch von 1932?

Ich war immer für die Veteranen. Die Veteranen wählten mich in den Kongreß. Die jungen Burschen damals konnten kämpfen – zum Bonus-Marsch hatte ich nicht die geringste Verbindung. Er war unklug und verursachte ein politisches Problem, wozu es nicht hätte kommen dürfen. Ich war für ein Bonus-Zertifikat, nicht für dieses Almosen. Bei dem Bonus-Marsch gab es Extremisten. Die beteiligen sich ja sehr gern an Demonstrationen. Sie hatten eine ganze Menge Extremisten dabei, die dann Unruhe stifteten. Ich hielt mich da heraus.

Ich war Vorsitzender des ersten Ausschusses zur Untersuchung kommunistischer Umtriebe in den Vereinigten Staaten. Er wurde als Fish-Ausschuß bekannt. Er bestand nur ein Jahr, von 1930 bis '31. Wir verfolgten niemanden.

Wir schickten niemanden ins Gefängnis oder so. Der Kongreß kann sowieso niemanden ins Gefängnis bringen. Wir spürten ihren Organisationen nach, um das amerikanische Volk zu warnen. Es war eine erzieherische Tätigkeit.

Für die Untersuchungen hatten wir nur 25 000 Dollar. Jetzt bekommen sie drei- oder vierhunderttausend. Wir brauchten die fünfundzwanzigtausend noch nicht einmal, weil die vier anderen Mitglieder auch Rechtsanwälte waren. Unsere 25 000 Dollar enthielten Reisespesen und so weiter. Ich bin, glaube ich, das erste Kongreßmitglied, und das einzige, das jemals Geldmittel, die einem Ausschuß bewilligt wurden, zurückgab. Ich gab 5000 Dollar zurück.

Heute tut mir das leid. Weil ich gern den ganzen Betrag verwendet hätte, um unseren Bericht in Hunderttausenden von Exemplaren drucken zu lassen. HR 2290 ist immer noch der beste Bericht – es sind nur rund sechzig Seiten –, ist immer noch der beste Bericht über den Kommunismus in Amerika.

Ich verfaßte eine Gesetzesvorlage, die dann auch durchging, zur Schaffung des Ausschusses für unamerikanische Umtriebe, der einige Jahre später unter dem Vorsitz von Mr. Dies aus Texas gebildet wurde. Ich habe einen Brief von ihm. Er ist interessant, weil Kongreßabgeordnete Primadonnen sind. Sie möchten das Verdienst an allem für sich selbst beanspruchen: daß er für die Ermittlung gegen Kommunisten verantwortlich wäre und so weiter und so weiter. Aber um Dies Gerechtigkeit widerfahren zu lassen, in diesem Fall war er gewiß keine Primadonna. Weil er mir 1962 unaufgefordert diesen Brief aus Texas schickte.

Mit dröhnender Stimme liest er den Brief vor. Für seine Pioniertaten und die Informationen, die er Dies lieferte, wird ihm Tribut gezollt, »... alle Aufzeichnungen, die unsere Regierung an sich genommen hatte, waren auf geheimnisvolle Weise verschwunden. Die von Ihnen geleistete Arbeit wurde mir eine unschätzbare Hilfe ...«

Was meinte der Abgeordnete Dies ... in bezug auf die verschwundenen Akten?

Seine Äußerung besagte, daß die Akten auf Befehl Roosevelts vernichtet wurden. Ich behaupte nicht, daß Roosevelt Kommunist war. Ich behaupte noch nicht einmal, daß er prokommunistisch war. Er war Sozialist. Er sagte: Einige meiner besten Freunde sind Kommunisten. Stellen Sie sich vor, das sagt der Präsident der Vereinigten Staaten. Und dann Überlaufen und Ausverkauf an Stalin. Was ich tun wollte, war, Hitler zum Kampf gegen Stalin ermutigen. Sie hätten es auskämpfen und die freien Nationen hätten an der Seitenlinie sitzen sollen, sie bloß antreiben und sagen: Die Pest auf euer beider Sippschaft.
Mr. Dies leistete eine sehr gute Arbeit. Warum, glauben Sie, gibt es heute in Amerika so wenig Kommunismus? Er macht tatsächlich weniger als ein Prozent aus, der Kommunismus in Amerika. Mit den Mitläufern ist es etwas mehr, mit Extremisten und anderen. Und warum ist das so? Weil der Ausschuß für unamerikanische Umtriebe – die amerikanische Arbeiterschaft griff die Sache auf und die American Legion – alle patriotischen Gruppen. Wenn das nicht geschehen wäre, hätten wir zehn Prozent Kommunisten gehabt. Heute würden wir alle in diesem Land schwer dafür büßen müssen. Wir haben schon genug Schwierigkeiten.
Nach Dies kam McCarthy, verleumdet, praktisch gekreuzigt und beinahe umgebracht. Er wurde gehaßt, weil er so furchtlos war. Er wird immer noch gehaßt, weil man die Wahrheit über ihn verdrehte. Ob er jemals Anerkennung erhält, weiß ich nicht. Obwohl McCarthy wahrscheinlich der meistgehaßte Mann in unserer jüngeren Geschichte ist, hatte er immer die Mehrheit des Volkes auf seiner Seite – angefangen bei Kardinal Spellman. Es wurden Millionen ausgegeben, um diesen Mann zu vernichten. Sie vernichteten ihn durch die Annahme dieser Zensurresolution im Senat.

Ich wäre gern zu der Zeit im Senat gewesen, weil ich schon immer reden konnte, hätte ich ihnen die Hölle heiß gemacht. Sie brachten ihn um, verstehen Sie, sie brachten ihn um. Sie rotteten sich zuerst gegen mich zusammen. Dann rotteten sie sich gegen Dies zusammen. Und hundertfach rotteten sie sich gegen McCarthy zusammen. Was sie ihm antaten, war eine Schande.

Franklin Delano Roosevelt ... ich war natürlich Abgeordneter des Bezirks, aus dem er stammte, Hyde Park, Dutchess County. Ich vertrat diesen Bezirk fünfundzwanzig Jahre lang im Kongreß, zehn Jahre vor seiner Präsidentschaft, und die nächsten fünfzehn Jahre, praktisch, bis er starb. In diesem Bezirk wurde ich nie geschlagen.

Roosevelt tat jedesmal sein möglichstes, um mich im Kongreß zu besiegen. Er gab eine Menge Geld für die Kolumnisten und Rundfunkkommentatoren aus. Es wäre ihm, glaube ich, beinahe lieber gewesen, mich zu schlagen, als selbst gewählt zu werden.

Von seiner Seite aus entwickelte sich eine beträchtliche Bitterkeit. Weil ich ihn offen kritisierte. Niemals ihn persönlich. Ich bestritt immer, daß er Kommunist oder prokommunistisch und so weiter wäre. Ich sagte, er wäre vielleicht Sozialist, aber wenn er das gern sein wollte, dann hätte er das Recht dazu. Er wurde immer verbitterter.

Er fing wirklich an, mich zu hassen. Ich hatte nichts gegen ihn. Ich gehöre nicht zu diesen Republikanern, die herumlaufen und mit Schimpfnamen um sich werfen, mit üblen Schimpfnamen. Ich kämpfte offen gegen ihn, und es tut mir nicht leid. Es tut mir leid, daß ich nicht härter gegen ihn kämpfte, weil er diesem Land sehr großen Schaden zufügte. Um das zu überwinden, werden wir vielleicht hundert Jahre brauchen.

Es war sehr amüsant. Er brachte »Muß«-Gesetzesvorlagen ein – irgendwelche radikalen Maßnahmen. Ich stand dann auf – ich kam mit den Demokraten sehr gut aus – und schlug einen Zusatzantrag vor, der die Gesetzesvorlage tatsächlich unschädlich machte. Und er ging durch. Am nächsten Tag ließ er seine führenden Männer kommen: »Was ist eigentlich los mit euch? Woran liegt es?« Und sie sagten: »Herr Präsident, das war Ihr eigener Abgeordneter, der diesen Zusatzantrag einbrachte.« Man behauptet, er hätte beinahe einen Schlaganfall bekommen, wäre beinahe gestorben. Und dann erschienen sie bei mir, alle diese Demokratenführer – ich kannte sie gut – und sagten lachend: »Beinah hätten Sie den Präsidenten umgebracht. Er hat versucht, uns die Schuld zu geben, und wir schoben es auf Sie.« Sie sagten, er wäre beinah auf der Stelle tot umgefallen. Das passierte ein halbes Dutzend Male, nicht nur einmal. Wenigstens zehn- oder fünfzehnmal im Jahr sprach ich im Rundfunk, über die großen Rundfunkstationen. Das traf ihn schwer. Weil ich ihn anzuklagen pflegte: ich klage den Präsidenten an wegen diesem, wegen jenem, die Reihe durch. Das machte ihn rasend.

Roosevelt hat sich nie darauf eingelassen, mich persönlich anzugreifen. Was er tat, war von »Martin, Barton & Fish«[1] zu sprechen und zu unterstellen, daß wir Reaktionäre wären. Das stimmt aber nicht. Ich hatte für die Soziale Sicherheit gestimmt und für die meisten progressiven Gesetze. Ich hatte immer die Unterstützung der American Federation of Labor. Was soziale Gerechtigkeit anging, war ich links von der Mitte. Er engagierte einen Kolumnisten, der mich angreifen sollte. Manche von denen machten mich einfach runter und logen aufs mieseste drauflos. Kabinettsmitglieder, wie Ickes[2], legten sich mit mir an. Ich habe ihnen natürlich geantwortet. Ich sprach von den Messieurs Jackson[3], Ickes und Roosevelt. Ich nannte sie die drei blinden Führer. (Liest)

Drei blinde Führer, seht sie rennen!
Sie rannten in die Depression
und nannten's eine Rezession.
Wer hörte solche Täuschung schon
von drei blinden Führern?! Wie sie rennen

und sich winden und Alibis nennen:
wer würde die drei blinden Führer nicht kennen!

. . .

Während der ersten hundert Tage (von Roosevelts Amtszeit) habe ich praktisch für alle seine Vorlagen gestimmt. Der wirkliche Bruch zwischen mir und meinem Parteiführer kam wegen der Anerkennung von Sowjetrußland. Er erkannte Sowjetrußland ohne den geringsten Rückhalt im Kongreß an. Alle früheren Präsidenten, jeder war gegen die Anerkennung von Sowjetrußland zu dem Zeitpunkt. Aber er geht ran und macht es ganz allein.

Bis dahin verkehrten wir sehr freundschaftlich miteinander. Er gab sein Plazet zur einer Briefmarke für mich, und Jim Farley, der ein Freund von mir war und es bis heute ist, setzte die Briefmarke durch. Ich bekam Briefe von Roosevelt, in denen er mir dankte.

Ich brach mit ihm und fing an, einer der Hauptvertreter der Opposition gegen den Sozialismus des New Deal und dieses Geldrauswerfen zu werden. Es hat während der ganzen Zeit des New Deal zehn Millionen Arbeitslose gegeben. Diese Geschichte ist nicht genügend herausgestellt worden. Die meisten Historiker jener Epoche ließen sich doch vom New Deal bezahlen. Er hatte hundert Millionen Dollar, die er ohne irgendeine Rechenschaft ausgeben konnte. Er gab seinen Freunden große Summen, das waren Autoren und Schriftsteller. Alles wurde für den New Deal geschrieben und so gut wie nichts dagegen. Na, seither ist es ein bißchen anders geworden . . .

Dann kommt er auf sein Lieblingsthema zu sprechen, nämlich darauf, daß »Roosevelt zu einer Kriegspolitik entschlossen war. In der Wahlkampagne 1940 gab er den Müttern und Vätern zwar das Versprechen, daß ihre Söhne nicht zum Kampf in irgendwelche fremden Kriege geschickt würden. Es war ein durchaus unehrenhaftes, unehrenhaftes, verächtliches Statement, weil er die ganze Zeit schon vorhatte, uns zu verschaukeln. Die Deutschen wollten nicht, daß wir gegen sie antreten, also ließen sie zwanzig oder dreißig Versuche, uns einzumischen, unbeachtet (Angriffe auf ihre U-Boote, Bomben auf ihre U-Boote, Lieferung von Zerstörern an England ...) Als er merkte, daß er Deutschland nicht in einen Krieg verwickeln konnte, dreht er das Ganze um und versuchte, Japan in den Krieg hineinzuziehen.«

Es gab drei Gründe, warum Roosevelt den Krieg wollte. Einer: es waren zehn Millionen Arbeitslose nach sechs Jahren des New Deal. Der andere: als Kriegspräsident konnte man ein großer Mann werden, über Nacht. Und dann hoffte er, die Vereinigten Nationen zu etablieren, und er wäre der Schöpfer – der ungekrönte Herrscher der Welt. Über seine Träume, da könnte ich lange sprechen. Aber das steht auf einem anderen Blatt. Roosevelt wäre nach den ersten zwei Amtszeiten in die Geschichte als ein großer Präsident eingegangen. Aber er machte den Fehler, daß er sich zum dritten Mal bewarb. Jim Farley und alle andern waren dagegen. Sein tragischer Fehler aber war, daß er als kranker und sterbender Mann, geistig und physisch zusammengebrochen, auch noch auf einer vierten Amtszeit bestand. »Ich bin unentbehrlich.« Lauter so Quatsch.

Er brachte alle diese fanatischen, radikalen Gesetzesvorlagen ein. Die waren überhaupt nicht auf amerikanische Gebräuche gegründet. Die waren alle sozialistisch, und Sozialismus scheitert immer. Ich versteh' davon soviel wie jeder andere auch, denn ich habe mindestens zehn verschiedene Male mit Norman Thomas, den ich sehr hochschätze, darüber debattiert.

Natürlich, der Sozialismus hat gewaltige Ideale. Wenn jeder ein Engel wäre, wäre der Sozialismus wundervoll. Wenn jeder für jeden und für sich selbst und für das Land arbeitete, dann klappte es vielleicht. Aber es hat in keinem großen Land bisher geklappt. Vielleicht ein kleines Land von fünf Millionen.

Ich bin dafür, daß jeder das Recht hat zu sprechen: Demokraten, Republikaner, links, rechts, Freiheitliche, Extremisten und so fort. Das einzige, was der Kommunismus fürchtet, ist das Wort »Freiheit«, und sie fürchten das so wie die Christen den Teufel. HR 2290 war der beste Report, der je über den Kommunismus geschrieben wurde. Tut mir nur leid, daß ich die 5000 Dollar nicht behalten und dafür ausgegeben habe, eine Million Exemplare davon zu drucken.

1 Kongreßabgeordnete Joseph Martin und Bruce Barton, Republikaner.
2 Harold Ickes, Roosevelts scharfzüngiger Innenminister.
3 Robert Jackson, Roosevelts Justizminister; später Mitglied des Obersten Bundesgerichts; schließlich Richter der Vereinigten Staaten im Nürnberger Prozeß.

Schwarz und weiß

Robin Langston

Er ist 43 Jahre alt. Er lebte bis zu seinem siebzehnten Lebensjahr in Hot Springs, Arkansas.
». . . es gibt viele Orte, die noch schlimmer gewesen wären. Stellen Sie sich vor, ich wäre etwa in Mississippi groß geworden . . .?«

Ich wußte, die Depression hat wirklich zugeschlagen, als das elektrische Licht ausfiel. Meine Eltern konnten die Stromrechnung von einem Dollar nicht mehr bezahlen. Wir zündeten die Kerosinlampen an im Haus. Und im Geschäft. Mein Vater hatte ein Restaurant. Das war ein ziemlicher Schlag für mich, weil ich merkte, daß mein Vater gar nicht der tollste Kerl auf der Welt war. Ich hatte immer gedacht, er ist es.

Mein Vater konnte weder lesen noch schreiben. Wenn ein Flugzeug seinen Namen in den Himmel geschrieben hätte, er wäre nicht fähig gewesen, ihn zu entziffern. Aber er hatte einen Drang nach Wissen. Meine Schwester und ich hatten die Aufgabe, ihm vorzulesen. Er war die Art Bursche, der den ganzen Tag das Ohr am Radio hat, um Nachrichten zu hören.

Ich erinnere mich an die Kerosinlampe, weil ich zu Weihnachten, 1930 oder so, ein kleines Buch geschenkt bekam, mit Bildern von Lindberghs Flug. Meine Mutter erzählte mir, wie großartig Lindbergh sei. Sie sagte mir, eines Tages würde ich auch in so einem Flugzeug fliegen. Aber sie sagte mir nichts über meine Chancen zu fliegen. Das war der Punkt, verstehen Sie. Die versuchten nämlich, mich abzuschirmen.

Meine Mutter war Lehrerin. Sie hat aber nicht unterrichtet, weil mein Vater nicht wollte, daß sie arbeitet. Er war derjenige, der in der Familie die Hosen anhatte. Er wollte der

Starke sein. Ich bekam eine Menge Bücher zu lesen: Puschkin, Frederick Douglass, Raymond Moley, das Time-Magazin. Kein Booker T. Washington. Der war tabu bei uns zu Hause.

Mein Vater brachte uns bei, wie man sich auf Situationen einstellt. Wir waren gut dran im Vergleich mit anderen. Wir hatten immer zu essen. Sehr wenig Geld, aber viel geistige Führung. Ich meine damit nicht diese Billy-Graham-Sorte. Ich meine das, was sich in einer Familie entwickelt, wo einer spürt, was der andere braucht. Ich konnte meinen Vater küssen und brauchte mich nicht zu schämen, daß ich einen Mann küßte. So, in der Art, haben wir miteinander gelebt.

Einmal rissen mein Vater und ich eine Wand ein, um den Laden zu vergrößern. Ich muß so acht oder neun gewesen sein. Ich sah Blut aus seiner Hand kommen, von der Brechstange, und ich küßte seine Hand.

Das Restaurant war in der schwarzen Gegend. Aber wir haben an den Weißen genausoviel Geld verdient wie an den Schwarzen. Die Weißen kamen meist rein und wollten gebratenes Huhn. Wir hatten irgendwo einen Schmäh erfunden, daß an seiner Panierung was Besonderes wäre. Und dann hatte er noch einen Trick: man sagt, daß Schwarze gern Wassermelonen essen. Na, und er erhöhte den Preis für Wassermelonen, wenn Weiße reinkamen. Lauter so Techniken des Überlebens...

Während der Depression kaufte mein Vater meistens bar ein. Das größte, was wir kauften, war ein Auto und ein Kühlschrank. Ich weiß noch genau, daß er auch das bar bezahlte, weil er nicht dauernd dahin zurückpilgern und dem weißen Geschäftsmann Geld und Quittungsbuch hintragen wollte. Mein Vater hatte es nicht gern, mit dem Hut in der Hand dazustehen.

Meine Familie hatte immer eine Menge weißer Freunde, weil es immer was zu essen gab. Ein weißer Freund gab seine angebliche überlegene Haltung dran, wenn es ums

Essen ging. Sie kriegten nämlich was von dem geheimnisvoll gebratenen Huhn.

Es war etwas Einzigartiges in dieser schwarzen Nachbarschaft. Es war nicht wie in Chicago. Der Polizeichef lebte mittendrin. Ich schätze, etwa zehn weiße Familien wohnten nur etwa zwanzig Meter entfernt. Ich kann mich erinnern, kleine schmutznasige weiße Kinder gefüttert zu haben. Das war die Depression; Weiße und Schwarze arbeiteten nicht. Daß die *Weißen* nicht arbeiteten, machte die Sache offiziell. Vater und Mutter machten das alles aus reiner Gutmütigkeit. Ich erinnere mich, daß es so schlimm wurde, und der Sheriff versetzte bei meinem Vater ein Radio für 10 Dollar. Er kam zu einem Schwarzen, um 10 Dollar zu bekommen. Er brauchte den Zehner. Er hatte ein paar Leute zu Besuch, und er wollte mit ihnen zu uns kommen und Hühnchen essen. Also sagte er meinem Vater, er hätte das Geld nicht. Vater sagte ihm, er brauche irgendeine Sicherheit. Also brachte er das Radio an.

Die Schulen waren nach Rassen getrennt. Ich bezweifle, ob auch nur einer unserer Lehrer einen Bachelor-Grad hatte. Das waren tolle Leute, alles Schwarze. Eine Frau da hatte schon über fünfzig Jahre unterrichtet. Ich glaube, die hatte nicht mal die zehnte Klasse hinter sich. Man ging an die Sandkiste, und sie zeigte einem zum Beispiel, wie man einen See in den Sand bauen konnte, indem man einen Spiegel nahm, den Sand drumherum garnierte und den Spiegel blitzen ließ.

Es muß etwa in der achten oder neunten Klasse gewesen sein. Im Englisch-Unterricht. Wir hatten keine Bibliothek in der schwarzen Schule. Wir waren auf das angewiesen, was uns die Leute gerade so gaben. Wir lasen das Time-Magazin. Da stand ein Artikel drin über Raymond Moley, was Wirtschaftliches. Wir sollten uns diesen Artikel besorgen und darüber referieren. Ich mußte in die weiße Highschool gehen.

Eine mißmutige Kaukasierin öffnete einen Spalt in der Tür

und warf das Buch auf den Boden. Ich versuchte herauszu-
kriegen, was wichtiger ist: diese Kränkung oder Raymond
Moley zu bekommen. Meine unmittelbare Entscheidung
war: Moley. Aber mein Vater hat mir immer gepredigt,
mich nie zu beugen. Also ließ ich das Buch da liegen.
Es tat weh. Ich weinte, weil ich den Artikel so schrecklich
gern gehabt hätte.
Hot Springs war ein einmaliger Ort. Es war ein Kurort.
Er lebte von den Reichen, die angereist kamen. Sie kamen
mit ihren Frauen zu den Rennen. Es war richtig die feine
Welt. So eine Art Encyclopaedia-Britannica-Attitüde. Einer-
seits kosmopolitisch, anderseits ländlich-sittlich. Sozusagen
»rurban«.
Die hatten einen Bürgermeister, es schien, als sei er schon
seit Millionen Jahren im Amt. Der fuhr immer in seiner
Kutsche mit zwei schwarzen Ponys herum. Er wohnte im
schwarzen Ghetto. Nur eben ganz oben auf dem Hügel. Er
besuchte alle Spielkasinos in der Gegend. Die Weißen kamen
auch an und machten Würfelspiele. Sie kamen auch wegen
Frauen. Die Bordellgegend war immer im schwarzen Viertel. Die einzigen weißen Prostituierten konnte man in den
Hotels finden. Das waren die teuren. Die machten gemein-
same Sache mit den Hotelpagen. Sagen wir, ein Page holte
einen Politiker ran, da machte sie vielleicht hundert Dollar.
Sie gab ihm etwas Geld ab, und außerdem ging sie mit
ihm ins Bett...
Wir kriegten den *Chicago Defender*. Es gab eine Ausgabe
für den Norden und eine für den Süden. Dadurch erfuhren
wir was über den Fall Scottsboro. Einer der Leute, die
die Jungs verteidigten, kam und sprach in der schwarzen
Kirche bei uns. O ja, wir wußten von diesem Fall und
von dieser weißen Frau, Ruby Sowieso – *Ruby Bates*.
Das war in der Zeit, als eine Menge junger Leute einen
Job wollte und weg wollte und was sehen, aber sie trauten
sich nicht rumzutrampen, weil sie nicht auch in so einen
Scottsboro-Fall verwickelt werden wollten.

Der *Defender* wurde offen gelesen. Er wurde mit einer weißen Eisenbahn befördert und von einem weißen Güterwagen abgeladen. Und war an den Zeitungsständen im schwarzen Viertel zu haben.

Während der Depression hatten sie ein Übergangsbüro in meiner Heimatstadt. Arme Weiße und arme Schwarze. Das Büro vermittelte Arbeit für sie in den Bergen, Reben beschneiden oder Sträucher. Das war schon zu Roosevelts Zeit. Sie gingen her und zeigten den Leuten, wie man dieses unfruchtbare Land bewirtschaften konnte. Sie gaben ihnen auch Unterstützung. Man sah immer eine Schlange von Leuten, die auf Bohnen warteten. Mit Baumwollkäfern drin. Es ist fast ein Ding der Unmöglichkeit, daß manche Leute überlebt haben. Wenn sie da diese Bohnen aßen und die Käfer aus den Bohnen aussortierten.

Roosevelt machte Eindruck auf die schwarze Bevölkerung. Man betrachtete ihn nicht als weiß, schwarz, blau oder grün. Er war Präsident Roosevelt. Er hatte eine ungeheure Unterstützung durch seine Frau. Aber das unmittelbare Bild ist: »Großer Weißer Vater«.

Die WPA und andere Projekte führten die schwarze Bevölkerung in handwerkliche Arbeiten und den Handel ein. Die Neger bekamen die Chance, ein Büro zu haben, von dem aus sie mit Hilfe einer Schreibmaschine arbeiten konnten. Wir kriegten das Gefühl, daß es etwas gab, was wir innerhalb des gesellschaftlichen Rahmens tun konnten. Ich kann mich an keine wirklich ernsthafte schwarze Opposition gegenüber Roosevelt erinnern. Wenn man eine gute Fee sieht, ist man natürlich hingezogen.

Ich glaube, die Großkopfeten haben den Zug versäumt, während der Depression. Da gab es so was wie eine Integration der Armut. Aber obwohl jeder arm war, hatten wir uns immer noch nicht von der Zugeknöpftheit und dem Etepetete der Wilson-Zeit getrennt. Also, obwohl wir alle im selben Boot sitzen, ich bin immer noch weiß, und du bist immer noch schwarz, und also brauchen wir nicht zusammenzukommen. Die Dinge bessern sich für die Weißen, und ihr Schwarzen müßt eben sehen...

Glauben Sie, daß es noch einmal eine Depression dieses Ausmaßes geben könnte?

Ich glaube ja. Aber es wäre besser für die Regierung, sie nicht kommen zu lassen. Weil: heute haben sie es mit einem andern Wurf von Leuten zu tun. Wenn sie wirklich Anarchie wollen, dann sollen sie die Depression jetzt kommen lassen. Mein Sohn von sechzehn Jahren ist nicht die Person, die ich mit sechzehn war. Er hat die Verantwortlichkeit eines Mannes. Und er läßt sich nicht mit Scheiße abspeisen. Als ich sechzehn war, hatte ich keine Angst zu sterben. Aber der Junge, jetzt sechzehn, hat keine Angst zu töten.

Peggy Terry und ihre Mutter, Mary Owsley

Eine überfüllte Wohnung in Uptown, jener Gegend in Chicago, wo viele der weißen Zuwanderer aus dem Süden, meist möbliert, sich eingemietet haben. Junge Leute aus der Nachbarschaft kommen und gehen. Der Strom der Besucher läßt nicht nach; gelegentlich schlurft auch mal ein kleiner, abgerissener Junge an, starrt hinein und verschwindet wieder. Peggy Terry ist hier in der Gegend als Sprecherin für die weißen Armen aus dem Süden bekannt ... »Hillbillies schlagen sich hier schon ein paar Jahre durch und werden fertiggemacht, und da merken sie auf einmal, daß ihre weiße Haut gar nicht das bedeutet, was sie immer gedacht hatten.«
Mrs. Owsley erzählt ihre Geschichte zuerst.
Sie stammt aus Kentucky und heiratete einen jungen Mann aus Oklahoma, »als er aus dem Ersten Weltkrieg nach Haus kam. Den hatte der Krieg so ruhelos und verrückt gemacht, daß wir dauernd hin und her zogen.« Immer zwischen Oklahoma und Kentucky unterwegs; das Ganze drei oder viermal. »Dem standen die Tragödien des Krieges so lebhaft vor Augen, daß er nirgendwo Ruhe fand.« Von 1929 bis '36 lebten sie in Oklahoma.

In Oklahoma City waren Tausende von Menschen arbeitslos. Man richtete einen Suppen-Ausschank ein, und das Essen war sauber und hat geschmeckt. Viele, viele Leute, farbige und weiße, ich fand da keinen Unterschied, denn es waren genauso viele Weiße arbeitslos wie Farbige. Alles verloren, was sie sich seit ihrer Jugend erarbeitet hatten. Und das sind Tatsachen. Und ich weiß noch, einige Familien mußten einfach mit Planwagen wegziehen. Nach Kalifornien, nehm ich an.

Also, der Öl-Boom kam '29. Da kamen die Leute aus allen möglichen Gegenden an. Ein paar Jahre später hausten sie, wie's gerade kam, in Zweimannzelten, in Hütten aus Kartons und alten Metallteilen – was sie nur finden und zusammensetzen konnten, damit sie wenigstens durch eine Wand geschützt waren vor den Augen der Öffentlichkeit.

Ich kannte eine Familie da in Oklahoma City, Mann und Frau und sieben Kinder, die in einem Erdloch wohnten. Sie hätten gestaunt, wie nett das war, wie nett sie das gemacht hatten. Die hatten Stühle und Tische und Betten hinten in diesem Loch, und die Erde hatten sie zusammengekleistert, das war wie eine Höhle.

Oh, ganz furchtbar waren die Sandstürme. Da hatte man gewaschen und die Sachen aufgehängt, und wenn man dann nicht zu Hause war und die Wäsche nicht reinholen konnte, ehe der Sturm kam, dann konnte man das nie wieder rauswaschen. Da war Öl im Sand. Die Wäsche war verfärbt mit der übelsten Farbe, die man je gesehen hat. Die war einfach ruiniert. Nie wieder zu gebrauchen. Bloß: ich *mußte* sie weitergebrauchen, aber zum Vorzeigen war die nicht. Ehe mein Mann arbeitslos wurde, wohnten wir in einem ordentlichen Haus. Kein Steinhaus zwar, aber das hätte nichts ausgemacht. Wenn diese Stürme da anfegten, mußte man ein Haus sowieso von oben bis unten putzen. Alles war mit Sand bedeckt. Roter Sand, voll mit Öl.

Die Mehrzahl der Leute wurde hart betroffen. Die waren im Kopf nicht mehr richtig, müssen Sie wissen, weil sie nicht wußten, wann das alles ein Ende haben würde. Es gab eine Menge Selbstmorde, von denen ich selbst weiß. Aus keinem anderen Grund als weil sie keine Hoffnung sahen für eine bessere Zukunft. Ich kenne welche, die sich umgebracht haben. Ein paar davon waren Farmer, ein paar sogar Geschäftsleute. Die gingen einfach pleite, und dann machten sie Selbstmord, so haute sie das um.

Manchmal hatte eine Familie ein bißchen was zu essen. Dann wurde geteilt. Und alle bekamen was ab. Sogar die Leute, die ganz gut dran waren, sie schämten sich. Weil sie zu essen hatten, und andere nicht.

Mein Mann war sehr verbittert. Und das ist noch milde ausgedrückt. Er war ein intelligenter Mensch. Er sah einfach nicht ein, daß in einem reichen Land wie diesem, warum da so viele Leute verhungern sollten, wo doch soviel Weizen und alles mögliche andere ins Wasser geschüttet wurde. Es gibt viele Entschuldigungen, aber er wollte einen Grund wissen. Und er fand einen.

Mein Mann ging nach Washington. Marschierte bei dieser Gruppe mit, die nach Washington zog . . . die Bonus-Leute.

Im Krieg war er Maschinengewehrschütze. Er sagte immer, diese verdammten Deutschen hätten ihn damals mit Gas eingedeckt. Und dann kommt er nach Haus, und diese Regierungskreaturen machen ihn auch fertig und scheuchen ihn da mit Wasserwerfern aus der Gegend und ertränken ihn fast. O ja, der konnte einen Mordskrach machen. (Lacht – einen kleinen Seufzer.) Na, ich glaub', ich hab's hinter mir.

Die Geschichte der Peggy Terry:

Ich hab' zum erstenmal gemerkt, daß was anders ist, als wir gegen Abend aus der Schule kamen. Meine Mutter schickte uns zum Suppen-Ausschank. Und wir durften nie fluchen. Wenn man nun vorn in der Schlange stand, kriegte man nichts als Wasser, das obendrauf schwamm. Also fragten wir den Kerl, der die Suppe in die Eimer schöpfte – jeder mußte seinen eigenen Eimer mitbringen –, er füllte immer die fettige Wasserbrühe oben ab, also baten wir ihn, er möchte doch ein bißchen tiefer schöpfen, damit wir ein paar Kartoffeln und ein bißchen Fleisch mitkriegten. Aber kein Gedanke. Da haben wir geflucht. Wir sagten: »Tauch die Kelle ein, verdammt noch mal.«

Dann quer über die Straße. An einem Stand gab es Brot, große Laibe Brot. Und ein kleines Stück die Straße runter war ein großer Schuppen, wo es Milch gab. Meine Schwester und ich nahmen je zwei Eimer voll. Und davon haben wir die meiste Zeit gelebt. Ich kann mich erinnern: Einmal hatten wir nichts zu essen im Haus außer Senf. Meine Schwester und ich klatschten soviel Senf auf den Zwieback, daß wir krank wurden. Noch heute kann ich Senf nicht vertragen.

Nur eine Familie in der Nachbarschaft hatte gut zu essen. Mr. Barr arbeitete in der Eisfabrik. Wann immer Mrs. Barr konnte, fütterte sie die Kinder. Aber sie konnte sie ja nicht alle füttern. Sie hatten einen großen Baum mit viel Obst dran. Da durften wir pflücken. Manchmal pflückten wir und aßen, bis uns schlecht wurde. Die beiden Töchter der Barrs mußten nach Norman ins College. Wenn sie von den vielen guten Sachen sprachen, die es im College gab, fuhr sie ihnen immer ein bißchen über den Mund, weil es soviel Kinder gab, die nichts zu essen hatten. Ich erinnere mich, daß sie immer ein schlechtes Gewissen hatte, weil die Leute in der Nachbarschaft hungerten. Aber es gab ein Gefühl von Zusammenhalt...

Wenn Lebensmittel öffentlich ausgeteilt wurden, dann bekam man Bescheid, und man ging hin. Eines Tages machte sich mein Vater auf den Weg, und er nahm meine Schwester und mich mit. Es gab Kartoffeln und so Sachen. Aber sie hatten einen Lastwagen mit Apfelsinen in einer Seitenstraße geparkt. Ein paar Leute fragten, für wen denn die Apfelsinen bestimmt wären, aber keine Antwort. Also sagten sie, gut, dann holen wir uns die Apfelsinen eben selbst. Und das machten sie auch. Mein Vater war einer von denen, die raufgeklettert waren. Da holten die andern die Polizei, und die jagte uns allesamt weg. Aber wir hatten Apfelsinen.

Heute ist es anders. Heute kriegen die Leute ja ein Schamgefühl eingeimpft, wenn sie nichts haben. Ich weiß nicht, wie sich damals die Reichen fühlten. Ich glaube, die Reichen waren damals genauso voller Verachtung für die Armen wie heute. Aber unter den Leuten, die ich kannte, waren sich alle bewußt, daß sie nichts dafür konnten. Es war etwas mit der Maschinerie passiert. Die meisten Leute machten Hoover verantwortlich und verfluchten ihn nach Strich und Faden – alles war seine Schuld. Ich sage nicht, daß er ohne Tadel war, aber ich sag' auch nicht, daß alles seine Schuld war. Unser System läuft nicht nur mit einem Mann, und es bricht auch nicht durch einen Mann allein zusammen.

Können Sie sich erinnern, irgendwann ein Schamgefühl empfunden zu haben?

Ich weiß nur noch, daß es Spaß machte. Es machte Spaß, nach Suppe Schlange zu stehen. Alle, die wir da hingingen, die Straße runter, lachten, und wir spielten. Das einzige, das wir fühlten, war, daß wir hungrig waren und was zu essen kriegen sollten. Niemand brachte uns ein Schamgefühl bei. So was gab's da einfach nicht.

Heute verschafft man einem ja das Gefühl, daß es die eigene Schuld ist. Wenn du arm bist, liegt es nur daran, daß du faul bist und unwissend und daß du dir nicht selbst zu helfen versuchst. Heute verschafft man dir das Gefühl, daß, wenn du einen Wohlfahrts-Scheck bekommst, die Bank von Fort Knox bankrott geht.

Auch als das mit der Suppenschlange vorbei war, gab's so was nicht. Die WPA kam, und ich heiratete. Mein Mann hatte Arbeit durch die WPA. Das war in Paducah, Kentucky. Wir waren noch Kinder, ich fünfzehn, er sechzehn. Mein Mann schachtete Gräben aus. Die legten damals eine Hauptwasserleitung. Teile der Stadt hatten selbst um die Zeit, 1937, noch keine öffentliche Wasserversorgung.

Mein Mann und ich fingen an rumzureisen, ungefähr drei Jahre lang. Das war eine schöne Zeit, denn wenn man arm ist und immer am selben Fleck bleibt, dann stellen sich die Sorgen fast von selbst ein. Aber wenn man beweglich bleibt, von Stadt zu Stadt zieht und immer nur kurze Zeit am Ort bleibt, dann kommen die Sorgen einfach nicht nach. Das ist wirklich ein schönes Leben, wenn man arm ist und schafft es rumzuziehen.

Ich war schwanger, als wir zuerst loszogen, per Anhalter, und die Leute waren wirklich sehr nett zu uns. Manchmal gaben sie uns was zu essen. Ich weiß noch, einmal schliefen wir in einem Heuschober, und die Frau des Hauses kam raus und fand uns und sagte: »Das ist aber wirklich ziemlich schlimm für Sie, wo Sie doch in anderen Umständen sind. Sie brauchen viel Milch.« Also nahm sie uns mit ins Haus.

Sie hatte eine Menge Teppiche auf der Leine hängen, weil sie gerade Hausputz machte. Wir sagten, wir würden ihr die Teppiche klopfen für das Essen, das sie uns geben wollte, aber sie sagte, das sei nicht nötig. Sie wollte uns nur was zu essen geben. Wir sagten, nein, wir würden es nicht annehmen, wenn wir nicht dafür arbeiten könnten. Da ließ sie uns die Teppiche klopfen. Ich glaube, die hatte eine Million Teppiche, und wir säuberten die. Dann gingen wir ins Haus, und sie hatte einen herrlichen Tisch gedeckt, mit allen möglichen guten Sachen und mit Milch. Als wir weiterzogen, gab sie uns noch einen großen Eimer voll Milch mit.

So was finden Sie heute nicht. Ich glaube, wenn man das heute machte, würde man festgenommen. Irgendwer würde die Polizei holen. Die Atmosphäre seit dem Ende des zweiten Krieges – scheint, als wenn in dem Moment, als der Krieg aus war, die Propaganda angefangen hätte. Wie man gegenseitig Haß erzeugt.

Ich weiß noch, eine Nacht, wir waren lange gelaufen und völlig erschöpft und hungrig, da kam ein Pferdewagen vorbei. Es war eine Negerfamilie, die in die Stadt wollte. Natürlich durften sie nicht irgendwo haltmachen und in ein Lokal gehen, also kochten sie selbst und hatten ihre Lebensmittel bei sich. Und hinten hatten sie den Wagen ganz voll Heu. Wir fragten sie, ob wir uns hinlegen und im Wagen schlafen dürften, und sie sagten ja. Wir wachten auf, da war es Morgen, und sie luden uns zum Essen ein. Sie hatten so eine Kiste, und sie hatten Huhn und Zwieback und süße Kartoffeln und alles mögliche da drin. Es war wirklich ganz toll.

Ich mochte die Schwarzen nicht. Ehrlich, ich haßte sie. Wenn sie die alle rausgeschmissen und wegtransportiert hätten, ich glaube, das hätte mich nicht gekümmert.

Sie ruft sich dies Gefühl der Überlegenheit der Weißen ins Gedächtnis zurück, mitsamt ihren Entdeckungen. »Wenn ich nur wirklich wüßte, was mich verändert hat ... Ich weiß es nicht. Ich habe immer und immer wieder darüber nachgedacht. Man kommt nicht drauf, weil man sich selbst immer als jemanden sieht, der man nicht ist. Solange man sagen kann, ich bin besser als die, hat man jemand unter sich, den man treten kann. Aber wenn man erst mal darüber hinaus ist, merkt man, daß man nicht besser dran ist als die. Nein, man ist sogar schlimmer dran, weil man an eine Lüge glaubt. Und dabei war es doch so einfach, direkt vor mir. Auf den Baumwollfeldern, beim Pflücken, und drüben auch im nächsten Feld, überall diese schwarzen Leute – Alabama, Texas, Kentucky. Nie kam es mir in den Kopf, daß wir etwas Gemeinsames hätten.

Als ich dann eine Weile hier oben war und sah, wie die armen Weißen behandelt wurden, arme Weiße aus dem Süden, nämlich genauso schlimm wie die Schwarzen: Ich

201

glaube, da hat sich dann eine neue Einstellung herauskristallisiert.«

Auch mit den Mexikanern habe ich keinerlei Solidaritätsgefühle gehabt. Mein Mann und ich waren Wanderarbeiter. Wir zogen runter ins Tal von Texas, das sehr schön ist, pflückten Apfelsinen und Zitronen und Pampelmusen und Lime-Früchte im Rio-Grande-Valley.

Wir kriegten fünf Cent für den Bushel[1] bei Zitrusfrüchten. Bei den Pampelmusen mußte man mit einem Ring arbeiten; den hielt man in der Hand, ungefähr so groß (sie beschreibt mit ihren Händen einen Kreis), und er hat eine Art Halterung, die man über den Daumen schiebt. Man klettert also auf den Baum und tut den Ring um die Pampelmuse. Wenn die Frucht durchrutscht, kann man sie nicht pflücken. Und jede Grapefruit, die im Korb ist – man muß sich da ganz schön ranhalten, vor allem, wenn man genug Geld verdienen will, um für den Tag was zu leben zu haben –, also ein paar sind immer dabei, die nicht groß genug sind. Und wenn man dann mit seinem Korb ankommt und die nachprüfen, schmeißen sie alle Früchte raus, die durch den Ring gehen.

Ich kann mich da im besonderen an einen kleinen Jungen erinnern. Das war wirklich ein wunderschönes Kind. Jeden Tag, wenn wir Mittag machten, saßen wir unter den Bäumen und aßen. Und da wuchs wilder Pfeffer. Ich sah ihn da sitzen, und von Zeit zu Zeit pflückte er eine Pfefferfrucht und steckte sie sich in den Mund. Zusammen mit seinem Essen, was immer es war. Ich dachte, dieser Pfeffer sieht ganz gut aus, also pflückte ich auch was und aß es, na, und das war wie flüssiges Feuer. Der Junge kugelte sich im Gras vor Lachen. Er fand es zu komisch, daß weiße Leute nicht Pfeffer essen konnten wie sie. Und er riß mir Pampelmusen auf, damit ich den Saft trinke, weil mein Mund vom Pfeffer ganz verbrannt war. Er kam dann oft an und fragte, ob er mir helfen könnte. Manchmal half er mir, meinen Korb Pampelmusen füllen, weil ich ihm leid tat, wegen des Pfeffers.

Aber das war ein kleiner Junge. Ich mochte ihn durchaus gern. Aber die Männer und Frauen, das waren Spics, und man hätte sie nach Mexico zurückschicken sollen.

Ich weiß noch, wie ich irritiert war darüber, daß es nur sehr wenige Gringos[2] in der kleinen texanischen Stadt gab, in der wir wohnten. Kaum jemand sprach Englisch. Wenn man mit den Mexikanern zu sprechen versuchte, verstanden sie kein Englisch. Wir kamen auch nie auf die Idee, daß wir Spanisch lernen könnten. Es ist wirklich schwer, über so eine Zeit zu sprechen, weil man das Gefühl hat, man spricht von einer anderen Person. Wenn ich an diese Zeit denke, ist mir, als sehe ich in eine Welt, wo ein anderer Mensch diese Dinge tut.

Das klingt jetzt vielleicht unmöglich, aber wenn es etwas gab, das mich zum Nachdenken gebracht hat, dann waren es, glaube ich, die Manschettenknöpfe von Roosevelt. Ich las in der Zeitung, wie viele Paar Manschettenknöpfe er hatte. Es hieß, es wären Rubine und andere wertvolle Steine dabei – und das waren seine Manschettenknöpfe. Und ich werd' das nie vergessen, ich setzte mich auf einen alten Reifen draußen im Vorderhof, und wir waren arm und hungrig. Ich saß da draußen in der heißen Sonne, Bäume gab's nicht. Und ich fragte mich, wie das sein konnte, daß ein einzelner Mann alle diese Manschettenknöpfe haben konnte, wo wir nicht mal genug zu essen haben konnten. Wo wir von Soße und Zwieback lebten. Das ist nach meiner Erinnerung das erste Mal, daß ich mich gefragt habe: warum.

Und als mein Vater endlich seinen Bonus gekriegt hatte, kaufte er einen gebrauchten Wagen, damit wir darin zurück nach Kentucky kämen. Mein Vater sagte zu uns Kindern: »Alle Mann rein ins Auto. Ich nehm' euch mit und zeige euch was.« Auf dem Weg zurück sprach er davon, wie schwer das Leben für uns gewesen sei, und sagte: »Wenn ihr denkt, für uns war es schwer, dann möcht' ich euch ein paar Leute zeigen, die es wirklich schwer hatten.« Das war in Oklahoma City, und er fuhr mit uns zu einem dieser Hoovervilles, und das war eine ganz unglaubliche Sache.

Als ich die »Früchte des Zorns« las – sie hat das mir geschenkt (zeigt auf ein junges Mädchen, das uns gegenüber im Zimmer sitzt) –, war es, als wenn ich mein Leben noch einmal lebte. Besonders der Teil, wo sie in diesem Regierungslager leben. Denn als wir damals in Texas Obst gepflückt haben, lebten wir auch in so einem Regierungslager. Die kamen rum, und sie halfen der Frau, Matratzen herzurichten. Sehen Sie, wir hatten ja nichts. Und sie zeigten uns, wie man näht und Kleider schneidert. Und jeden Samstagabend gab's Tanz. Und als ich die »Früchte des Zorns« las, war das wie mein Leben. Ich war nie jemals so stolz gewesen auf die Armen, wie, als ich das Buch gelesen hatte.

Ich glaube, das Schlimmste, was unser System den Leuten antut, ist, ihnen den Stolz wegzunehmen. Das hindert sie daran, Menschen zu sein. Und dann aber das große Wundern: warum Harlem, warum Detroit. Die sprechen von Truppen und Gesetz und Ordnung. Man schafft Gesetz und Ordnung in diesem Land, wenn man den Leuten erlaubt, anständige Menschen zu sein. Jedesmal, wenn ich höre, daß wieder mal ein Gebäude brennt, sage ich: Oh, Jungs, Kinder, gebt es ihnen. (Lacht.)

Ich glaube nicht, daß die Menschen auf der Welt sind, um zu leiden. Ich finde das einen großen Haufen Quatsch. Ich meine, wir sind die höchste Entwicklungsstufe auf der Erde, und ich finde, wir sind dazu da, um zu leben und glücklich zu sein und alles, was da ist, zu genießen. Ich glaube nicht, daß es gerecht ist, wenn eine Handvoll Leute sich in den Besitz all der Dinge bringt, die das Leben zur Freude statt zur Sorge machen. Man wacht am Morgen auf, und es trifft einen ganz spürbar – es ist wie eine große Hand, die dir ans Herz greift und es quetscht –, weil du nicht weißt, was der Tag wieder bringen wird, Hunger oder wer weiß was.

Claude Williams

Seine Ähnlichkeit mit dem Dichter Ezra Pound ist verblüffend.
»Ich wurde aus den besten Gemeinden gejagt, aus den besten
Kirchen rausgeworfen und von den besten Bürgern des Südens
verprügelt.«
Er wurde in den Bergen des westlichen Tennessee geboren
und wuchs dort auf, »so tief in der finstersten Provinz, daß
man Tageslicht reinpumpen mußte, damit es Morgen wurde.«
Er fing als Fundamentalist an und predigte, »um die un-
sterblichen, ewig kostbaren Seelen vor der immerwährenden
Hölle des Teufels zu retten.« Die Bibelkenntnis bleute er sich
selbst ein.
Nach vier Jahren als Evangelist in der Stadt Lebanon ging
er auf Einladung zur Vanderbilt School of Religion. Es war
ein Seminar für Landpfarrer. Der Lehrer, der ihn am meisten
beeindruckte, sprach von Jesus als dem Menschensohn – »er
räumte mit den Trümmern des theologischen Unsinns auf und
ließ Ihn unter uns erstehen als fordernden menschlichen
Führer«.

Ich trat das Pfarramt an einer presbyterianischen Kirche
in Rome, Tennessee, an. Als Bibelspruch wählte ich: »Ge-
het hin in alle Welt, und predigt das Evangelium aller
Kreatur.« Wir müssen jeden als Menschen behandeln.
Abends beim Essen sagte ein Kirchenältester zu mir: »Herr
Pfarrer, meinen Sie wirklich, daß so ein verdammter Nigger
ebenso gut ist wie ich?« Ich antwortete: »Nein, aber ich
möchte Ihnen sagen, daß er ebenso gut ist wie ich.« So
mußte ich mir eine andere Kanzel suchen.
In Auburntown sagte ich: »Freunde, dieses Pfarramt und
die Menschen haben mir Freude gemacht, aber ich muß
euch erklären, daß ich mir Gott als soziales Wesen vorstelle.
Der Menschensohn ist der Jüngerschaft wert, und die Bibel
ist ein Buch, das Recht und Unrecht offenbart.« Nach dieser
Erweckungsversammlung mußte ich mir woanders einen Platz
für mich finden.
Durch eine Reise nach Waveland, Mississippi, kam ich in
Schwierigkeiten. 1928. Eine Versammlung aus Weißen und
Schwarzen. Zum erstenmal in meinem Leben war ich mit

Schwarzen zusammen. Bei Tisch merkte ich, wie mir das Essen im Hals steckenblieb, bevor ich es herunterschluckte. Ein Freund brachte mir bei, das »e« in Neger zu betonen – und alte Ausdrücke wie »Nigger«, »Onkel« und »Tante« zu vermeiden. Ich predigte dann in einer schwarzen Kirche. Auf einer Seite saßen ein paar Weiße. Als die Leute rauskamen, war ein alter Neger der erste, dem ich die Hand schüttelte. Damit handelte ich im Widerspruch zu meiner ganzen Erziehung.

Ich wurde an eine kleine Kirche in Paris, Arkansas, empfohlen. Das war eine Bergwerksstadt. Sie versuchten sich dort unter großen Schwierigkeiten zu organisieren. Wir inszenierten einen Streik und gewannen. Gleich darauf fing ich an, Geld aus Moskau zu bekommen. (Er lacht.) Aber ich erfuhr, daß dieses »Geld aus Moskau« schneller verbraucht war und man weniger dafür kriegte als für die Gutscheine bei der Beraubungsstelle einer Plantage – das ist der wirkliche Name für Verpflegungsstelle.

Die Bergarbeiter kamen von überall her, bis zu dreißig Meilen weit. Sie bauten das Haus mit eigenen Händen. Wir dachten daran, eine proletarische Kirche und einen Arbeitertempel zu bauen. Ich löschte meine Versicherungspolicen, um den Zement für das Fundament zu kaufen – sie hörten auf, mein Gehalt zu zahlen. Von fünfzehn aktiven Mitgliedern waren wir jetzt auf über hundert gekommen. Einer der Kirchenältesten, ein Kaufmann, regte sich auf. »Sie haben diese streitsüchtigen Bergarbeiter – diese Quatschköpfe geholt.« Sie beschuldigten mich, daß ich ein Roter wäre und den Geist der Jugend korrumpierte. Ich verlor meine Kirche. Das Presbyterium kam zusammen und »löste die Verbindung des Reverend Claude Williams mit der Kirche zum Wohl des Himmelreichs«.

Wir gingen zum Stadttheater, um den Sonntagsgottesdienst abzuhalten. Es war voll. Viele junge Leute, Bergarbeiter und Arbeitslose. Das war 1932, ’33. Neger kamen zu mir, um Besprechungen abzuhalten. Irgendwer sagte: »Sie sollten die Jalousien runterziehen.« Ich sagte: »Nein, ich will die Jalousien raufziehen und die Heuchler sehen lassen, wie Brüderlichkeit praktiziert wird.« Ich war ziemlich verwegen.

Die Kirche schuldete mir 2200 Dollar Gehalt. Ich weigerte mich, das Pfarrhaus zu räumen. Sie warfen mich raus und verklagten mich auf die Zinsen des Geldes, das sie mir schuldeten. Ein Kirchenmann war der Herausgeber der Lokalzeitung *Express*. Einer war ein Versicherungsvertreter und ein anderer ein pensionierter Oberst, der sein Haus rot, weiß und blau strich. Ich wurde also fortgejagt und ging nach Fort Smith.

Wir veranstalteten einen Hungermarsch mit tausend oder mehr Teilnehmern. Der Bürgermeister ließ mitteilen: Der Marsch findet nicht statt. Er sagte: »Wir gehen mit Wasserschläuchen gegen euch vor.« Ich sagte: »Sie tun Ihre Pflicht, und ich meine.« Während unseres einleitenden Gebets fielen sie im Schwarm über uns her. Viele von uns landeten im Gefängnis. Die Vigilantes[3] hatten es ziemlich regelmäßig auf mich abgesehen. So zog ich im Frühjahr '35 nach Little Rock.

Ich arbeitete mit schwarzen und weißen Arbeitslosen. Und unterrichtete an der ersten Schule der Southern Tenant Farmers Union[4].

Im Juni '36 fuhr ich nach Memphis, um die Beerdigung eines schwarzen Pachtfarmers vorzubereiten, der totgeprügelt worden war. Sein Leichnam verschwand. Ich stellte Nachforschungen an.

Bevor wir nach Earle, Arkansas, kamen, erwarteten uns fünf Hilfssheriffs. Sie holten mich aus dem Wagen. Sie warfen mich zu Boden, vier Mann hielten mich fest. Der eine hatte einen kleinen Lederriemen von zehn Zentimetern. Er war ein Meister. Er gab mir ungefähr sechzehn Schläge. Meine Begleiterin zählte mit. Sie schlugen mich windelweich. Dann sagten sie: »Nehmen wir uns mal die Frau mit ihrem fetten Hintern vor.« Sie schlugen auf sie ein

– fünf- oder sechsmal. Als sie sie durch den Stacheldraht führten, paßten sie auf, daß ihr die Strümpfe nicht kaputtgingen. Sie wußten nicht, ob sie mich in den Fluß werfen oder laufenlassen sollten. Sie zwangen mich, eine Erklärung zu unterschreiben, daß mir kein Schaden zugefügt worden wäre. Als ich mich weigerte, sagten sie: »Wenn Sie noch nicht genug haben – wir auch nicht.« Ich unterschrieb. Sie konnten die Erklärung nicht verwenden, weil sie damit eingestanden, daß sie mich in ihrer Gewalt gehabt hatten. Sie brachten mich zum Highway 70 und schickten mich nach Birmingham. Ein Auto fuhr lange hinter mir her. In Brinkley konnte ich sie abhängen.

Das war meine wirkliche Amtseinführung. Ich lernte, daß man zwar auf der Kanzel radikale Predigten halten kann – die Leute wollen für begangenes Unrecht Buße tun, indem sie eine radikale Predigt über sich ergehen lassen –, aber wenn man sich mit den Menschen in ihrem Kampf identifiziert, dann »bekommt man sein Geld aus Moskau«. Ich habe seit vierzig Jahren in diesem Kampf mitgemacht. Ich habe so manche Nacht hinter einem Stacheldrahtzaun verbracht.

1934 wurde mir das Pastorenamt entzogen. Aber 1942 baten mich die Presbyterianer, nach Detroit zu gehen, weil dort so viele Leute aus dem Süden in den Autofabriken arbeiteten. Die Kirche als Institution kam nicht an sie heran. Ich sollte Betriebsgeistlicher sein. Ich sollte die Füße auf den Schreibtisch legen und ein Spesenkonto von 5000 Dollar bekommen. Aber ich mischte mich unter die Leute. Daraufhin gingen Beschwerden beim Presbyterium ein. G. L. K. Smith und Carl McIntyre und einige andere setzten Druckmittel ein, ich wurde entlassen.

Ich kehrte in den Süden zurück und führte meine Arbeit in Birmingham fort. Man brachte Klagen gegen mich wegen Ketzerei vor. Die Generalversammlung des Presbyteriums bestätigte sie. Ich ging wieder nach Detroit und wurde in einer Negerkirche ordiniert.

Ich habe die Bibel als Arbeiterbuch benutzt. Es wird einem klar, daß die Propheten – Moses, Amos, Jesaia und der Menschensohn, das Alte und das Neue Testament –, es wird einem klar, daß sie für Gerechtigkeit und Freiheit kämpften. Auf der anderen Seite findet man Pharao, Pilatus, Herodes und die Leute in den Sommerhäusern und den Winterhäusern. Männer wie Johannes der Täufer sind unsere Männer und sprechen unsere Sprache, aber sie wurden von den anderen gefangengenommen, und es wurden ihnen fremde Worte in den Mund gelegt, um uns erkennen zu lassen, was sie uns zu erkennen wünschen. Unser Wort ist unser Schwert.

Ich gab den Pachtfarmern eine Auslegung davon. Wir mußten uns in kleinen Kirchen, weißen und schwarzen, treffen. Damit folgten wir der Tradition der alten Underground Railway[5]. Ich übersetzte die Bibel aus der Vertikalen in die Horizontale. Wie kann ich an diesen oder jenen Mann herankommen und ihn nicht noch mehr verwirren? Er hatte nur ein Buch, die Bibel. Sie mußte das Buch des Rechts und Unrechts sein. Die wahre Religion, gestiftet, um für die Brüderlichkeit aller Menschen zu wirken. Alle Textstellen in der Bibel, die zur Unterstützung dieses Ziels verwendet werden konnten, unterstrich ich mit Rotstift. Die Bibel öffnete sich mir.

Die Volksvertreter haßten mich. Ich hatte die längsten Hörner im Land, weil ich genau das Buch verwendete, das sie auch benutzten. Ich drehte sozusagen den Spieß um. Ich legte es so aus, wie es meiner Meinung nach die Propheten in dieser Situation ausgelegt hätten...

Als wir uns in Winston-Salem bemühten, die Tabakarbeiter zu organisieren, sagte der Anführer: »Wenn ihr das in zwei Jahren schafft, ist es ein Wunder.« Wir gingen in die älteste Kirche. Es war eine bitterkalte Nacht. Die Pastorin, eine Weiße, saß dort mit einer Armeedecke um die Schultern und einem kleinen alten Hut auf dem Kopf. Sie war der Leithammel, das wußte ich. Wenn ich sie nicht gewann, gewann ich niemand.

Ich sprach über das Buch der Könige: Eine gute Nachricht ist nur gut, wenn sie den Armen Essen bringt. Diese Pastorin stand auf und sagte in ihrem gedehnten Tonfall: »Na, das ist das erstemal, daß ich das Evangelium von den drei guten Mahlzeiten am Tag höre, und ich möchte auch dabeisein. Ich singe gern, und nun weiß ich, immer wenn ich das Freudenlied singe, weiß ich, daß ich Schuhe brauche.« Ehe ich mich's versah, schlug sie die Kadenz an und legte los.

Ich sprang auf und rief: »Warten Sie.« (Er bricht in eine Schnellfeuerpredigt aus) »Ich rufe dich vor den Herrn und Erlöser, Jesus Christus, der die Lebendigen und die Toten richten wird. Predige das Wort. Dein Wort ist Wahrheit, und Wahrheit ist dein Wort. Immer gegenwärtig, zur Zeit und zur Unzeit, erteile Tadel und Verweis, denn die Zeit wird kommen, Schwester Price, die Zeit wird kommen für die Könige. Wenn sie sich Lehrer in Scharen verschaffen und Theologen, beschenkt von den Raubrittern, um Menschen aus dem Volk zu holen, Knaben und Mädchen, und sie zu lehren, Befehlen zu gehorchen und nicht über strittige Themen zu sprechen, auf daß sie Anstoß erregen – und zu sagen: Glaubet nicht, daß es so etwas wie Armut gibt. Boß John liegt euer Wohl am Herzen. Und wenn ihr an Erschöpfung oder Unterernährung oder Lungenentzündung oder Mangel an ärztlicher Betreuung sterbt, wird eure kostbare Seele auf den Flügeln lilienweißer Engel getragen in eine Heimstatt, die 140 Millionen Lichtjahre fort von hier liegt. Kehren wir der Wahrheit den Rücken, dann werden wir verjagt. Schwester Price, wir können der Wahrheit nicht den Rücken kehren. Wir singen ein Lied.« (Er singt.) »Der Wille des Herrn sei getan – zu Haus, in der Schule, in der Kirche, in der Gewerkschaft . . .«

Ich mußte dieses Gefühl in Aktion umsetzen. Aber wenn ich sie weiter hätte singen lassen, wären wir nie ans Ziel gelangt. In drei Monaten wurden Wahlen für den Arbeiterausschuß ausgerufen. Wir gewannen. Wir beriefen uns auf die Bibel und den Menschensohn.

1 Bushel = Scheffel = 36,37 Liter.
2 Gringo = lateinamerikanischer Spottname für Ausländer, besonders Angelsachsen.
3 Mitglieder eines Vigilance Committee – Freiwilligenausschuß für polizeiliche und rechtliche Selbsthilfe.
4 Gewerkschaft der Pachtfarmer im Süden.
5 Geheimorganisation vor der Abschaffung der Sklaverei, die flüchtige Sklaven aus den Südstaaten in den Norden schleuste (Anm. d. Übers.).

Fortschritt, Tod und Torte

Senator Russell Long

Senator von Louisiana.

Ich hatte das Glück, als Sohn eines Mannes wie Huey Long geboren zu werden. Er sorgte immer dafür, daß es seiner Familie gutging, selbst während der Depression. Ich wurde in einer Arbeitergegend geboren und wuchs dort auf, und ich wußte, was Elend war. Trotz der Armut unserer Familie kann man sagen, daß wir, gemessen an unserer Herkunft, uns ganz gut rausmachten.

Huey Long hegte eine starke Sympathie für die Neger, obwohl in Louisiana leider nur wenige das Wahlrecht hatten. Er war kein Verfechter des Rassenkampfes für den schwarzen Mann in Louisiana. Seiner Meinung nach trug er sowieso schon so viele Kreuze, wie er konnte. Er wollte nicht noch an dieses Kreuz geschlagen werden.

Ich war ungefähr siebzehn, als er starb.[1] Ich hörte einige seiner Reden und konnte ihre Wirkung auf seine Zuhörer beobachten. Er ging gewöhnlich in Orte, wo er nie vorher gewesen war und wo man ihn noch nie gehört hatte. Wenn er fertig war, hatte er die Leute auf seiner Seite.

Als junger Mann war er Geschäftsreisender gewesen und wendete als politischer Redner so ziemlich die gleichen Methoden an. Er verkaufte. Er wärmte die Menge mit ein paar Witzen an. Nach einer Weile begann er, einen Punkt, dann einen anderen zu erklären und riß seine Zuhörer mit – bis dorthin, wo er wirkliche Treffer erzielte. Er kehrte wieder zum Humor zurück, erzählte eine Anekdote und schlug dann von neuem los. Er versetzte das Publikum in solch eine Spannung, daß man dachte, nun müßte irgend etwas reißen. Plötzlich löste er die Spannung, indem er zum Höhepunkt kam, ein paar schnelle Witze folgten ... und alle atmeten auf. Er brachte sie zum Lachen und Jubeln, vom Ernsten zum Albernen. Er rührte die Menge nicht zu Tränen. Das war nicht seine Methode. Aber ohne Frage verkaufte er ihr Argumente, die ihr nie zuvor verkauft worden waren.

Mir machte es Spaß, in der Menge zu stehen und die Reden zu hören. Einmal sollte er in dem großen Football-Stadion in New Orleans eine Rede halten. Am Radio hörte er den anderen Reden zu. Dann schlief er ein und schnarchte. Er war müde. Ich konnte die Menge noch drei Straßen weiter hören. Wenn er erschien, brauchte man kein Wort mehr zu sagen. Die Menge brüllte: »Wir wollen Huey hören!« Und das war's.

Er kümmerte sich nie darum, wie lange er sprach. Er forderte alle auf, sie sollten ihre Freunde und Nachbarn anrufen und das Radio anstellen. Er sagte: »In den nächsten paar Minuten werde ich über nichts Wichtiges sprechen, also rufen Sie an.« Weil er wollte, daß sie von all den D iebereien und der Korruption erfuhren, die er in Washington erlebt hatte . . . in die jemand anderes verwickelt war.

Wenn man die Straßen entlangging, konnte man dem Klang seiner Stimme nicht entkommen. In jedem Haus in New Orleans war das Radio eingeschaltet. Seine Stimme konnte man bis vielleicht ein Uhr morgens in der ganzen Stadt hören. New Orleans blieb die ganze Nacht lang auf. Das war so eine Stadt.

Überall im Land schlug er wie eine Bombe ein. Sein Plan folgte ziemlich genau dem Vorbild der alten populistischen Philosophie. Mit dem Geld war es so weit gekommen, daß wenige praktisch alles hatten. Er meinte, es wäre Zeit, es an alle auszuhändigen. Nach seinem Programm »Teilt den Reichtum« sollte ein Drittel des Volksvermögens unter alle verteilt werden, obwohl man die übrigen zwei Drittel dem oberen einen Prozent zugestehen wollte. Das Programm übte eine allgemeine Anziehungskraft aus.

Seine Kritiker sagten gewöhnlich: In drei oder vier Jahren hätten die Reichen das Geld sowieso wieder in ihrer Kasse. Die Anhänger Longs erwiderten: Ja, vielleicht, Aber überlegt mal, wie gut es uns in der Zwischenzeit gehen würde. (Er lacht.)

Huey Long hatte eine starke Wirkung auf die Roosevelt-Regierung. Dr. Altmeyer erzählte mir davon.[2] Er war einer der Männer, die das Sozialversicherungsprogramm aufstellten. Er sagte, wenn sie im Weißen Haus zusammenkamen, sprach Roosevelt mehr über Huey Long als über die Sozialversicherung. Das Programm war ganz besonders als Gegenfeuer gegen Huey Long geplant.

Vor allem, um die Fortschritte Huey Longs aufzuhalten, rückte Roosevelt mit liberalen New-Deal-Maßnahmen nach links. Er fing als Reaktionär an. Als Roosevelt die Vorlage zum Wirtschaftsgesetz einbrachte, das Regierungsgehälter und Beihilfen für die Veteranen kürzte, verfaßte Huey eine Rede, »Der Sieg über die Hilflosen«. Einmal las er dabei aus dem Brief eines Veteranen vor: »... bei dem neuen Roosevelt-Programm werde ich das hier nicht brauchen. Sie können es also tragen.« Er hatte sein falsches Gebiß dazugelegt. (Er lacht.) Die Menge brüllte einfach vor Vergnügen.

Roosevelt war nicht mit dem ganzen Programm Huey Longs einverstanden, aber er bewegte sich zweifellos in dieser Richtung. Seine Wohlfahrtsprogramme waren in vieler Hinsicht eine Parallele zu dem, was Huey Long vertrat. Als die NYA in Kraft gesetzt wurde, würdigte Roosevelt meinen Vater als einen Vorkämpfer. Wir hatten ein sehr ähnliches Programm in Louisiana.

Westbrock Pegler[3] schrieb in seiner Kolumne, daß Huey Long von der Studentenschaft der Universität von Louisana unterstützt würde, weil ein Drittel auf seiner Lohnliste stände. Ungefähr ein Drittel der Studenten hatte tatsächlich Stipendien, um sich besser durch das College schlagen zu können. Er wollte weit darüber hinausgehen. Er wollte allen jungen Männern und Frauen, die ausreichende Noten erreichen konnten, die Chance geben, sich ihr Studium durch Arbeit selbst zu finanzieren.

Das war Anfang der dreißiger Jahre. Eine Menge Leute, die heute Bankpräsidenten sind, hatten, als sie zur Universität von Louisiana kamen, nicht mehr als ein Hemd auf dem Leib und nicht mal Unterwäsche zum Wechseln. Heute gehören sie zur Prominenz.

Zu Anfang war Huey Long für Roosevelt, und dann trennten sich ihre Wege. Roosevelt beging, glaube ich, den Fehler, Huey zu unterschätzen. Ich schätze, mein Vater hätte, wenn er am Leben geblieben wäre, 1936 als dritter auf der Wahlliste für die Präsidentschaft kandidiert. Er hätte vielleicht einen Sieg Roosevelts verhindert. Ich nehme an, daß er in diesem Sinn dachte. Wahrscheinlich hätte er Landon gewinnen lassen. Wenn das der Fall gewesen wäre, hätte er vier Jahre später wirklich ein Anwärter auf den Wahlsieg sein können.

Einige Leute deuteten an, daß dies eine selbstsüchtige Methode war, daß er seinen eigenen Ehrgeiz über das Wohl der Nation gestellt hätte. Er pflegte darauf zu erwidern: Wenn es dem Volk bei Roosevelt oder Landon schlecht ginge, dann wäre es um so besser, je schneller beide verschwänden. Wenn Roosevelt nicht nach links gerückt wäre, hätte Huey Long die Öffentlichkeit für sich gewonnen. Er kam in Wirklichkeit gar nicht so schlecht voran.

Er kannte Dr. Townsend[4] und er kannte Father Coughlin. Sie verbrachten sicher nicht viel Zeit zusammen, aber jeder war von dem, was die anderen taten, unterrichtet. Sie gingen von dem gleichen Standpunkt aus. Während zwar jeder eine andere Methode hatte, gab es doch keinen grundlegenden Unterschied.

Ich glaube, ihm wären noch viele Chancen geblieben, wenn ihn der liebe Gott am Leben gelassen hätte. Er war seiner Zeit um dreißig Jahre voraus.

George Murray

Ein Journalist, beim Chicagoer American.
Von 1938 bis '45 war er mit der Townsend-Bewegung als Herausgeber ihrer Zeitung und anschließend als Generalsekretär verbunden.

Zu der Zeit, als ich dazu kam, gab es zwölftausend Townsend Clubs überall im Land. Die kleinen alten Sekretärinnen dieser Clubs führten bei den Zusammenkünften mit Bleistift oder Federhalter Protokoll: wir hörten den und den Redner ... eine Dame hat einen Kuchen gebacken, und wir haben ihn verlost. Club-Notizen. Ich hatte die dankbare Aufgabe, dieses ganze unentzifferbare handgeschriebene Material zu sichten und daraus kleine Artikel zu machen. Nicht länger als einen Absatz, damit jeder Club drankam. Dafür brauchte ich eine ganze Woche. Ich wurde Redakteur.

Er erzählt von seinen Erfahrungen mit Dr. Townsend, dem Landarzt aus Nebraska. »Er war so schlank, so dünn, wog nie mehr als 115 Pfund und hatte eine kräftige Strähne weißen Haares.

1933, mit siebenundsechzig, war er Gesundheitsbeauftragter in Long Beach, Kalifornien, und war nebenher ein bißchen im Grundstücksgeschäft tätig. Er hatte meist mit alten Leuten zu tun. Er wußte, daß sie kein Geld hatten und daß sich niemand um sie kümmerte. Er schrieb einen Brief von dreihundert Worten an den Herausgeber des *Long Beach Telegram*. Seine Idee: eine allgemeine Einkommensteuer von zwei Prozent für jeden im Land ohne Ausnahme. Die Einnahmen sollten unter allen Personen über sechzig, Blinden und Invaliden und Müttern mit minderjährigen Kindern aufgeteilt werden. Und sie sollten es in dreißig Tagen ausgeben. Er war kein großer Wirtschaftsexperte, aber er hatte sich was dabei gedacht.

Das lief so rasch an, er wußte gar nicht, was er tun sollte. Es war nicht gleich von Anfang an eine Bewegung. Aber dann kamen zehntausend Briefe in einem Monat. Die Leute aus Long Beach schickten den Zeitungsausschnitt überall hin. Andere Zeitungen druckten es nach. Er machte seine Geschäftsräume zu seinem Hauptquartier. Von da an war es Teil der amerikanischen Szene.

Ich erinnere mich an den Wahlkonvent in Indianapolis, 1939. H. L. Mencken berichtete für die *Baltimore Sun* darüber. Er mochte den Doktor. Auf der Pressekonferenz spornte Mencken Dr. Townsend an. Ein Reporter wandte sich an Mencken und sagte, daß alle anerkannten Blätter gegen diesen verrückten Plan seien. »So wie Sie reden, Mr. Mencken, hört sich das an, als wenn Sie dafür sind.« Ich weiß noch, wie Mencken sagte und seine große Zigarre im Mund rollte: »Ich würde liebend gern sehen, daß der Townsend-Plan morgen in Kraft tritt. Ich würde auch liebend gern sehen, wie New York bombardiert wird. Ich hab' gern eine Schau.«

Meine Arbeit war sehr verschieden von der einer regelrechten Zeitungsberichterstattung. Man mußte auch Promoter sein. Der Plan wurde durch Beiträge unterstützt. An jedem 13. Januar veranstalteten wir eine Geburtstagsfeier für den Doktor. Und dann gab es einen Gründungstag, den 13. September. Dann hatten wir einen Homecoming-Day. Bei allen diesen drei Gelegenheiten backten die Damen Kuchen und so weiter. Es fand ein Kuchenverkauf statt. Wir hatten Organisatoren in allen 48 Staaten. Aber es war nicht so organisiert, wie wenn es ein Computer gemacht hätte. Es war etwas, das völlig unerwartet entstanden war, und niemand dachte, daß es dauern würde. Es hatte sich einfach so ergeben. . .

Es war eine ziemlich provinzielle Bewegung, weiter nichts. Aber sie hat ihren Zweck erfüllt. Sie hat nämlich den Sozialversicherungsplan zur Folge gehabt. Als Roosevelt Ende 1935 die Gesetzesvorlage unterzeichnete, rechtfertigte er sich. Er sagte, der Sozialversicherungsplan sei von den Experten noch nicht völlig ausgearbeitet worden. Aber er mußte ihn vorlegen, um dem Townsend-Plan zuvorzukommen. Die Leute hielten nicht mehr still. Sie wollten Pensionen.

Doktor Townsend wurde mit allen möglichen Namen belegt. Er wurde ein Scharlatan genannt, ein Mann, der den Leuten das Geld aus der Tasche zieht, die sauer verdienten Spargroschen der Alten. Er hat nie einen Pfennig genommen. Er gründete die Zeitung und bezog ein Gehalt, 90 Dollar die Woche. Viele Jahre später waren es 150 Dollar wöchentlich.

Er war kein ökonomisches Genie, aber sein gesunder Menschenverstand und sein Instinkt hatten ihn auf diesen Plan gebracht. Er war nie sehr stark in den Städten. Seine Stärke waren die ländlichen Gegenden und die Kleinstädte. Da gab es auch die zwölftausend Clubs. Leute wie Pater Coughlin und Gerald L. K. Smith spürten, daß, wenn sie diese Leute für sich gewannen, sie jedes gewünschte Programm durchsetzen konnten. Dr. Townsend war ein politischer Genius, wenn nichts sonst. Wenn diese Männer zu ihm kamen – und ich bin sicher, sie wollten ihn nur für ihre eigenen Zwecke einspannen –, sagte er nie nein. Er sagte auch nie ja. Er sagte immer: »Das ist aber interessant.« Er versuchte, sie für seine Zwecke einzuspannen. Er hatte eine Menge angeborener Schläue. Niemand konnte ihm seine Clubs wegnehmen.

Die Bewegung war kurz vor dem Krieg auf ihrem Höhepunkt und ging danach zurück. Sie verlor ihren Impetus. Der Townsend-Plan war eine Bewegung der Depression. Nun wurde es ein Backverein, nur alte Leute. Aber in den dreißigern, da hatte die Sache eine Richtung: die Regierung sollte beeinflußt werden, und sie wurde beeinflußt.

Carey McWilliams

Autor, Redakteur, The Nation.
»Ich war auf den Krach von 1929 vorbereitet. Mein Vater

war ein wohlhabender Rinderzüchter im Nordwesten von Colorado. Um 1919, nach dem Ersten Weltkrieg, brach der Rindermarkt zusammen. Von 1914 bis 1918 hatten die Züchter im Westen eine Glückssträhne erlebt. Sie expandierten immer weiter. Die dachten, das geht ewig so weiter. War aber nicht. Die machten alle bankrott, mein Vater inklusive. Das war ein ungeheurer Schlag für die Familie.

Meine Mutter nahm meinen Bruder und mich nach Kalifornien, wo man unter diesen Umständen hinzog.«

Die späten zwanziger und die frühen dreißiger waren eine Zeit der Unschuld.

Nach dem Börsenkrach schlugen einige New Yorker Redakteure vor, daß Hearings veranstaltet werden sollten: Was hat wirklich die Depression verursacht? Sie wurden in Washington abgehalten. Wenn man zurückblickt, ergeben sie die komischste Lektüre. Die führenden Unternehmer und Bankiers sagten aus. Sie hatten nicht einen blassen Schimmer, was passiert war. Wenn Sie heute eine Kopie des Protokolls von damals lesen, sind Sie einfach verblüfft: daß sie so ahnungslos sein konnten. Es war ihr Geschäft, aber sie verstanden die Vorgänge der Wirtschaft nicht. Die einzigen guten Zeugen waren die College-Professoren, die in jenen Jahren einen schlechten Ruf genossen. Kein Professor verstand ja angeblich irgendwas Praktisches vom Wirtschaftsleben.

Es war eine Stimmung großer Verwirrtheit. Keiner hatte es kommen sehen, trotz der Tatsache, daß es auch in der Vergangenheit schon mehrfach zu schlimmer Panik gekommen war. Die Unschuld der Wirtschaftsführer war erstaunlich. . .

Es gab doch aber deutliche Anzeichen vor dem Krach. . .?

Oh, ja. Das Aktiengeschäft war gar nicht mehr zu halten. Der Wert der Papiere stand in keinem Verhältnis mehr zu den Erträgen. Und dann gab es Zeichen für eine schwere

Krise in Europa. Die Reparationen aus Deutschland waren immer geringer geworden. Hitler fing Anfang der zwanziger an, Radau zu machen. Mussolini in Italien...

Hätte man die Depression abwenden können?

1929, glaube ich: ja. Wenn man irgendwann, eben weit vor 1929, mit moderner Konjunkturpolitik begonnen hätte, mit der Kenntnis der Wirtschaftszyklen.

Als Ergebnis der Erfahrung meines Vaters in Colorado im Jahre 1919 und meiner eigenen während der Großen Depression, war mein Vertrauen in die Arbeitsweise der Wirtschaft zerstört. Ich habe versucht – erfolglos –, keinen Besitz zu erwerben. Ich hatte kein Zutrauen zu Aktien und Anleihen. Die ganze Sache hing auf eine Weise zusammen, die mein Vertrauen nicht gerade groß werden ließ. Auch heute noch nicht. Das mag eine unvernünftige Haltung meinerseits sein, aber trotzdem...

Es gab eine verspätete Reaktion auf die Ereignisse des Oktobers 1929. Ich hatte damals eine Anwaltspraxis in Los Angeles. Nach ein, zwei Jahren sah ich die Folgen für die Mandanten – die Art Witwen, die im südlichen Kalifornien Legion sind. Die mit dem Geld aus dem Mittelwesten gekommen waren und das in Nachtlokale und derartige Etablissement investierten. Jetzt fingen sie an, ihren Besitz zu verlieren. Ich war entsetzt, als ich sah, was geschah. Und es gab eine fieberhafte Aktivität in Verfallserklärungen.

Als ich 1927 die Juristische Fakultät verließ, war ich politisch nicht interessiert. Ich war im Geiste H. L. Menckens groß geworden. Erst in den dreißigern beschäftigte ich mich mehr und mehr mit sozialen und politischen Fragen.

Meine erste Reaktion auf Roosevelt war ablehnend. Ich kann mich noch erinnern, wie enttäuscht ich besonders von einer Rede war, die er 1932 in der Hollywood Bowl gehalten hatte. Ich fand das einfach albern. Er hatte nicht den Schimmer einer Ahnung, wirklich, was es mit der Depression auf sich hatte. Er wollte den Haushalt ausgleichen, wollte alle möglichen Sachen machen, die aber überhaupt nichts zu tun hatten mit den Dingen, die zu lösen waren. Auch er war unschuldig. Er hatte kein Programm. Er wurde zu den guten Sachen, die er gemacht hat, gezwungen.

Die Arbeiterbewegung, die Sit-ins, waren für die Arbeitsgesetzgebung verantwortlich. Die Farm-Holiday-Bewegung war für das Farm-Programm verantwortlich. Dr. Townsend, Coughlin, Huey Long und Genossen waren verantwortlich für jenen Druck, der dann die Sozialgesetzgebung mit sich brachte. Roosevelt war empfänglich, er nahm teil. In späteren Jahren wurde ich ein großer Bewunderer...

Das kritische Jahr, nach meiner eigenen Erfahrung, war 1934. Erst gab es den Generalstreik in San Francisco. Dann war da Upton Sinclair mit seiner Kampagne um den Gouverneursposten. Ich kannte Sinclair. Wir waren gute Freunde. Ich hatte über die Kampagne für die *Baltimore Sun* berichtet. Dieser Mann fing ein Jahr vor den Wahlen mit einer Streitschrift und ohne Geld an – und mit dem Ruf eines Atheisten, eines Sozialisten und eines Verfechters der freien Liebe. Die Film-Industrie hat auf ihre Angestellten ganz üblen Druck ausgeübt, mit der Drohung, sie würden Studios zumachen, wenn Sinclair gewählt würde. Er brachte es dann auf 800 000 Stimmen.

Er hatte die leidenschaftliche Überzeugung, daß er Schluß machen könnte mit der Armut in Kalifornien.[5] Ich erinnere mich, daß man noch sechs oder acht Jahre nach der Kampagne von '34 irgendwo draußen in der Wildnis von Nordkalifornien, mit Kreide auf Felsen oder auf Banketten von Brücken, den Slogan finden konnte: »End Porverty in California«. Es war eine ungeheuer pädagogische Kampagne. Ich glaube, es hätte ein Unglück gegeben, wenn Sinclair wirklich gewählt worden wäre. Er hatte nicht gewußt, was er tun sollte. Aber er hatte die Überzeugung, daß Armut Menschenwerk ist, daß sie nicht nötig war.

Wenn man damals in Kalifornien unterwegs war, schien

es wirklich das Synonym des Überflusses zu sein. Es ist so ungeheuer reich, besonders die Landwirtschaft. Und man sah, wie alle möglichen Produkte vernichtet wurden. Da gab es im südlichen Kalifornien Müllkippen, wo sie die Zitrusfrüchte hinschütteten, mit Teer und Chemikalien übersprühten. Zu einer Zeit, wo Tausende von Menschen wirklich Not litten.[6] Also begann mein Menckenismus dahinzuschwinden, je länger die dreißiger dauerten.

Die dreißiger Jahre könnte man leicht in einem rosigen Licht sehen. Die Beziehungen zwischen den Rassen waren nicht sehr gut. Ich hatte sehr eng mit diesen Dingen zu tun, und man stieß auf unglaubliches Verhalten. Obwohl es keine Kategorisierung der Armen gab wie heute – der frühere Arzt, der Mann, der seine Anwaltspraxis verloren hatte, der Geschäftsmann, alle waren dabei –, gab es kein Gespür dafür, daß es ein nationales Rassenproblem gäbe.

1938 wurde ich von Gouverneur Culbert Olson zum Leiter der Abteilung Einwanderung und Unterbringung ernannt. Das brachte mich in Kontakt mit all den Minderheitsgruppen im Staat Kalifornien: Mexiko-Amerikaner, Japan-Amerikaner, Chinesen, Hindus, Filipinos. Neger waren damals in Kalifornien keine so bedeutende Gruppe wie heute.

In der zweiten Hälfte der dreißiger überschwemmten ungefähr 300 000 Flüchtlinge aus der Dust Bowl Gegend den Staat. Sie wurden prompt eingestuft, genau wie eine rassische Minderheit. Sie wurden Okies und Arkies genannt: sie waren unbeholfen und faul und hatten zu viele Kinder, und wenn man die Arbeitslager verbesserte und einen Tisch reinstellte, dann würden die ihn bestimmt kleinhacken und als Brennholz verheizen. Einmal kam ich ins Foyer dieser drittrangigen Kinos in Bakersfield, und ich sah ein Schild: Neger und Okies eine Treppe hoch.

Als der Kriegs-Boom in Kalifornien anfing, um 1939, waren die Okies und die Arkies die Rettung des Staats. Sie gingen sofort auf die Werften und Rüstungsfabriken. Innerhalb weniger Jahre wurde die Einstufung dieser Leute hinfällig. Jetzt betrachten sie sich selbst als alte Kalifornier. Und natürlich sehen sie auf die neugekommenen Einwanderer aus dem Süden herab. Das Stereotyp ist dasselbe.

Als sie zuerst kamen, hatten sie kein Rassenvorurteil. Sie waren zu sehr mit ihrem eigenen Elend beschäftigt. Zur Zeit ihrer Wanderschaft gab es viele Mexikaner, die von der öffentlichen Unterstützung lebten, mehr schlecht als recht. Als die Okies kamen, dachten die Behörden, jetzt könnten sie die Mexikaner loswerden. Ich habe mit eigenen Augen manchen Deportationszug gesehen, der die Southern Pacific Station verließ, mit Tausenden von Mexikanern, ihren Familien und ihren Siebensachen, die wieder nach Mexiko zurückgeschickt wurden. Natürlich kehrten sie gleich wieder um und kamen zurück. Und dann fing das Ganze von vorn an.

Ich habe Arbeitslager besichtigt. Die Zustände waren unglaublich. Es gab keinerlei Hilfsprogramm für diese Leute. Die Lager waren dreckig. In den kalifornischen Lagern lebten zur Erntezeit, im August und September, 175 000 Menschen. Im Frühling strichen sie die Leute einfach von den Unterstützungslisten, und zwangen sie so, Jobs für 20 Cent in der Stunde anzunehmen. Ich brachte Gouverneur Olson dazu, daß ich ein paar Hearings abhalten konnte. Wir schlugen vor, daß sie nicht von der Liste gestrichen werden sollten, wenn sie nicht 27,5 Cent in der Stunde bekämen. Die Reaktion hätte nicht heftiger sein können, wenn wir das San Joaquin Valley bombardiert hätten. Unerhört, daß sie 27 und einen halben Cent Stundenlohn zahlen sollten.

Der Impuls des New Deal war 1938 vorbei. Die wirksamsten Jahre waren von 1934 bis '38. Es gab da auch sehr schöne Zeiten, weil Geld nicht so wahnsinnig wichtig war. Ein Freund von mir und ich hatten einen Schützling, einen jungen Schriftsteller. Wir mieteten ihm ein Zimmer in Los Angeles und kratzten jeder 5 Dollar die Woche zusammen für seinen Lebensunterhalt, während er ein paar Bücher schrieb. Er schaffte es, von 10 Dollar die Woche zu leben. Mit so einem miesen Betrag, sehen Sie, war man schon Philanthrop. (Lacht.)

Wenn solche Zeiten wiederkämen, wäre es nicht wieder dasselbe. Unsere Unzufriedenheiten heute sind vager und schlecht definiert. Und gleichzeitig haben wir einen Apparat von Polizeikontrollen, der sich zu einer Art von amerikanischem Faschismus auswachsen könnte. Es wäre nicht der europäische Faschismus.

Ich glaube, der New Deal hat den amerikanischen Kapitalismus gerettet. Er war eine Brücke. Aber er hat die Probleme nicht wirklich gelöst.

1 1935 wurde er von Carl Austin Weiss im Regierungsgebäude in Baton Rouge ermordet.

2 Dr. Arthur J. Altmeyer war mehrere Jahre lang Commissioner of Social Security (Leiter des Amts für Sozialversicherung).

3 Journalist. Veröffentlichte seit 1933 in vielen Zeitungen seine Kolumne »Fair Enough«, in der er zeitgenössische Ereignisse in scharfer Form kommentierte. 1941 gewann er den Pulitzer-Preis (Anm. d. Übers.).

4 Dr. Francis Townsend gründete 1934 eine Altersversorgung. Siehe den folgenden Beitrag.

5 EPIC (End Poverty in California = Schluß mit der Armut in Kalifornien war der Slogan seiner Kampagne).

6 Dorothy Comingore, eine frühere Filmschauspielerin (Citizen Kane) erinnert sich: »Ich sah Haufen von Apfelsinen, von Benzin bedeckt und angezündet, und wer auch nur eine Orange nehmen wollte, wurde erschossen.

Generationskonflikte

Marshall and Steve

Marshall ist dreiundzwanzig. Steve ist einundzwanzig. Sie haben beide das College besucht. Der eine gibt einen Gemeinschafts-Dienst für Underground-Zeitungen heraus. Der andere leitet eine Kaffeebar.

Marshall: Ich habe ehrlich nie viel über die Depression nachgedacht, bis letztes Jahr, da war ich in Resurrection City. Da haben sie ja wohl, glaub' ich, als die armen Leute einen Marsch veranstalteten, die Soldaten aufräumen lassen, und es gab ziemliche Zusammenstöße. Die Depression ist etwas, über das ich nicht nachdenke. Wahrscheinlich sollte ich doch. Aber es ist außerhalb meiner Erfahrung.

Steve: Für mich bedeutet es etwas sehr Persönliches. Meine Mutter hatte gerade die Oberschule hinter sich und eine Chance, aufs College zu gehen. Aber sie mußte arbeiten gehen, ihre Eltern waren am Verhungern. Ihr Leben seither war ein einziger unablässiger Kampf ums Durchkommen. Ich denke an die Träume, die die Leute hatten, sie waren gezwungen, sie aufzugeben, um sich in der amerikanischen Gesellschaft zu halten. Um einen Dollar zu machen. Wie meine Mutter. Zerstörte Hoffnungen.

Ich merke allmählich, daß es eine große Zahl Amerikaner gab, die sich wegen der Depression schämten. Ich kann mich auch an die McCarthy-Zeit erinnern. Die Leute wollten nichts mehr wissen von dem, was sie während der Depression getan hatten. Und gaben öffentlich zu, daß sie sich schämten für das, was sie getan hatten.

Marshall: Die Depression ist eine peinliche Sache. Sie ist eine Schande für das System: für den American Way, der doch so erfolgreich aussah. Ganz plötzlich brach alles zusammen, nichts klappte mehr. Es ist schwer, das heute zu verstehen. Sich vorzustellen, daß dieses System ganz plötzlich – aus Gründen, die mit Papier, Geld, abstrakten Dingen zu tun haben – zusammenbricht.

Nach Ansicht vieler junger Leute heute ist das ein Beweis für die Irrationalität dieser Art von ökonomischem System. Schließlich: die Fabriken waren ja alle noch da, und die Leute auch alle, die arbeiten wollten. Und die Ausrüstung dazu. Und trotzdem wurde nichts gearbeitet. Heute, wenn es große Lagerhäuser gäbe voll mit Getreide und die würden aber nicht sofort aufgemacht zur Versorgung der Leute, die verhungern, dann würden die Leute Waffen nehmen und dafür sorgen, daß man die Silos aufmacht. Heute ist man nicht von dem Hirngespinst befangen, daß man kein Recht auf Nahrung hätte. Warum sollte irgend jemand verhungern, wenn es was zu essen gibt?

Steve: Wie oft heißt es nicht, ja Idealismus ist gut für die Jugend, aber es kommt der Punkt, wo man den Realitäten des Lebens in die Augen sehen muß. *Die* Lektion haben sie während der Depression gelernt. Jedenfalls meine Eltern. Sie wurden gezwungen, ihren Idealismus aufzugeben, gezwungen, die Realitäten anzuerkennen, die darin bestanden, den berühmten Dollar fürs Überleben zu machen. Diese Erfahrungen habe ich nur aus zweiter Hand. Aber ich seh' die Auswirkungen.

Mich kotzt das an. Mich kotzt die Art Leben an, zu der meine Eltern gezwungen wurden. Mich kotzen die Lektionen an, die sie gelernt zu haben scheinen.

Marshall: Der Streitpunkt zwischen den Generationen ist das, was man als Wert bezeichnet. Der Wert des Dollars. Was es für Ihre Generation bedeutet, ist Blut, Schweiß, Tränen . . . was sie opfern mußten, um einen Dollar zu machen.

Als eine Gruppe junger Leute Geld an der Börse verbrannte und die Scheine vom Balkon runterwarf, war die Hölle los. Auf dem Fußboden der Börse gab es ein Geriß um die Dollarscheine. Und dann versuchten sie, mit irgendeinem Sermon über den Wert des Dollars loszulegen. Ein

Vietnamese kann mit Napalm versengt werden. Tiere werden geschlachtet. Aber ein Dollar ist heilig. Ein Dollar ist nicht zu verbrennen. Klar, das ist ein Verstoß gegen die Bundesgesetze. Diese Ehrfurcht vor dem Dollar ist eine vollkommen verfremdete Idee. Die Leute, die sich 1929 umgebracht haben, waren die Opfer dieser Idee.

Steve: Unsere ganze Art zu leben, unser Charakter, unser Umgangston seit den dreißigern ist durch die Depression determiniert: der Dollar ist allmächtig. Auf welcher Seite sind Sie? Die meisten Menschen – und da sind die Jungen mitgemeint – würden den Dollar wählen.

Können Sie – wenigstens in Ihrer Vorstellung – die Stimmung der Großen Depression sich vergegenwärtigen?

Marshall: Angst. Die warf die Sicherheiten, offenbar falsche Sicherheiten, denen sich die Leute hingaben, über den Haufen. Und seit der Zeit gibt es immer diese Angst. Angst vor Kommunisten, Angst vor Leuten, die in Sünde leben, Angst vor Hippies – Angst, Angst, Angst. Ich glaube, die Leute haben sie von der Depression gelernt.

Geld bringt Sicherheit, das war der Grundgedanke. Aber dann stellte sich das Gegenteil heraus. Wenn Sie ein tolles großes Haus haben, bedeutet das, daß Sie sich wieder ängstigen mußten: irgendwer könnte Sie ja ausrauben. Wenn Sie einen tollen großen Laden hatten, mußten Sie sich nun wieder ängstigen, daß es einen Aufstand geben könnte – und daß alles in Ihrem Laden geklaut werden könnte. Klar doch, Geld bringt mehr Angst als Sicherheit.

Steve: Angst ist ein Gefühl, über das die Leute nicht sprechen. Aber eins, das sie in ihrem Leben immerzu spüren lassen. Meine Eltern haben es geschafft, ein gut Teil davon zu überwinden. Als ich mich der Musterung widersetzte, hielten sie jederzeit zu mir. Aber am Anfang, als ich bei den Demonstrationen mitmachte, befürchteten sie, mein Vater könnte seinen Job verlieren. Die Angst war so offenkundig, man konnte sie schmecken. Daß man im Begriff war, was zu tun, was einem den wirtschaftlichen Erfolg vermasseln könnte, den sie nie hatten. Ich kann mir diese Furcht ohne die Depression nicht vorstellen. Sie bestimmt ihr Leben und ihr Gewissen.

Ich hatte das Gefühl, daß das damals eine Zeit des kompletten Chaos war, ohne irgendwelche Wegweiser. Die moralischen und sozialen Markierungen waren ausgelöscht. Warum hat es nicht mehr Gewalttätigkeit in dieser Zeit gegeben? Welche Form hat diese Gewalttätigkeit angenommen? Was ist geschehen? War es die Einspritzpumpe der Regierung, oder war es der Zweite Weltkrieg, der uns aus der Depression rausgeholt hat? Ich weiß nicht genug aus dieser Zeit, ich hab' nicht genug darüber gelesen.

Nachschrift: Marshall hat sich am 1. November 1969 das Leben genommen.

Robert A. Baird

Er ist Präsident eines großen Konzerns in einer Stadt im Nordwesten der USA. Einer der mächtigsten Männer dieser Gegend. Er beteiligt sich an vielen Wohlfahrtsunternehmungen.

Mein Vater war sein ganzes Leben lang Verkäufer gewesen, und ein sehr erfolgreicher. Obwohl er nur eine Grundschulausbildung hatte. In der großen Finanzperiode Mitte der zwanziger Jahre verkaufte er Pfandbriefe. Die Firma, für die er arbeitete, ging bankrott. Der Präsident der Gesellschaft übernahm sich und brachte sich um.

Mein Vater verkaufte wieder Lastwagen, aber es waren keine Lastwagen zu verkaufen. Es gab Zeiten, in denen wir nicht wußten, ob wir abends etwas zu essen haben würden. Heute erzähle ich meinen Kindern davon, und die denken, der Alte ist übergeschnappt. Mein Vater verlor das Haus, das er gerade abzahlte, und wir mieteten es eine Zeitlang. Er machte einen Bankrott durch, was damals eine normale Sache war. Er schuftete mit seiner ganzen bemerkenswerten Energie, aber er war sehr bedrückt. Konnte er für seine Familie sorgen? Ich habe heute sehr viel Verständnis für den Neger, weil ich es aus erster Hand bei meinem Vater erlebte.

Aber er hatte keine Zweifel. Er glaubte an das System, mit dem er aufgewachsen war. Er war ein begeisterungsfähiger Mann, wie es viele gute Verkäufer sind. Man muß daran glauben. Weil er nur eine beschränkte Erziehung genossen hatte, meinte er, daß alle seine Söhne und Töchter aufs College gehen sollten. Und das taten wir auch.

Als der Börsenkrach kam, redete er über die Vermögen, die an diesem Tag verlorengingen. Seiner Meinung nach war an unserem System nichts wirklich Verkehrtes. Nur ein paar Spekulanten. Das war in den Tagen ein beliebtes Thema. Er hatte natürlich unrecht. Radikale Veränderungen waren notwendig. Und Roosevelt führte sie durch. Aber das war eben der Verkäufergeist in ihm.

In Detroit ging es weiter bergab. Die Automobilfabriken entließen viele Männer. Sie fingen an, die Gewerkschaften zu organisieren. Eine Zeitlang organisierten sie dort alles. Ich erinnere mich, ich war einmal in Stouffers Restaurant, und jemand blies auf einer Pfeife, und alle Kellnerinnen setzten sich hin. Die Menschen reagierten auf das, was sie erlitten. Was könnte es für eine bessere Möglichkeit geben?

Ich kann mich an die Schwierigkeiten bei Ford erinnern, an den Zusammenstoß in der Fabrik in Rouge[1]. Eine große Demonstration. Die rhythmischen Rufe der marschierenden Menge: Wir wollten Brot, ihr gabt uns Kugeln. Es ist seltsam, wie einem solch eine Kleinigkeit im Gedächtnis bleibt.

Als ich aus dem College kam, ging ich in die Packard-Fabriken arbeiten. Ich hoffte, daß ich schließlich einmal für die Beziehungen zwischen Arbeitgebern und Arbeitnehmern tätig werden konnte. Nachdem ich sechs Monate in der Fabrik gearbeitet hatte, konnte ich die Männer und ihre Beschwerden verstehen. Ich arbeitete am Montageband. Ich weiß noch die Nummer auf meiner Marke. FSG 348. Das war 1937.

Ich lernte sehr viel über das Verhältnis zu Arbeitnehmern. Ich lernte, wie man die Männer nicht behandeln darf. Bei Packard machten sie damals vieles, was ihnen die Feindschaft ihrer Arbeiter einbrachte.

Packard ließ die Züge zum Beladen ins Werk fahren. Und das geschah oft, wenn die Männer zur Arbeit kamen. Man wurde also fünfzehn oder zwanzig Minuten durch den Zug aufgehalten. Wenn man eine Minute zu spät kam, zogen sie einem dreißig Minuten Lohn ab. So sah die Sache aus. Es gab da keine Wenn und Aber. Ich kann mich erinnern, daß ich mit einem Werkmeister darüber redete. Es änderte nichts.

Wir bauten die neuen Modelle des 38er Wagens für die New Yorker Autoausstellung. Am Montageband arbeitet man in einem bestimmten Tempo. Wenn sie die Geschwindigkeit verändern und einem nichts davon sagen, arbeitet man ziemlich bald im Bereich des nächsten Mannes, weil man versucht, Schritt zu halten. Das Chassis läuft einem davon. So geht es das ganze Band entlang. Schließlich muß man es anhalten. Keiner wollte das Band anhalten, weil der Teufel los war, wenn man es tat.

Ich kann mich noch daran erinnern, wie das Band schneller lief und wie wir uns gegenseitig in den Weg gerieten und schließlich brüllten: Band anhalten. Steve, der riesenhafte Werkmeister, er wog weit über zweieinhalb Zentner, kam fluchend das ganze Band entlanggelaufen: Was ist los? Die Gewerkschaft war damals neu. Der Vertrauensmann sagte: Wir arbeiten nicht.

Eine Stunde später erschien der Betriebsleiter mit dem Werkmeister. Der Vertrauensmann erklärte. Der Betriebsleiter sagte, es täte ihm leid. Er entschuldigte sich bei den Männern. Er sagte: »Wir lassen einen Zug warten, der die Wagen zur New Yorker Autoausstellung transportieren soll. Das Geschäft des nächsten Jahres hängt davon ab, daß wir einen guten Start in der Ausstellung haben.« Der Vertrauensmann sagte: »Warum haben Sie uns das nicht erzählt? Wir kriegen die Wagen im Handumdrehen fertig.« Sie schafften es, daß die Jungs mit doppelter Geschwindigkeit arbeiteten. Keiner beklagte sich.

Damit wurde mir etwas klar, das ich nie vergaß. Wenn man den Leuten sagt, was man von ihnen verlangt und warum man es verlangt, dann sind sie gern zur Zusammenarbeit bereit. Ich habe hier bei uns immer gesagt: Wir könnten unserer Gewerkschaft jedes vernünftige Programm verkaufen, wenn wir es von ihrem Standpunkt aus betrachten und eine vernünftige Erklärung geben. Aber wenn man versucht, sie herumzustoßen, lassen sie sich das nicht bieten.

Ich wurde im Dezember 1937 entlassen. Es war die Talfahrt der Rooseveltschen Rezession. Wenn es in Detroit mit der Automobilindustrie abwärtsgeht, geht es mit allem abwärts.

Ich schrieb eine Reihe von Briefen an Firmen, die mich, als ich im College war, interviewt hatten. Eine große Versandfirma schrieb, wenn ich in ihre Stadt ziehen wollte, hätten sie Arbeit für mich. So kam ich mit dem Bus hierher. Das Fahrgeld von Detroit aus betrug sechs Dollar. Ich erhielt die Stellung.

Ich hatte noch anderthalb Stunden Zeit, bevor ich zur Busstation zurück mußte. Deshalb ging ich bei dieser Firma vorbei und suchte einen Mann auf, der mich auch während meiner Collegezeit interviewt hatte. Ich dachte, es wäre ganz nett, ihn persönlich kennenzulernen. Er überredete mich, hier zu arbeiten. So rief ich die andere Firma an und sagte ab.

Tom, sein jüngerer Sohn

Er ist einundzwanzig und jetzt irgendwo in Kanada, entgegen seinem Einberufungsbefehl.

Mein Vater redet über die Depression wie ein Schulmeister. Er versucht, kleine Lehren daraus zu ziehen. Jedesmal, wenn das Thema auftaucht, hat er eine kleine Anekdote parat. Es ist so was wie ein Heldenzeitalter für ihn. Das macht ihn zu einem Extremisten: man hat eine Analyse, in die man alles einordnen kann. Er hat eine extremistische Definition für das, was das Ziel einer Nation sein sollte ... worauf sich ein Junge in der Schule vorbereiten sollte. Da die meisten Leute die gleiche Überzeugung haben, wird sie nicht als extrem bezeichnet. Aber sie ist extrem.

All diese Klischees, die man hört. Die Amerikaner sagen immer: »Meine augenblickliche Tätigkeit macht mir keinen Spaß, aber ich verdiene Geld. Ich bereite mich darauf vor, in der Zukunft etwas Wichtigeres zu tun.« Inzwischen verdienst du ein paar Kröten. Das ist ziemlich extrem. Sie sind alle einer Meinung und bestärken sich gegenseitig, die Leute, die die Depression erlebten.

Sie lassen keine Argumente über andere Möglichkeiten zu, die *sie* als extrem bezeichnen. In keiner größeren Aktiengesellschaft kann man sich darauf verlassen, jedes Jahr den gleichen Profit herauszuholen. Man würde bankrott gehen. Die einzige Möglichkeit, wie eine Aktiengesellschaft am Leben bleiben kann, ist, den Profit zu erhöhen. Es kommt mir unwahrscheinlich vor, daß solch eine Politik hundert Jahre überdauert. Und doch kann man den Wohlfahrtskapitalismus, den sie aufgebaut haben, nicht ableugnen ...

Mein Vater ist raffiniert. Er versucht, das zu sagen, was bei uns ankommt. Neulich abends spielten wir Billie Holiday, und er fing an, ein paar von ihren anderen Liedern aufzuzählen. Sehen Sie, in Wirklichkeit sagt er damit: »Ich bin einer von euch.« Die gleiche Art Mechanismus benutzt er bei seiner Arbeit.

Er ist ein König im Wohlfahrtskapitalismus geworden, weil er weiß, wie man mit Arbeitern umgeht. Er hat immer gesagt, daß die Gewerkschaften das Größte sind. Er ging bestimmt ganz schön raffiniert vor, als sie ihre Rolle von wirklichen Gewerkschaften zu unternehmerorientierten Gewerkschaften wechselten. Was sie ja heute sind. Das lernte er alles in der Depression. Sie war sein Krieg.

Peter, sein älterer Sohn

Er ist vierundzwanzig. Er hat das College absolviert und arbeitet vollberuflich als Organisator für SDS (Students for a Democratic Society). Er bereist die Westküste und wirbt Mitglieder an.

Persönlich ist mein Vater ein guter Mensch. Er meint es gut. Alle seine Motive sind die lautersten. Er glaubt aufrichtig, daß die Möglichkeit, für die Menschen auf der Welt Gutes zu tun, in der Erweiterung des Wohlfahrtskapitalismus liegt. Das Wichtige, das man an einem Mann wie meinem Vater begreifen muß, ist dies: in einer Gesellschaft wie dieser bleibt es belanglos, ob jemand gut oder schlecht ist. Die Leute spielen bestimmte Rollen. Es sind nicht so sehr ihre Einstellungen wie die Rollen, die sie spielen. Obwohl er ein Mann ist, den man gern haben kann, spielt er in dieser Gesellschaft eine schlechte Rolle.
Ich bin überzeugt, daß die Depression für die Gestaltung des Lebens meines Vaters wichtig war. Viele ältere Menschen betrachten heute die Jungen und sagen: »Diese Strolche, die haben nie was von der Depression gemerkt. Seht euch mal an, was die machen.« Diese Einstellung ist, glaube ich, völlig sinnlos. Mein Bruder und ich wuchsen mit einer bestimmten Art Geschichte auf und er mit einer anderen. Ich verdamme ihn nicht wegen seiner Erlebnisse. Ich verdamme ihn wegen der Rolle, die er heute spielt.
Während der Depression saßen die Menschen in der

Klemme. Furcht. Wenn man so in der Klemme sitzt, greift man nach jeder nur möglichen Lösung. In ihrem Fall waren es Rüstungsausgaben, Krieg.

Wir haben die Depression nicht erlebt. Wir sind in einer Zeit aufgewachsen, in der Zur-Schule-Gehen wie In-die-Fabrik-Gehen ist. Die Parallele stimmt nicht völlig: wir sind materiell privilegiert. Aber die Bedingungen, denen sich die Studenten gegenübersehen, gleichen immer mehr den Bedingungen in den Fabriken während der Depression. Wir werden nicht als intellektuell neugierige Wesen behandelt. Wir werden fabriziert. Wir werden für bestimmte Rollen präpariert. Wir werden aufgereiht, in Jobs einsortiert . . . und ebenso vom Arbeitsmarkt so lange wie möglich ferngehalten. Damit schiebt sich das Erwachsenwerden immer weiter hinaus.

Wegen ihrer Erziehung und der Kommunikationsmöglichkeiten identifizieren sich viele junge Leute mit den anderen Völkern der Welt. Wir sind in einer Gesellschaft der Nachdepression und des Überflusses mit dem Gefühl groß geworden, daß es überall so ist. Dann kam das unsanfte Erwachen: zwei Drittel der Welt hungern und werden von denselben Konzernen ausgebeutet, die über unsere Universitäten bestimmen. Mein Vater ist Mitglied des Verwaltungsrats einer der führenden Universitäten hier draußen. Er ist auch Vorstandsmitglied einer Bank, die viele Geschäfte mit Südafrika macht.

Er ist ein vielseitiger Philanthrop. Auch das gehört zu der Einstellung des einzelnen, der es geschafft hat. Das gehört zum ganzen Geist des Wettbewerbs: Ich hab' es geschafft – jetzt kann ich anderen helfen. Was Wettbewerb in Wirklichkeit bedeutet, ist: ein Spiel mit gezinkten Karten. Die einen kämpfen gegen die anderen um ein paar Pfennige, während der mit den gezinkten Karten das meiste dabei rausschlägt.

Mein Vater ist durchaus bestrebt, uns zu verstehen. Er möchte gern glauben, daß wir den Werten folgen, die er

234

uns gelehrt hat. Aber wenn das, was wir tun, über einen kindischen Zeitvertreib hinausgeht, fühlt er sich bedroht. Er kann sich nicht wirklich damit abfinden, denn wir sagen: Wir wollen eine Gesellschaft aufbauen, in der solche Rollen wie seine nicht mehr möglich sind.

(Leise.) Er pflegte mir zu erzählen, daß von allen seinen Kindern – wir sind fünf – ich derjenige hätte sein können, der es schafft. Vielleicht sogar sein Nachfolger als Präsident des Konzerns zu werden. Er meinte immer, daß ich den Kopf und die Energie hätte, um die Führung zu übernehmen. Er ist, glaube ich, enttäuscht von mir. Ich glaube nicht, daß er die Hoffnung schon ganz aufgegeben hat, daß ich nur ein Stadium durchmache und wieder herauskommen werde ...

Sein Ehrgeiz, seine Tatkraft und Energie stammen sicher zum großen Teil aus der Depression. Aber ich habe auch eine Menge Energie und habe nicht diese Erfahrung.

Er hat über die radikalen Studenten der dreißiger Jahre immer mit Verachtung gesprochen. Er bezeichnete sie als Minorität – psychisch gestörte junge Leute ...

1 1937 kam es in der Fabrik von River Rouge zu Zusammenstößen zwischen den Hilfsarbeitern bei Ford, die sich gegen den CIO gewehrt hatten, und den Organisatoren der UAW. Der La-Follette-Ausschuß führte anschließend Vernehmungen durch und bestätigte die von der Gewerkschaft erhobenen Klagen über Gewalttätigkeiten der Gesellschaft.

Sozialberichte im Suhrkamp Verlag

Bottroper Protokolle
aufgezeichnet von Erika Runge
edition suhrkamp 271/DM 4,–

Erika Runge
Frauen
Versuche zur Emanzipation
edition suhrkamp 359/DM 6,–

Lerke Gravenhorst
Soziale Kontrolle abweichenden Verhaltens.
Fallstudien an weiblichen Insassen eines Arbeitshauses
edition suhrkamp 368/DM 4,–

Heine Schoof
Erklärung
edition suhrkamp 484/DM 6,–

Tilmann Moser
Gespräche mit Eingeschlossenen
Gruppenprotokolle aus einer Jugendstrafanstalt
edition suhrkamp 375/DM 6,–

Ursula Trauberg
Vorleben
Suhrkamp 300 S. Kart. DM 16,–

Wolfgang Werner
Vom Waisenhaus ins Zuchthaus
Ein Sozialbericht, herausgegeben von Martin Walser
268 S. Kart. DM 16,–

suhrkamp taschenbücher
Die ersten zwanzig Bände